逻辑思维训练

训练

500 题

侦探推理篇

于雷◎编著

清华大学出版社

北京

内 容 简 介

本书精选 500 例好玩的侦探推理游戏，根据游戏的推理关键点进行分类，可以让读者从简单的侦探推理游戏中玩出智慧。通过完成书中的游戏，尝试从不同的角度思考问题，从而全面提高我们的分析能力、洞察力和想象力。书中的游戏案情惊险、刺激，必须经过严谨缜密的逻辑推理、明察秋毫的观察判断、透过现象看本质的犀利推断，方能拨开重重疑云，还原事实真相。

本书的适读人群包括：广大青少年，尤其是对数理化缺乏兴趣的孩子；想要改变思维方式、提高逻辑思维能力的年轻人；对逻辑与数学感兴趣，渴望给头脑充电的人群。

图书在版编目(CIP)数据

逻辑思维训练 500 题. 侦探推理篇/于雷编著. —北京：清华大学出版社，2024.3（2024.8重印）
ISBN 978-7-302-65507-7

Ⅰ．①逻…　Ⅱ．①于…　Ⅲ．①逻辑思维—思维训练　Ⅳ．①B80

中国国家版本馆 CIP 数据核字(2024)第 038302 号

责任编辑：张　瑜
装帧设计：杨玉兰
责任校对：李玉茹
责任印制：沈　露
出版发行：清华大学出版社
　　　　　网　　　址：https://www.tup.com.cn, https://www.wqxuetang.com
　　　　　地　　　址：北京清华大学学研大厦 A 座　　　　邮　　编：100084
　　　　　社 总 机：010-83470000　　　　　　　　　　　邮　　购：010-62786544
　　　　　投稿与读者服务：010-62776969, c-service@tup.tsinghua.edu.cn
　　　　　质量反馈：010-62772015, zhiliang@tup.tsinghua.edu.cn
印 装 者：天津鑫丰华印务有限公司
经　　销：全国新华书店
开　　本：170mm×240mm　　印　张：18.75　　　字　　数：355 千字
版　　次：2024 年 3 月第 1 版　　　　　　　　印　　次：2024 年 8 月第 2 次印刷
定　　价：69.00 元

产品编号：102560-01

前言

多思考，开发大脑智力！

破奇案，挑战思维的极限！

善推理，成功终将属于你！

一个人的智慧需要不断培养，才会成熟；一个人的思维需要不断学习，才会提高。爱因斯坦曾经说过，逻辑思维能力强是智商高的表现。因为思维的逻辑性在很大程度上决定了一个人认识的深度和广度。对于学生来说，思维的逻辑性与其学习成绩有很大关系，因为这关系到他们的判断、推理以及综合分析的能力。因此，培养一个人思维的逻辑性是促进其智慧发展的关键。

那么，如何才能提高我们思维的逻辑性呢？阅读探案推理故事是一个非常简单而有效的办法。通过阅读，不仅可以享受阅读的乐趣，还能在这些有趣的故事中挑战思维极限，提高思维的灵活性、深刻性和逻辑性。有趣、严密的侦探推理故事能够充实人的心灵，改变人的行为方式和思考方法。

我们还可以扮演刑警和侦探的角色，面对一个个充满悬疑而又有趣的案件、一个个引人思考的问题，亲自体会发现线索的乐趣和揭开真相的快感。

本书收集了 500 个经典有趣的侦探推理游戏，在满足大家猎奇心理的同时，还能提高大家的观察力、分析能力和判断力。此外，这些简短精彩的逻辑探案游戏，还可以激发孩子探究的欲望，拓展他们的思维。

本书的最大特色之一就是巧妙地设置了很多小问题，在回答这些问题，关注细节、发现线索，充分运用自己的逻辑分析能力找出答案时，在无形中就培养了思考的能力。

阅读侦探推理游戏，突破你的思维瓶颈，激发你的推理潜能，引发你的思维风暴，提高你的分析力、挑战力、创造力和想象力，让你在游戏中越玩越聪明！

编　者

目录

第一篇

金睛辨是非

1．正当防卫

张三向警察报案，说自己在好友李四的办公室里，因为发生了一些口角，李四突然从抽屉里拿出一把手枪要射杀自己，出于正当防卫，自己无意中杀死了李四。

警察查看现场发现，办公室有打斗的痕迹，除此之外都很整齐，窗户和门都关着，拉开张三所说的放枪的抽屉，里面还有十几颗剩余的子弹。

警察想了想说："我看不像你说的那样，你是故意杀害李四的！"

警察为什么会这样说呢？

2．谁在说谎

一个劫匪抢劫了一家珠宝店，正好附近有一位巡逻的警察及时赶到，在作案现场附近抓到了几个嫌疑人。在询问的过程中，几个人的供词分别如下。

第一个人说："什么？抢劫？什么时候的事？中午 12 点半？那时我正在前面那个小吃店吃面，吃完了发现外面下起了雨，我躲了一会儿雨，雨停了我才出来，可没走多远就被您抓了。"

第二个人说："我和女朋友一起逛街，突然下起了大雨，我们只能待在店里。等雨停了我们才分手各自回家，还看到那边有一道彩虹呢！"

第三个人说："我不知道什么抢劫。我在附近的小店里躲雨，天晴了以后我发现有一道彩虹，很漂亮。我最喜欢彩虹了，就一直盯着看了半天。可能看得时间太久了，被太阳照得很刺眼，就打算回家休息一会儿，没想到被你们抓来了。"

警察想了想，说这三个人中有一个在说谎。

你知道谁在说谎吗？

3．火花

一天夜里，张三向警察报案称自己的妻子被人杀害。警察来到现场查看，发现张三的妻子倒在地上死了，头上被钝器所伤。

警察向张三了解情况。

张三说："我在家中的卧室休息，妻子在客厅看电视。后来听到有门铃声，像是来了个人。不久我就听到'哐'的一声，接着就是我妻子的惨叫声。我急忙冲了出去，发现妻子倒在血泊之中，一个黑影从门口蹿了出去。我赶紧去追，那个人在我前面大约 50 米。看我追过来了，他回头向我扔过来一个东西，我一闪，没有打到我，那个东西撞击地面后擦出一串火花。等我回过神来，那个人就跑远不见了。"

警察根据张三的口供在他家门口不远处发现了一尊青铜像，上面沾着死者的血迹。警察抓住张三说："我怀疑是你杀害了自己的妻子！"

请问：警察发现了什么破绽？

4．疏忽

张三和李四是好朋友。一天夜晚，李四在张三家喝酒，由于太晚了，就住在张三家。在洗澡的时候，李四突然心脏病发作，死在了浴缸里。

张三不敢报警，第二天早上天刚亮的时候偷偷地把李四运到了他自己住的单身公寓里。张三把李四的尸体依然放在浴缸里，放满温水，把他的衣服、鞋子之类的东西放在相应的地方，最后消除自己的痕迹悄悄离开了。

当天下午，李四的尸体被同事发现了，并报了警。法医鉴定后说："死因是心脏病突发，自然死亡。死亡时间是昨晚11点左右。"

警察环视四周，沉思片刻后说："这个浴室不是第一现场，应该是谁怕惹麻烦运到这里的。"

张三疏忽了什么使警察确定单身公寓不是第一现场呢？

5．钥匙上的指纹

张三被发现死在自己的卧室里，卧室的门窗都从里面锁住，门的内侧钥匙孔中插着一把钥匙。警察调查发现，钥匙柄的正反两面各有一个清晰完整的螺旋形指纹，对比后发现是张三的。也就是说，门是死者自己从里面锁上的。这样就形成了一个密室，由此可以断定张三很可能是自杀。

你能看出来以上结论有什么问题吗？

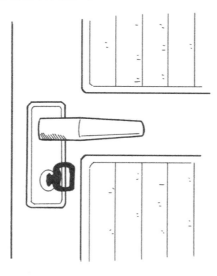

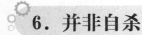

6. 并非自杀

某商业巨子发现妻子对自己不忠，要与其离婚。妻子情急之下，用大量安眠药杀死丈夫，并把现场改扮成自杀的样子。妻子首先找出丈夫前几天的体检单，上面显示有胃癌早期的症状，把它放在丈夫办公桌的抽屉中。接着她又用丈夫的私人笔记本电脑打了一份遗书，称自己被查出患有癌症，悲观厌世，打算自杀。最后她把丈夫的尸体搬到办公桌前的椅子上，并在旁边摆上药瓶和水杯。

为了毁灭证据，她还不忘用干净的布把留有自己指纹的笔记本电脑上的每一个按键都擦得干干净净。本以为毫无破绽，可很快就被警察发现了问题。

你知道她究竟错在哪里吗？

7. 凶器是什么

张三是个出名的无赖，吃喝嫖赌无恶不作，还经常打老婆出气。一天张三赌输了钱回家找老婆撒气。张三老婆正在厨房做饭，气急之下顺手拿起身边的一样东西向张三头上打去。没想到张三一句话没说，倒在地上死了。

张三老婆报了警，很快警察来到现场，发现张三头部是被砖块之类的钝器所伤，没有流血，可能死于大脑受损。警察巡视了一圈，厨房里只有一些锅碗瓢盆之类的器具，还有砧板、菜刀、一个新买的鱼头、一块冻豆腐以及一些青菜，就是没有发现凶器。当然，没有凶器不好定案，而张三老婆由于惊吓过度，一时说不出话来。

你知道张三老婆是用什么打死张三的吗？

8. 窃取情报

某科技公司高层开会的时候，偶然发现在会议室的桌子下面有一个微型录音笔，想必是竞争对手安排了奸细想窃取商业情报。公司决定查出这个奸细。

从录音中了解到，这段录音的前 1 分钟没有任何声音，1 分 10 秒的时候有一个关门的声音，接着又是半个小时的静音状态，然后是零星几个人的脚步声，最后就是会议上讨论的内容。应该是有人将录音笔打开后藏在会议室的桌子下面，然后离开了。半个小时后，高层领导陆续来到会议室，并开始开会。

根据会议的时间倒推就可以确定奸细安放录音笔的时间，在这个时间没有不在场证明的只有三人：第一位是市场部经理的新秘书王小姐，穿着一身白色的连衣裙和红色的高跟鞋；第二位是创作部的一位男职员李先生，穿着黑色的西装和棕色的皮鞋；第三位是人事部的王先生，穿着一身休闲装和运动鞋。

根据三个人的装束，聪明过人的总经理推断出了谁是内奸。

你知道三人中谁是奸细吗？

9．值得怀疑

一天夜里，一架从菲律宾飞往北京的班机降落在首都机场，海关人员开始检查旅客的行李。

一名安检员在查看护照的时候，发现有个商人打扮的旅客有些可疑，他来京的目的是旅游，当天早上从泰国首都曼谷出发，中午经菲律宾首都马尼拉飞抵北京。

在对该旅客的行李进行详细检查时，果然发现在背包的夹层中有大量毒品。

你知道是什么原因引起了安检员的怀疑吗？

10．露出马脚

怪盗基德打听到海边有座独栋别墅的富翁主人去度假了，要一个月后才回来，于是他打算去富翁的别墅"参观参观"。这天夜里下起了大雪，基德偷偷潜入别墅，撬开房门走进屋里。他怕引起巡警的注意，没有开灯，跑到富翁的床上美美地睡了一觉。第二天早上醒来，觉得肚子有点饿，他打开冰箱发现里面有很多好吃的，就拿出了一只火鸡，点燃壁炉，一边取暖一边烤火鸡。

没过多久听见门铃响，原来是来了两名巡警。

你知道他为什么引起了巡警的注意吗？

11．凶手是哪个

一名值夜班的医生被人用水果刀刺死。警察经过调查，在病房旁边的花园里找到了凶器，上面的指纹过于模糊，无法辨认。但是细心的警察发现刀柄上爬着很多蚂蚁，很快警察找到了三个犯罪嫌疑人，他们都是这名医生的病人，而且都与他有矛盾。三人分别是：1 号病房的结核病患者，与医生原来是好朋友，为治病向其借钱遭到拒绝而怀恨在心；2 号病房的糖尿病患者，怀疑自己的老婆与医生有染；3 号病房的心脏病患者，让医生做了三次手术，均告失败。

根据以上信息，你知道凶手是哪一个吗？

12. 盲人的"眼睛"

维特是一位著名的盲人音乐家，有很多人找他演出，他因此赚了不少钱。

维特住在纽约郊区的一栋别墅中。一天晚上，维特正在卧室休息，听见客厅中有动静。他想肯定是有小偷，于是拿出抽屉里防身用的手枪走出了卧室。

小偷从面前大座钟玻璃的倒影中发现了维特，他知道维特是个盲人，听力一定特别好，就马上停下来不动，想逃过一劫。没想到"砰"的一声枪响，小偷被维特打中了右腿，趴在大座钟上无法动弹了。

小偷没有制造任何声响，维特是怎么击中小偷的呢？

13. 福尔摩斯

张三乘飞机去另一座城市会见自己从未谋面的网友李四。下了飞机，他就拉着自己超大的行李箱往外走。在门口习惯性地左右张望了一番后，张三想起来自己只知道李四的名字，而不知道他长什么样子，于是准备拿出手机与对方联系。

这时，旁边一个年轻人热情地拥抱了一下张三，原来他正是李四。

张三有些奇怪，为什么自己认不出李四，李四却可以这么肯定自己就是张三呢？

14. 巧妙报警

一天晚上，李利女士一个人在家，突然闯进来一个陌生男子，李利发现正是前几天电视上通缉的抢劫犯。李利很害怕，劫匪说："我只是想在你家休息一下，喝口水，如果你不声张，我是不会伤害你的。"李利只得点了点头。

突然有人敲门，劫匪用枪指着李利，说："不要让他进来，就说你已经睡下了。"

李利打开门，一看是例行检查的片警小王，就笑着说："原来是小王啊，有事吗？"

小王说："只是例行检查而已。你这没事吧？"

李利说道："没事！我都已经睡下了。我哥向你问好呢！"

"哦，谢谢。晚安！"片警小王离开了。

"哈哈，干得不错！"劫匪看到来的人已经走了，就放下心来，一个人到冰箱中拿出一瓶可乐，躺在沙发上大口地喝了起来。

突然，门外冲进来几名警察，没等劫匪反应过来就抓住了他。

你知道警察是怎么知道这里有劫匪的吗？

15．无名死尸

警察在某市的一个湖中发现一具无名死尸，由于尸体已经腐烂，无法辨认长相，只在骨头上发现一些明显的黑色斑块。警察只好照了几张照片，并经过简单的尸检后送到火葬场火化了。

一位有经验的警察马上开始调查市内炼铅厂之类的重金属冶炼工厂，顺着这条线索，很快就侦破了这起无名死尸案。

这位有经验的警察是如何从骨斑判断出死者身份的呢？

16．照片证据

一个星期天的下午3点左右，在市郊的一栋小房子里，一位独居的老妇人被人杀害。

经过警方的调查，抓到了一个犯罪嫌疑人，但是嫌疑人很快拿出了一张照片作为自己的不在场证据。照片的拍摄日期正是案发当天，地点是市中心一座钟楼前面。只见照片上钟楼显示的时间是下午6点。

警察仔细看了看这张照片说："你在撒谎，这张照片说明你就是凶手。"并指出了一点错误。嫌疑人只好承认自己就是凶手。

你知道凶手是如何伪造证据的吗？警察又是怎样发现破绽的？

17．谁是罪犯

在市中心最繁华的地方新开业的一家珠宝公司，突然闯进来一名男子，他抢起锤子一敲，珠宝展柜的玻璃"哗啦"一声就碎了。没等店员反应过来，该男子抓起大量珠宝首饰，逃之夭夭。

警方赶到现场发现这些展柜所用的玻璃都是防盗玻璃。这种玻璃别说用锤子，就是用枪都打不碎。这是怎么回事呢？劫匪到底是谁？

18．熟睡的妻子

怀特先生加了一夜的班，天亮了才回到家中，发现家中被盗，保险箱里的大量现金和首饰都不见了，于是他报了案。不一会儿警察来了，和怀特一起在他家锁着的地下酒窖里发现了还在熟睡的妻子。怀特的妻子被叫醒后讲述了事情的经过："昨天下午 3 点左右，3 个歹徒闯进家中，强行给我灌下了安眠药之类的药物，很快我就睡着了，并被歹徒关在了地下酒窖中。也不知道过了多久，现在才被大家叫醒。"

警察看了一眼这个酒窖，是个不大的地窖，放着几架红酒。四周无窗，门可以从外面锁上，里面有一盏 40 瓦的灯泡，发出不太亮的光。

警察看了一眼怀特的妻子，说："你和那些强盗是一伙的吧！快从实招来。"

你知道警察是如何识破她的诡计的吗？

19．陷阱

　　暑假期间，警察接到报案说某大学宿舍发生一起谋杀案，便立即赶到了现场。死者名叫张三，住在这栋两层的宿舍楼里。死者趴在大门口，头对着大门，背上心脏的位置垂直射进一支短箭，像是死者要开门进入宿舍楼，有人在背后痛下杀手。

　　经过调查发现，和死者有仇的只有一人，但此人案发时在宿舍，根本不在死者背后。楼下门口的管理员也可以证明他从没下过楼。

　　警察轻轻翻动一下尸体，发现死者手里攥着一张百元大钞，立即明白了是怎么回事。

　　你知道张三是怎么被杀的吗？

20．失误

　　间谍007想从某国军队高官手中盗取一份机密情报。他首先探听到该高官会在某一时刻独自一人开车经过一段山路，于是他埋伏起来，等高官驾车到达一个转弯处时，他用全息图像制造了一个非常逼真的汽车迎面开来的图像。高官为了躲避前面的"车辆"，下意识地猛打方向盘，连人带车翻下十几米深的山谷中，撞在一块大石头上当场死亡。本以为车会起火爆炸，没想到因为油箱里油量不足，没有起火。

　　007赶了过去，偷拍了机密文件后放回原处。他又从自己的车上拿来汽油浇在高官的车上点燃，瞬间高官连人带车被熊熊烈火包围，做成高官因不慎坠入深谷，车身起火死亡的假象。

　　但是没过多久，新闻上就出现了某国军队高官被人谋杀的新闻。

　　你知道007有什么失误吗？

21．嫁祸他人

　　张小姐是一位模特，一个人居住，便请了个女佣每隔两天来家中打扫一下。

　　一天早晨，女佣来到张小姐家中打扫房间，发现张小姐一夜未归。她在打扫房间时发现了大量首饰，便起了偷窃之心。偷窃过程恰好被前来找张小姐工作的助理发现了。女佣为了守住秘密，勒死了助理。接着她从张小姐的梳子上取下几根头发，塞在死者的手中，布置成助理与张小姐厮打致死的样子后，偷偷离开了。

　　中午的时候，张小姐回到家中，发现了助理的尸体，便报了警。

　　警察来到现场，经过调查发现死者手中的长头发正是张小姐的，初步怀疑张小姐就是杀人凶手。接着警察询问张小姐的行踪。张小姐回答说："因为今天有工作，所以我昨天晚上先去了理发店，修剪了一下头发。然后就一个人去酒吧喝酒，后来有点喝醉了，就去朋友家睡了一晚。早上起来后，打电话给助理安排工作的事情，可是助理没有接电话，就四处找她。到了中午还没找到，就回了家，发现了助理的尸体。"

警察看了看张小姐新修剪的头发，排除了张小姐的嫌疑。

你知道是怎么回事吗？

22．破绽

村民张三向新上任的知县控告邻居无赖陈抢占他家 10 亩良田。知县派人带来无赖陈，他辩解说："10 年前张三父亲去世，没钱埋葬，便把家中 10 亩田地卖给了我。我有证据在此。"说着掏出一张发黄的字据呈给知县。

知县小心翼翼地打开这张折叠起来的字据，一拍惊堂木，喝道："你竟敢伪造字据，欺骗本县！"

你知道知县发现了什么破绽吗？

23．假证据

一天夜里，某位富豪的钻石被盗，福尔摩斯前来侦查，发现作案手法很像是怪盗基德，于是找来基德盘问。基德一口否认，说："丢钻石那天我不在国内，在埃及，不信你看。"说着给福尔摩斯看了一张案发那天他骑着双峰驼在金字塔前拍的照片。

福尔摩斯看了看，一下子就揭穿了基德的谎言。

你知道福尔摩斯是怎么识破的吗？

24．哪里出了破绽

一个寒冷的冬天，在一间公共浴室内，一名客人被人用手枪开枪杀死。警察来现场调查，询问一位在场的目击者。目击者说："我当时正在洗澡，突然一个人从外面冲了进来，向里面环视了一圈，对着死者开了一枪，然后就跑了。"

警察问："那你有没有看清凶手的样子？"

目击者回答说："没有，他戴着墨镜和口罩，看不出什么样子。"

警察听完，马上对这个人说："你在说谎，快老实交代，是不是你干的？"

警察发现了什么破绽呢？

25. 破绽出在哪儿

冬季的一天，气温达到零下 20 多摄氏度，福尔摩斯在一家乡村旅店中休息。突然跑来一个浑身湿漉漉的人，大喊着救命。福尔摩斯忙问怎么了。来人说："我和朋友一起在结了冰的湖里滑冰，突然冰裂开了，朋友掉了下去。我马上去救他，没有找到，就跑回来找人帮忙。"福尔摩斯立刻和一群人一起来到 2 千米以外的出事地点，看到冰上果真有一个大洞。

福尔摩斯看了看那个人说："我看，你的朋友是你故意杀害的吧？"

你知道他的破绽在哪儿吗？

26. 死亡线索

正月初二的早晨，在某公寓 508 室发现独居的女占卜师被杀身亡，利刃刺进背部倒卧在日式房间的榻榻米上死去。不知为什么被害人右手指向神龛方向。

神龛上摆放着陶塑制品桃太郎，塑像上一般还有狗、猴子及山鸡。桃太郎是辟邪之神，爱犬和猴子跟随桃太郎身边站在两旁，可奇怪的是那只山鸡却不见了。勘查现场的刑警觉得有些蹊跷，掰开死者的手一看，发现手心里攥着那只山鸡。一定是死者被杀后没有立即死去，留下了关于凶手的线索。

另外，在现场的桌子上散乱地放着贺年片，贺年片上都是印着羊的图案，看上去好像被害人正在看贺年片时被刺死的。

不久，搜查的结果集中在两个人身上，两个人都是死者亡夫前妻的子女，为了争夺去年死去的父亲的遗产一直与被害人争执不休，一个是 27 岁的中村清二，卡车司机；一个是 22 岁的中村妙子，美容师。

究竟谁是凶手？为什么？

27．识破小偷

一天，警官在一所住宅的后门看见一个可疑男子。

"你等会儿再走。"警官见那人形迹可疑，便喊了一声。

那人听到喊声，愣了一下，便停下了脚步。

"你是不是趁着家里没人，想偷东西？"

"您这是哪儿的话，我就是这家的啊。"那个人答道。

正说着，一条毛乎乎的卷毛狗从后门里跑了出来，站在那个人身旁。

"您瞧，这是我们家的看家狗。这下您知道我不是可疑的人了吧？"他一边摸着狗的脑袋一边说。

那条狗还充满敌意地冲着警官"汪、汪"直叫。

"嘿！玛丽，别叫了！"

听那人一喊，狗立刻就不叫了，马上快步跑到电线杆旁边，跷起后腿撒起尿来。

警官感到仿佛受了愚弄，拔腿向前走去。可他刚走几步，好像突然想起了什么，急转回身不由分说地抓住那个男子，嘴里嘟囔着，"闹了半天，你就是个贼啊！"

警官到底是根据什么识破了小偷的诡计呢？

28．比赛

一天，柯南和怪盗基德在商场一层的大门口不期而遇。

"好巧啊，你在这里干什么？"基德问柯南。

"是啊，好巧。我要去地下三层车库的车里取我的笔记本，你呢？"

"我也是啊，不过我的笔记本在三楼超市的储物柜里。要不我们来比赛吧，不许乘电梯，看谁先拿到东西，回到这里。"

"你休想耍我，我还不知道你的把戏？"柯南说。

你知道基德的把戏是什么吗？

29．他是怎么死的

一天夜里，一个恶贯满盈的商人在峭壁险峻的海岸山道上开车，当车到了一个急转弯处时，突然前方疾驶而来一辆车。两辆车速度差不多，离得越来越近。

无论他怎么转弯，对面的车都与他相同，像是故意要与他相撞一样。眼看就要撞在一起了，商人猛打方向盘，只听"哗啦"一声，车子飞下了悬崖，商人也因此死了。

警察调查发现，附近应该不会有其他车辆，因为那座山被商人买下了，在上面建了豪华公寓自己居住，所以只有商人才会走那条路。

这个商人到底是怎么死的呢？

30．吹牛

张三对老王吹牛说："有一次，我和朋友去非洲旅行。和朋友打赌，蒙着眼睛在一条只有 1 米宽、两边都是悬崖的小路上走 100 米。结果我一点儿都不慌张，一步步走完取得了胜利。"老王笑笑说："少吹牛了，那有什么难的，连小孩子都能做到！"

你知道老王为什么这么说吗？

31．死因

一天早上，一位董事长死在自己家的车库里。警察接到报案后马上赶到现场。调查发现死者倒在车旁，死因是氰酸钾中毒，死亡时间是当天早上 7 点左右。

看样子他应该是准备开车出门时，吸入了剧毒气体致死的。

可是调查发现那天早晨没有任何人接近过车库，现场也没有发现能产生氰酸钾的药品和容器。

那么，罪犯到底是怎样把他毒死的呢？

32．撒谎的凶手

一个男子报案说有一个歹徒袭击他，出于正当防卫，他将歹徒打死了。警察赶到现场，发现死者手中握着一把匕首，脖子上缠着几圈钓鱼线。男子说："当时我正在池塘钓鱼，透过水面我看到他在我背后拿着匕首向我靠近。我迅速挥起鱼竿向后抡去，鱼钩钩住了他的衣服，鱼线缠在了他的脖子上。他挣扎着还想过来杀我，我就撑着鱼竿不让他靠近。最后他就被勒死了。"

警察听后，马上说："别狡辩了，这可不是正当防卫，是你故意杀死他的。"

你知道这是为什么吗？

33．假照片

小明向同学们吹嘘，说自己暑假的时候去了西藏一座海拔为 4000 米高的山峰，并展示了一张照片作为证据。只见照片上小明和朋友坐在一座山的山顶上，举着刚打开的易拉罐啤酒庆祝。

这时，小刚说："你这张照片是合成的，你根本没有去西藏。"

你知道这张照片什么地方不对吗？

34．被杀的鸵鸟

某动物园从非洲进口了一批鸵鸟，可是没想到第二天人们便发现这些鸵鸟被人杀死了，而且还将尸体剖开了。是谁这么残忍呢？这些鸵鸟为什么会被杀呢？

35．司机哪儿去了

一天夜里，在一辆运货的蒸汽机车上，副驾驶员向列车长报告说："不好了，刚才山本司机跳车逃走了。"

列车长大吃一惊，马上报警。警察沿着铁路线寻找，但没有发现任何痕迹。

这究竟是怎么回事？司机为什么凭空消失了？

36．画窃贼

一天下午，小明肚子痛提前回家了。家里只有他一个人，休息了一会儿感觉好些了。正在这时，他听到门外有响动，透过猫眼一看，是一个陌生男子正在撬他家的门。小明很害怕，忙躲在了床下。

不一会儿，男子进了屋，偷了一些财物后离开了。

这时，小明才敢爬出来，并报了警。

警察问小明是否记得窃贼的长相。小明说从猫眼里看到了，并画了出来。

过了不久，警察就抓到了窃贼，可是窃贼怎么和小明画的不一样呢？

37．丈夫上吊

富翁老王的妻子报警说，丈夫在家中上吊自杀了。警察来到现场，发现死者在三楼的房梁上吊着，脚下是一个翻倒的凳子。他妻子坐在旁边的沙发上哭泣。

他妻子说："我刚从外面回来，走到大门口就看见三楼上老王站在凳子上要自杀，于是赶紧冲上楼，可还是晚了一步。"

警察说："我看是你杀死他的吧？"

你知道警察为什么这么说吗？

38．诈骗

一天夜里，大侦探福尔摩斯办完事开车回家。在一个路口，遇到一名年轻女子挥手想搭车，福尔摩斯就让她上来了。车向前开了没多远，后面有辆车跟了上来，亮起刺眼的前灯。

女子回头看了一下，马上惊慌失措地对福尔摩斯说："不好了，那是我丈夫，他是个亡命徒，知道你载着我肯定以为咱俩有私情，会杀了我们的。"

"是吗？那我们怎么办？"福尔摩斯假装害怕地说道。

"他见钱眼开，你给他点钱就可以了。"

"我看得给你一副手铐！你们用这种方式骗不少钱了吧！"

福尔摩斯是怎么识破他们的呢？

39. 谜团

有一位很厉害的律师，喜欢帮人打离婚官司。这位律师每次都会站在女方一边，尽可能多地为她们争取赡养费，所以有很多打算离婚的女子找这位律师帮忙。

一次，这位律师自己也要离婚，律师一如既往地站在了女方一边，为女方争得了巨额赡养费。

你知道这是为什么吗？

40. 花招

冬天的早上，外面很冷，有人报案说，王博士死在了家中的床上。报案的是王博士家的女佣。她说自己早上来给王博士打扫卫生时，发现了王博士的尸体。

警察调查现场后发现，死者躺在自己暖和的被窝里，是被钝器砸死的，没有外伤和流血。从尸体的情况判断死亡时间大约是夜里 10 点。可是昨晚王博士家只有他一个人在，也没有人进来过，女佣在晚上 8 点就离开了。

有经验的警察马上判断说："一定是凶手伪造了死亡时间。"

你知道凶手是谁吗？凶手是怎么做到的？

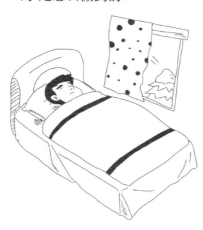

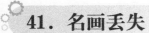

41. 名画丢失

一位富翁报案说他家收藏的一幅名画昨晚被盗，要求保险公司赔偿。

保险公司请侦探来现场勘查。只见富翁家中的门被撬开，屋子里有些翻动的痕迹。原本装着名画的画框被打开扔在一旁的鱼缸上，鱼缸里养着几条漂亮的热带鱼。

富翁解释说："这几天天气很冷，我都用空调取暖。可昨天晚上突然停电了，没办法我只好去附近一家宾馆住了一晚。早上找来修理工帮我修好了线路，这才发现我的画不见了。"

侦探说："恐怕你是为了骗保险金吧？"

侦探为什么这么说呢？

42. 吹牛的人

花花公子肯特见到人就说自己的英勇经历："去年圣诞节前一天的早上，我和海军上尉海尔丁一同赶往海军在北极的气象观测站。突然海尔丁摔倒了，大腿骨折；10 分钟之后，我们脚下的冰层也松动了，我们开始向大海漂去。我意识到如果不马上生个火，我们都会冻死。火柴用光了，于是我取出一个放大镜，撕了几张纸片，放在一个铁盒子上，用放大镜将太阳光聚焦后点燃了纸片，火拯救了我们的生命。幸运的是，24 小时后我们被一艘经过的船救了起来。人人都说我临危不惧，采取了自救措施，是个英雄。"

你能找出肯特所说的话中，有什么不符合事实的地方吗？

43. 第二枪

大楼的一间公寓里突然传出枪声，管理员赶来看时，房间由里面锁着，打不开。他正要用备用钥匙开门时，里面又传出枪声，子弹穿过门，差一点射中管理员。管理员胆战心惊地打开门，看到一名男子右手握枪，伏在桌上，已经死亡。男子额头中弹，现场有遗书，证实这是一起自杀。

问题是额头中弹会立即死亡，自杀者怎么有可能再开第二枪呢？究竟是谁开的第二枪？

44. 隔空杀人

滑雪场一名女游客突然尖叫一声，从登山升降椅上摔到山谷里。

事件发生时，私家侦探 K 博士刚好坐在她后面的第二个升降椅上。当时风雪交加，根本看不清前面。

到了山顶，他马上滑到尸体旁边，女游客是被锐器刺进胸口后跌下山谷而死的，但找不到凶器。

"她前面的座位没人，再前面的座位上坐着一位男游客，可他离死者有 10 米远，不可能杀死她吧？"管理员说。

"就是他"，K 博士做出结论。

你知道凶手是怎么作案的吗？

45. 自卫还是谋杀

在一座偏僻的小洋房里，进入客厅的落地玻璃大门已经支离破碎，碎片散落了一地。屋子的主人杰克逊躺在离大门不远处的客厅里，他的左心房有三个血淋淋的枪洞，各自相差不到 3 厘米，不容置疑那是致命的伤口。他身旁滑落着一个酒瓶。

警长蹲下去，扫开了死者伤口上的玻璃碎片，拿着放大镜仔细地察看着伤口。

过了一会儿，他站起来，提出要审问自认是为了自卫才射杀了自己丈夫的杰克逊太太。

杰克逊太太显得非常激动和情绪不稳，警长柔声开导她，要她说出经过。

"他是一头野兽！他是一个酒鬼！他每天都虐待毒打我。"杰克逊太太开始诉说着，并给警长看了她身上、手上和腿上的伤痕，"他今天又跟我大吵了一架，我诅咒他永远也不要再回家来。他狠狠地说不回就不回，有什么大不了的！到了晚上，他没有回来，我以为他不会回来了，于是我上床睡觉。深夜时，我听到门口有声响，我好害怕，便开了灯，拿起枪来到门口。透过玻璃，我看见了他，这魔鬼醉得一塌糊涂，但一看见我，他突然发起疯来，向我狂冲过来，玻璃都给他撞得粉碎。他冲进来张开双手，像是要掐死我的样子。我情急之下，连忙扳动了手枪，将子弹射进他身体。他就那样向后跌倒死去，尸体我一直没动过，就赶快报警了。警官，当时我完全有理由相信他会掐死我，我只是为了自卫才射杀他的。"

请问：这真的是自卫吗？为什么？

46．煤气泄漏之谜

美丽的"金丝雀"萧兰死在自己的家中，现场是大款程福清为她购买的公寓的卧室中，当时她已经怀有 4 个月的身孕。

经尸体解剖发现萧兰的死亡时间是晚上 9 点左右，因煤气吸入过量死亡。

临死前她服用过未达致死剂量的安眠药。

现场勘查，煤气开关开着，上面只有萧兰的指纹，房间里没有发现遗书。

床头柜上放着一个打开的冰激凌盒，里面是吃了一半的水果味冰激凌。

经侦查，大款程福清有谋杀萧兰的嫌疑，因为他不可能与萧兰结婚，也不能让萧兰把腹中的孩子生下来，如果萧兰告发他通奸，他将身败名裂。

程福清陈述：当晚 7 点 30 分为萧兰买来冰激凌，8 点看着她服下安眠药后离开公寓，在门口遇到过邻居。离开公寓后即驾车 20 分钟到朋友处打牌直至天亮，整个过程中均有证人可作证。

侦查人员会同技术人员对煤气灶的结构做了仔细的研究，并进行了实验，终于发现了煤气外泄的秘密。

在如此充分的证据面前，程福清终于交代了他预谋杀害萧兰以掩盖自己丑行的过程。

你能分析出程福清是如何在煤气灶上做手脚的吗？

47．就要让你猜不到

某个小镇上只有一名警察，他负责整个镇子的治安。小镇的一头有一家酒馆，需要保护的财产价值为 1 万元；另一头有一家银行，需要保护的财产价值为 2 万元。因为分身乏术，警察一次只能在一个地方巡逻。有一天，镇上来了一个小偷，他一次也只能去一个地方偷盗。就这样，两个人的算计开始了。

警察一开始想的是，银行的财产比较多，小偷光顾的可能性大。在银行附近巡逻的话，无论如何都能够保住 2 万元财产；而小偷若不幸地也到银行这来了，就可以直接把他抓住，这样就保住了 3 万元的财产。相较之下，守在酒馆虽然也有可能抓住小偷，保住 3 万元，但更大的可能是只保住 1 万元，而丢掉了银行。因此，应该在银行巡逻。

事实上，以上这样的可能性，小偷也是能够想到的，那么，他只要去酒馆行窃就总能得手。

警察当然不希望这样的事情发生。如果你是警察，你会采取什么策略呢？

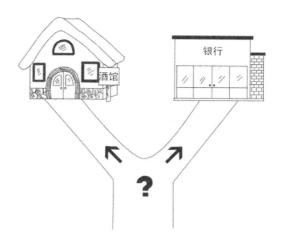

48．遇害真相

荒野中，有个男子被人绑在树上窒息而死。有人路过发现了尸体并报警了，不久警察来到现场。

警察发现男子的嘴被堵着，脖子被用生牛皮做的绳子绕了三圈。经警方鉴定男子死亡时间是下午 4 点左右。警方马上逮捕了一个犯罪嫌疑人。

但经过调查，此人从上午至下午尸体被发现为止，都不在作案现场。警方找不到证据，要释放此人。

其实真凶就是他。你知道他是用什么手段蒙蔽警方，杀死男子的吗？

49．盗窃案

一名中国富翁到美国度假期间邀请了 10 位老朋友到他的中国豪宅去度假，另外他也是想让老朋友们帮自己看几天家。这 10 个人分为三类，分别是小偷、平民、警察。小偷只能识别平民，平民只能识别警察，而警察识别不了其他人的身份。他们相互间不能揭发身份或自曝身份，只有当警察抓住小偷时，才能自曝身份。每个小偷一天偷一次。小偷和平民都可以写匿名检举信。如果小偷对同类实行盗窃，被盗的小偷发现物品被偷不会喊叫；如果被偷的是平民，当他发现物品被偷时一定会喊叫；如果被盗的是警察，警察会当场击毙小偷。

他们分别住在二楼共用一条走廊的 10 个单人房里，房门号是住户的姓。每个房门外右边的墙上各有一个带锁的邮箱，他们每个人都有一把自己邮箱的钥匙。每天早晨 6 点，报童在 10 个邮箱里各放一份报纸。

房间示意图：

孔	张	赵	董	王
李	林	徐	许	陈

第一天，早上 9:00 刚起床的 10 个人，各自在房里看完报纸后，中午 11:00 在一楼客厅里相互介绍了自己的名字后便自己做自己的事去了。这一天没有平民的叫喊声和警察的枪声。

第二天，与第一天一样，一位警察早上 9:00 起床并拿出自己邮箱里的报纸回自己的房间了。他一直在看报纸。突然，听见 4 个人的喊叫声。然后，10 个人都集合在走廊上，并相互认识了被盗的 4 人。之后，这位警察回到自己的房间里，思考案情：自己住在陈号房，而张号、王号、李号和徐号房被盗。

第三天，心里烦躁的警察 6:00 就起床去拿报纸。打开邮箱，发现邮箱里除了一份当天的报纸外，还有 5 封匿名检举信。警察赶紧回到房内把信摊开在桌子上，发现这 5 封信是由 5 个人分别写的。第一封信的内容是：董、许、林、孔是小偷。第二封信的内容是：林、董、赵、许是小偷。第三封信的内容是：孔、许、赵、董是小偷。第四封信的内容是：赵、董、孔、林是小偷。第五封信的内容是：许、孔、林、赵是小偷。

警察思考着，突然，他抓起这 5 封信冲了出去，抓住了正在睡觉的几个小偷。

可他们并不承认，当警察拿出证据后，他们分别说出了自己藏在离豪宅不远处的赃物。

这位警察是如何破解这个迷案的？

50．骗子的漏洞

"啊，我的钻石项链不见了！"一家五星级酒店的客房内传来一声尖叫，一位贵妇人气愤地告诉保安她的钻石首饰被人偷了，要求酒店赔偿。

警长接到报案后，立刻赶到现场，向贵妇人询问详情。贵妇人说："我刚洗完澡，一打开浴室门，就从浴室的镜子里看到一个大约 180 厘米高的黑衣男子从我的房间跑出去了。"

警长看看浴室的镜子，问："您确定是在这面镜子看到的？"

贵妇人肯定地点了点头。

警长笑笑："收起您的伪装吧，您只不过是为了拿到保险金才这样做的。"

你知道警长的依据是什么吗？

51．报案人的谎言

凌晨 3 点 30 分，值班警官甲身边的报警电话铃急促地响了。他被惊醒并迅速抓起听筒。电话里传来了一个女人娇滴滴的声音："你是值班警官吗？"

"是的，请问您是谁？"

"我叫 A，有人杀害了我的丈夫，因为我丈夫是个富翁。"

警官记下了她的地址，立刻跳下床。门外北风呼啸，"这该死的鬼天气！"他缩着脖子钻进了警车，40 分钟后赶到了 A 家。

A 正在门房里等他。警官一到，她就开了门。房间里真暖和，警官摘下了围巾、手套、帽子，并脱下大衣。A 穿着睡衣，脚上是一双拖鞋，头发乱蓬蓬的，脸上毫无血色。她说："尸体在楼上。"

警官边细看现场边问："太太，您丈夫是怎么被杀的？请慢慢说，越详细越好。"

"我丈夫是在夜里 11 点 45 分睡的，也不知道怎么的，我在 3 点 25 分醒了。听听丈夫一点气息也没有，才发觉他已经死了。他是被人杀死的。"

"那您后来干什么了？"警官问。

"我就下楼给你们警察局打电话，那时我还看见那扇窗户大开着。"A 用手指了指那扇还开着的窗户，"凶手准是从这扇窗户进来，然后又从这里逃走的。"

警官走到那扇窗户前往下望去，下面有几个纸箱子，还有几个啤酒瓶，其他的什么都没有。风吹进他的脖子里面，冻得他缩了缩脖子，忙关上了窗户。

A 抽泣着说："警官先生，您现在要验尸吗？"

警官冷冷地回道："让法医来干此事吧。不过，在他们到这里之前，我想奉劝夫人一句——尽早把真相告诉我！"

A 脸色变得煞白："您这是什么意思？！"

警官严肃地说："因为刚才您没说实话！"

警官为何知道那女人说了谎？

52．骗保险

李家发生火灾，李太太对保险公司的调查员说："我炒菜时油着火了，我赶紧关上煤气，忙乱中我错把旁边的一桶油当作水泼了上去，没想到，火一下子蹿到屋顶烧着了。"

调查员听后想了想说："你在撒谎，你是想骗保险！"

调查员是如何知道的呢？

53．不是自杀

王先生的夫人服毒自杀了。

王先生是报案者，也是第一个发现妻子自杀的人。

"我妻子最近心情一直不好，"他说道，"我刚才出去发信，才半个小时，回来时就发现她已经……"说着，他便痛哭起来。

正如他所说，死者是中毒死的。王夫人全身肌肉松弛，有氰化物中毒的迹象。她的尸体瘫坐在椅子上，手里握着一个装氰化物的药瓶。

一位有经验的警员看了看现场就将王先生以涉嫌谋杀自己妻子的罪名带走了。

警员是如何看出这不是一起自杀案的呢？

54．消失了的凶器

在一所大学体育馆的女子淋浴室，有位裸体女大学生被杀，是被人用细绳勒死的。现场只有毛巾、浴巾，没有发现任何类似绳子的东西。在案发当时，另一位女大学生也在场淋浴，因此她的嫌疑很大。可是她的同学们都清楚地看到，她也是赤裸着从淋浴室里走出来的。毛巾、浴巾太粗，根本无法形成脖子上的细细的勒痕，在所有的下水道、排水口等地也没有转移凶器的迹象。

刑警察看了现场，觉得很奇怪，这个消失了的凶器至关重要。

凶器究竟哪里去了呢？

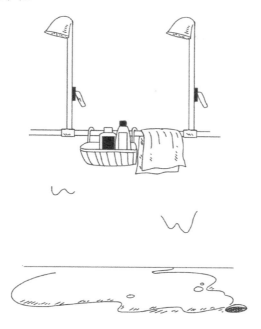

55．偷自行车的人

某所学校半夜有人开卡车进来偷自行车，警察通过调查锁定了三个作案嫌疑人：甲、乙和丙。经过了解后，查明了如下三个事实(可作为已知条件)：

A．作案者不可能是甲、乙、丙三个人以外的其他人。

B．丙作案的时候肯定会和甲在一起，当然，不一定只有两个人。

C．乙不会开卡车。

通过这三个事实，警察马上把甲抓了起来。

请问：警察是怎么推理出来的？

56．校园里的盗窃案

校园里出了一起盗窃案，警察经过调查锁定了三个嫌疑人，并了解到如下三个事实(可作为已知条件)：

A．作案者不可能是甲、乙、丙三个人以外的其他人。

B．甲作案的时候肯定会有搭档。

C．经过深入调查，丙有充分的不在场证据。

如果你是警察，能依此决定先把谁抓起来吗？

57．双胞胎盗窃案

一桩案件的嫌疑人有三个，其中，甲与乙是一对双胞胎，长得很像，一般人很难分清。大家都知道，这对双胞胎很胆小，必须有搭档才可能作案。第三个嫌疑人丙胆子非常大，因此他从来都是单干。有几个可靠的证人作证，在案件发生的时候，他们看见双胞胎兄弟里的一个在操场上打球，但不能确定是甲还是乙。

已经知道作案的肯定是甲、乙和丙里的一个人，能确定谁有罪，谁无罪吗？

58．四条有价值的供述

某金店被盗，丢失了一条价值连城的钻石项链。不久，警察抓到了三个与此案有关的嫌疑人。经过审讯，这三个嫌疑人做了如下四条供述，而且据证实，这四条供述都是事实(可作为已知条件)：

A．如果甲有罪而乙无罪，那么丙有罪。

B．丙从来不单干。

C．甲从来不和丙合伙。

D．这次案件的作案人肯定在甲、乙、丙三人里。

根据这几条事实也许不能完全认定谁没有罪，但可以认定有一个人必然是有罪的，是哪个人？

59．多了一个嫌疑人

这次金店失窃案件里多了一个嫌疑人丁，但我们只能了解到关于甲、乙、丙的几条事实(可作为已知条件)：

A．甲确实无罪。

B．如果乙有罪，他恰好有一个搭档。

C．如果丙有罪，他恰好有两个搭档。

你能据此判断丁是否有罪吗？

60．询问的技巧

有个人被怀疑偷了东西，于是警官过来找他问话。

警官：据我所知，如果你偷了东西，肯定会有同伙。

那人马上答道：不，这不是事实。

警官据此认定那人真的偷了东西。请问：为什么？

61．谁肯定有罪

这一次还是有三个嫌疑人甲、乙、丙，已经知道以下两个事实(可作为已知条件)：

A．如果甲无罪或者乙有罪，那么丙有罪。

B．如果甲无罪，那么丙也无罪。

你能确定这三个人里谁肯定有罪吗？

62．有用的信息

这一次还是有三个嫌疑人甲、乙、丙，已经知道以下两个事实(可作为已知条件)：

A．三个人中至少有一个人是有罪的。

B．如果甲有罪而乙无罪，那么丙有罪。

也许根据这些证据还不足以给其中某个人定罪，但的确能得到一些有用的信息。你能看出来是什么信息吗？

63．四个嫌疑人

这一案件更有趣，牵涉到四个嫌疑人甲、乙、丙、丁，确定了如下四个事实(可作为已知条件)：

A．如果甲和乙都有罪，那丙也是同伙。

B．如果甲有罪，那么乙、丙中至少有一个人是同伙。

C．如果丙有罪，那么丁是同伙。

D．如果甲无罪，那么丁有罪。

能确定哪几个人有罪，哪几个人可能有罪吗？

如果确定了如下四个事实(可作为已知条件)：

A．如果甲有罪，那么乙是搭档。

B．如果乙有罪，那么或者丙是同伙，或者甲无罪。

C．如果丁无罪，那么甲有罪，而丙无罪。

D．如果丁有罪，那么甲也有罪。

能确定哪几个人有罪，哪几个人无罪吗？

64．他是清白的

这一次案件发生在君子小人村里，也就是村里的人或者是永远说真话的君子，或者是永远说假话的小人。

在这个村子里，有个人被怀疑偷了别人的东西，于是警官来找他问话。这个人只说了一句话："偷东西的那个人是个小人。"警官听后就知道这个人是清白的。请问：这是为什么？

65．村长审案

有一个案件也是发生在君子小人村里，甲和乙两个人被怀疑偷了别人的东西，于是村长出面审理这个案子。最后村长宣布：

A．甲有罪。

B．甲和乙并不是都有罪。

一个路人经过这个村子并知道了这件事，他不知道村长是君子还是小人，那么他能根据村长的话推理出谁有罪吗？村长属于哪类人？

如果最后村长宣布：

A．甲或乙有罪。

B．甲没有罪。

一个路人经过这个村子并知道了这件事，他不知道村长是君子还是小人，那么他能根据村长的话推理出谁有罪吗？村长属于哪类人？

66．谁有罪

这次这个案子发生在有君子、小人和凡夫的村子里。君子永远讲真话，小人永远讲假话，凡夫则有时讲真话，有时讲假话。

现在有三个村民甲、乙和丙被怀疑偷了东西，已经知道犯罪的是君子，而且是他们三人中间唯一的君子。现在三个疑犯做了如下陈述。

甲：我无罪。

乙：甲说的是实话。

丙：乙不是凡夫。

你能确定谁有罪吗？

第二篇

疑案巧侦破

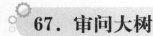

67. 审问大树

　　从前，有个年轻人父母早亡，自己一个人生活。有一年，官府要求他去服兵役，年轻人便把家中所有财产——一锭金子交给邻居保存。三年后，年轻人的兵役到期回家，找邻居拿回金子。可是邻居不承认，说没有这回事。无奈，年轻人将邻居告到官府。县官当面审问年轻人的邻居，可是他矢口否认。年轻人大喊："难道你忘记了吗，我在一棵大树下面把那锭金子交给你，你还说要写个收据给我，我没要。"

　　邻居矢口否认，说是没有的事。

　　县官说："那好，现在我们只有去找那棵树做证人了。"说完叫一名衙役带着年轻人去找那棵大树求证。

　　过了一会儿，县官看了看太阳，又看了看邻居，说："这么久了，他们应该到了吧？"

　　邻居说："还到不了。"

　　又过了一会儿，县官说："他们应该往回走了吧？"

　　邻居道："嗯，是该往回走了。"

　　最后，衙役带着年轻人回来了。可是年轻人哭丧着脸说："老爷，大树不会说话，怎么给我做证啊！"

　　县官笑着说："它已经做完证了。"

　　说着就判定邻居交出金子并赔偿年轻人一定的利息。

　　县官是怎么知道邻居贪钱的呢？

68. 凶器哪里去了

　　杰克的公司面临破产，杰克被发现死在了自己的办公室内，死因是被刀片割喉。调查后，警方发现，杰克死前购买了一份大额人寿保险，受益人是他的太太。保险规定，如果是意外死亡，可以获得赔偿；如果是自杀，则什么也得不到。现场没有任何打斗过的痕迹，所以警方初步断定是自杀。可是让人疑惑的是，在现场找不到凶器。如果真的是割喉自杀的话，他不可能杀死自己后把凶器弄走。死者办公室的窗子是开着的，但是在窗口附近也找不到任何凶器。警察突然发现办公室内有一个空着的鸟笼，马上就解开了凶器消失之谜。

　　凶器到底哪里去了呢？

69. 惯偷

　　在人群熙熙攘攘的火车站出站口处，一位丢失了旅行箱的旅客，偶然发现自己的旅行箱竟然被一个年轻人拉着往外走。他马上追过去，问道："这个箱子是我的，你怎么拿着我的旅行箱？"

年轻人愣了一下，马上说："不好意思，我拿错了。"说完将箱子还给了那位旅客，继续往前走。

这一切被在旁边巡逻的民警看在眼里，他马上意识到了什么，于是上前盘查。果然，这个年轻人是趁人多的时候偷别人旅行箱的惯偷。

警察是怎么看出来的呢？

70. 并非自杀

深秋的一天，在一座森林公园的深处，有人发现了一具男尸，马上报了警。警察赶到现场，发现死者死在自己的敞篷跑车中，车上和死者身上有几片落叶。"初步断定是自杀，因为死者手里握着一瓶毒药。法医鉴定，死亡时间在 2 天前。"警察向警长报告说。

"还有什么线索吗？"警长追问道。

"没有了，周围的地上落满了树叶，没有任何脚印之类的痕迹。"警察回答。

"立即在附近搜索可疑人员。我断定，死者不是自杀，是被人杀死后移尸到这里的，而且凶手还没有走太远。"警长下命令道。

果然，几个小时后，警察就在附近抓到了凶手。

警长是根据什么断定死者不是自杀，而且凶手还没有走远的呢？

71. 凶手的破绽

一天晚上，警察在街上巡逻，突然听到从一栋楼上传来一声枪响。警察循声而去，发现一名男子慌张地从楼上跑了下来。警察赶紧上前询问。

男子说："不好了，我朋友被人杀死了。"

警察追问细节，男子解释说："我和朋友在 8 楼的一个房间中看着球赛，喝着啤酒，突然停电了。就在这时，一个人冲了进来，朝我朋友开了一枪就跑了。这时来电了，我发现朋友倒在了血泊之中，死了。便跑下来找警察。"

警察带着男子来到案发现场，屋子里一片寂静，一点声音都没有。一名男子倒在沙发上，死了。

警察对跑下楼的男子说："你撒谎，凶手就是你！"

警察是如何发现凶手的破绽的呢？

72．屈打成招

四月的一个晚上，外面下着小雨，独居的寡妇胡三娘在家中被杀。接到报案后，衙役来到犯罪现场，在胡三娘家的院子里发现一把扇子，上面的题词显示是李四送给张三的。

大家不知道李四是谁，但都认识张三，这是住在前街的一个小混混，平时言行举止很不干净。大家都认为人一定是他杀的。很快，衙役把张三带到公堂之上，一番严刑拷打之后，张三承认了杀人。

案子就这样定了。一位看热闹的村民摇了摇头说："这一定是屈打成招。"

你知道村民为什么这么说吗？

73．审狗破案

有一对穷苦的姐妹相依为命生活，一天姐姐前来报案说妹妹被杀。

事情是这样的：当天傍晚，天刚黑下来，姐姐从地里干活归来，准备给在家的妹妹做饭。刚进院门，迎面冲出一个光着上身的男子。姐姐连忙阻拦，两人厮打起来。姐姐抓了对方几下，最终因对方力气较大，让他逃走了。姐姐进屋一看，发现妹妹死在了屋中。

因为天色已晚，姐姐没有看清男子长相。姐妹俩养了一只大黄狗看家，可是案发当日黄狗没有叫。

县官贴出告示，称第二天要公开审问黄狗。

第二天，来了很多想看热闹的人，县衙被挤得水泄不通。县官让老人、小孩和妇女出去，命剩下的人脱掉上衣，逐一查看，发现一个人背部有两道红印子。

经过审讯，此人正是杀害妹妹的凶手——街坊张三。

你知道县官是如何做到的吗？

74．谁是小偷

一天，李经理从北京出发去广州办事。他乘坐的卧铺车厢隔间(或包间)里的其他三人分别去郑州、武汉和长沙。

列车运行到石家庄站的时候，停车 15 分钟，四人均离开了自己的铺位。在列车重新启动前，李经理回到铺位，发现自己的手提包不见了。他急忙去报告乘警，乘警调查了其他三位乘客。

去郑州的乘客说，停车时他下去买了些早点；去长沙的乘客说，他到车上的厕所方便去了；去武汉的乘客说，他去另一车厢看望同行的朋友了。听完他们的叙述，乘警认定去长沙的人偷了李经理的手提包。

你知道为什么吗？

75．偷吃鸡蛋

早上，妈妈煮了三个鸡蛋准备分给三个孩子吃。可是在妈妈去厨房盛粥的空当，放在桌子上的鸡蛋被三个孩子中的一个偷偷吃掉了。妈妈问是谁偷吃的，三个孩子都不承认。妈妈很生气，非要找出是谁干的。于是，妈妈拿来一杯水和一个空盘子。很简单地就试出了到底是谁偷吃了鸡蛋。

你知道妈妈是怎么做到的吗？

76．合谋

古时候，一妇人来衙门告状，说有人杀死了她的丈夫李四，还抢走了李四外出做生意赚的钱。县令随妇人去验尸，发现死者的头被割走了。于是县令说："你一个人孤苦伶仃的，等我们找到尸体的头，定案之后，你就可以再嫁了。"

第二天，与妇人同村的张三来报告说他在砍柴时发现了李四的头。可能是凶手怕被人认出来，所以在杀害李四的时候把头弄得面目全非了。

县令指着妇人和张三说："你们二人就是罪犯，合谋杀害亲夫。"

县令的依据是什么？

77．不在场的证明

一家珠宝店打电话报警说两名歹徒抢了价值数百万元的珠宝后，刚刚乘坐一辆黑色本田车逃跑了，并告诉了警察车牌号码。

警察马上开着警车向距警察局大约5000米的案发现场赶去。刚出警察局的大门，就差点撞到一辆在路上缓慢行驶的汽车。对方马上下车向警察赔礼道歉，警察一看这辆车，发现有点儿不对：本田，黑色，连车牌号也同刚才报案的车牌一致。可从这里距案发现场还有一段距离，劫匪不可能在这么短的时间赶到这里的。

这究竟是怎么回事呢？

78．消失的杯子

初冬，外面有一点儿冷，小明穿着一件厚外套，围着一条毛线织成的围巾来到好朋友小刚家。

"好久不见了，我们喝点啤酒吧！"小刚很热情，拿出了两个带柄的玻璃杯。打开冰箱一看，啤酒喝光了。"稍等一下，我下去买。"

小刚来到楼下常光顾的小店，拿了一打啤酒，又选了几样下酒的零食，十几分钟后就回到了家。正要倒酒，发现酒杯不见了。"咦，刚才还在这儿的！"

"哈哈，趁你刚才买啤酒的空当，我把它们变到了楼下，你上来时没看到吗？"小明打趣道。

"怎么可能？你又没有下楼。就算你直接从窗子往下扔，也会摔碎的，这可是九楼啊！"小刚从窗口往下一看，发现楼下的空地上有两个闪亮亮的东西，可不正是家里的酒杯嘛！

小明是怎么在没下楼的情况下把两个玻璃酒杯完好地转移到楼下的空地上的呢？

79．车牌号码

一天清晨5点左右，一位过马路的女子被一辆疾驰而过的汽车撞倒在地。

司机见附近没有什么人，没有救援就逃逸了。被撞的女子仰面朝天地倒在地上，不久后被另一位经过的汽车司机送往医院。可她由于伤势过重，只说了车牌号是8961就死了。

警察很快找到了那辆车牌号为 8961 的汽车，却发现车主的车前段时间出了故障，这几天一直在修理厂，根本无法外出。

这到底是怎么回事呢？

80．哪个是警察

一天晚上，小明走在放学回家的路上，看到前面有两个人背对着自己，并排向前走。仔细一看，发现他们中间的两只手被一只手铐铐在一起。原来是一名便衣警察抓住了一个小偷，怕他跑掉，就和他铐在一起回警察局。可是由于天色昏暗，警察也没有什么明显的标志，小明分不清哪个是警察，哪个是小偷。

你能帮小明判断一下哪个是警察吗？

81．县官审案

古时候，一老翁有两个儿子，二儿子不务正业，到处为非作歹。一次老翁气急之下错手打死了二儿子。他怕官府追究，悄悄地和大儿子一起将二儿子的尸体埋了起来，对外说二儿子外出做工去了。一次老翁喝醉了酒，喃喃自语颇有悔恨之情，被邻居听到，就把他告到了官府，老翁拒不承认。县令没有证据，便想了一个审讯办法，将大儿子和老翁关在一起，并把大儿子吊起来严刑拷打，从而得知了事情的真相。

你知道这是为什么吗？

82．酋长的谜语

一个年轻人被食人族抓了起来，食人族的酋长很欣赏聪明人，于是他对年轻人说："我给你出个谜语，如果你能猜出来，我就放了你。"年轻人答应了。

酋长的谜语是：行也坐，站也坐，卧也坐，猜一物。

年轻人听了笑笑说："我也有一个谜语，请你猜一猜。"

年轻人的谜语是：行也卧，站也卧，坐也卧，也猜一物。

并补充说："我的谜底可以吃掉你的谜底。"

酋长恍然大悟，放了年轻人。

你知道这两个谜语的谜底分别是什么吗？

83．巧断谋杀案

某地发生了一起凶杀案，警察在作案现场附近找到一个嫌疑人，便把他带到了警察局。没想到他是个聋哑人，无论警察说什么，他都听不懂。警察只好对他做了书面盘问，若他真的是个聋哑人，他就不是凶手。于是，聪明的办案人员说了一句简单的话，就拆穿了凶手伪装成聋哑人的伎俩。

你知道办案人员是怎么说的吗？

84．谁是真凶

有 5 名探险者去深山寻找宝藏，其中只有队员甲知道宝藏埋藏的准确地点。

一天傍晚，他们 5 人分别在河的两岸 5 个不同的地点扎营休息。当天晚上，队长不时地用手机与大家联系。由于山中信号不好，手机只能在帐篷中通过特殊装置放大信号之后才能使用。晚上 10:30 以后，他没有收到队员甲的应答。队长又同其他 3 名队员进行了联系，询问了他们 3 人的具体情况。

第二天早晨，大家集合的时候，甲没有到。大家去甲的帐篷里，发现甲已经死了。他是被人杀死的，犯罪现场的证据表明凶手是乘独木舟到达队员甲的帐篷并把他杀死的。在当天晚上，每位队员都有使用独木舟的机会。队长怀疑是 3 名队员中的某人为了得到宝藏的准确位置而杀害了甲。根据下面的事实，队长排除了其中两名队员的嫌疑。

(1) 队员甲是在前一天晚上 10:30 之前在他的帐篷里被杀害的，他是被绳索勒死的。

(2) 凶手去队员甲的帐篷和返回自己的帐篷都是乘的独木舟。

(3) 队员乙的帐篷扎在甲的帐篷的下游，丙的帐篷扎在甲的帐篷的正对岸，丁的帐篷扎在甲的帐篷的上游。

(4) 河水的流速很快。

(5) 顺水而下需要 20 分钟，逆水而上需要 60 分钟，到对岸需要 40 分钟。

(6) 对于队长的手机呼叫，各人的应答时间如下。

应　答　者	应答时间
乙	8:15
丙	8:20
丁	8:25
甲	9:15
乙	9:40
丙	9:45
丁	9:50
乙	10:55
丙	11:00
丁	11:05

在这 3 人中，被队长作为怀疑对象的是谁？

85．衣柜里的尸体

有个穷苦出身的人，凭着自己的智慧，在短时间内积聚了许多财富。不幸的是，他被人谋杀了。几天后，尸体被附近一家别墅的房主在自己家的衣柜里发现了。

警察检查了一下衣柜，除了一些旧衣服和几个樟脑丸外，没有发现别的线索。

于是警察向这位房主了解情况，房主说："我是做钢材生意的，我的生意伙伴中有许多外国人，所以我经常在国外。我的爱人和孩子也都在国外定居，这个房子大概有两年没住人了。昨晚我回来，本打算把一些不穿的衣服寄给红十字会，没想到，居然在衣柜内发现了这具尸体。我想，凶手应该对这里的环境很熟悉，我觉得我的生命受到了威胁，希望你们能尽早查出凶手！"

警方录完他的供词后，又将衣柜检查了一遍，随即逮捕了房主。你知道原因吗？

86．第一现场

一个寒冬的夜晚，有位出诊的内科医生被狂奔的四轮马车碾死。带着七分酒意的马夫，唯恐邻近的警察发现，把医生的尸体和药箱搬到了马车上，然后快马加鞭地赶回家，把尸体和药箱藏在小屋里，放在火炉边上待了一夜。

第二天凌晨，肇事者把尸体和药箱用马车装载，丢到荒郊的池塘里，并精心制造了失足落水的假象。

尸体被发现后，警察到现场验尸。当他检视完浮肿变形的尸体及药箱后，直截了当地断定："这里不是第一现场，这具尸体被移动过。也就是说，这起案件是他杀，而不是意外。"

警察根本没有解剖尸体，他是怎么看出这里不是第一现场的呢？

87．是意外还是谋杀

一名侦探在一座直上直下的山崖上做跳伞运动，那座大山上有一条盘山公路，山腰处有一个村镇。侦探不经意间看到了惊险的一幕。

一辆敞篷跑车从山腰的村镇中冲了出来，直直地冲向了悬崖。要不是撞到了路边的围栏，连人带车一定会摔个粉碎。只见车子怒吼着猛烈地撞在公路另一边的围栏上，发出"轰"的一声巨响，坚固的围栏立刻被撞出一个缺口，碎片纷纷散落下山崖，车子才停了下来。一个人从车里面像是纸扎的一样呈抛物线被弹射了出来，重重地跌落在山崖路旁。

这一切发生得太快了，侦探看得目瞪口呆。他意识到有严重的事故发生了，立刻用无线电话报了警。之后，他迅速跑向那动也不动的受害者看能否给予帮助。经过详细的检查后，他发现受害者浑身是血，已经死了。他在警方赶到前，大致检查了那辆撞得不像样的车子。车子的挡风玻璃被震碎，散落了一地。驾驶座上以及方向盘上都血迹斑斑，驾驶座下有几块石头散落着，前座放着几张音乐 CD 和几个空的酒瓶，后座零散地放着一些杂志。

20 分钟后，警长带着手下赶到现场。侦探和警长是老朋友了，他们曾一起合作过很多次。警方立刻展开了调查工作，发现死者 A 是一家名为软软的软件公司的四个创办人之一，这家公司就位于山腰的那个村镇里。

虽然 A 的死看起来像是意外，但侦探和警长经过明察暗访，很快就锁定了三个疑凶，他们都是软软公司的创办人；并且查到了一个极为可能的动机，那就是一家敌对公司曾想收购软软公司，但由于 A 是四个创办人中唯一极力反对此收购的人，因此，涉及 5 亿美元的交易一直没能达成。侦探和警长决定不动声色地对三个疑凶 B、C、D 分别录取口供。

"A 当时的心情非常差，发着脾气，"会计师 B 说道，"整个早上他都在喝酒，然后他拿起汽车钥匙走出了门。我在后面对着他喊叫不要喝酒开车，我没听到他的回答，我以为他听了我的劝告。但是几分钟后，我却听到车子引擎的响声。如果我当时不是忙着赶做一份表单，我一定会追他回来的。我完全不知道他会弄到连自己的命都给丢掉了。"

C 的供词证实了 B 的描述："当时我在车库里，也就是我现在的办公室。我听到前门被重重地关上。当我从车库里的窗口望出去时，我见到 A 正向他的车摇摇晃晃地走去。我没在意，便继续工作，直到我听到车子引擎的响声。我望出去，看见 A 正开着他的跑车离去。我当时有点担心，但也没想太多，直到警方带来了噩耗后，才后悔当时我没有阻止他离去。"

D 是 C 的妻子。"我当时在楼上的办公室听着电话。我不记得前门曾被大力地关上，但我的确听到一些声音，A 好像跟谁在争吵，我不知道他们是在里面还是在外面吵。我想我记得像是听到车轮摩擦地的响声，但是我不太肯定。"

听完了所有的口供后，侦探和警长立刻集中精力调查其中一个创办人，很快，那人便认了所有的罪。那么，B、C、D 谁才是凶手？

88．自杀

一位一生注重名誉的绅士，在一次股市崩陷时，不但输了所有的钱，还欠下了巨债。他想自杀，但想到自杀后将会名誉扫地，就想制造他杀的假象，以便保住名节。

结果他真的成功了，因为他用来自杀的手枪是在十几米外的羊圈内被发现的。

照理说他头部中弹应该是立即毙命，怎么能够把手枪扔出十几米远呢？你知道他是怎么做到的吗？

89．塔顶的夜明珠

某地有个佛光寺，寺里有座宝塔，塔顶上有一颗闪闪发光的夜明珠，寺庙也因此而得名。一年中秋节，寺院的方丈外出化缘，留下两个徒弟看守寺院。

半个月后，老方丈化缘归来，发现塔顶上的夜明珠被人偷走了，便叫来两个徒弟询问。大徒弟说："昨晚我上厕所，借着月光，看见师弟爬上塔偷走了夜明珠。"小徒弟争辩道："我昨晚整夜都睡在禅房里，从没起来过。好像自从师父走后，夜明珠就没有发过光。"老方丈听完两人的叙述后，便知道谁说了谎话，谁偷了夜明珠。

你知道是谁吗？

90．两份遗嘱

一位富翁死后，突然出现了两份遗嘱，两个受益人带着遗嘱去打官司。其中第一份遗嘱是用打字机打出来的，工整清楚，语言逻辑性强；第二份遗嘱是手写的，字迹很像是富翁的，提出否定第一份遗嘱，并且强调是躺在床上仰面写成的，所以上面的圆珠笔字迹有些凌乱。陪审团很多人认为第二份遗嘱是真的，有一位律师用事实证明了第二份遗嘱是假的。

你知道他是怎么看出来的吗？

91．伪装的自杀

在一栋小洋房里，发现了一具中年女性的尸体，已经死了几天了。在死者身旁发现了字迹潦草的遗书，看起来她似乎是自杀。

发现尸体的人是死者的邻居。据邻居所说，这个死者无子女，丈夫在几年前去世了，只有家里的一条狗与她相依为命。那条狗被绳子拴在床脚上，几天都没有吃东西了，饿得嗷嗷叫。

死者的邻居告诉刑警："这名女士常年一人居住，她生前最爱这条狗，把它当亲儿子一样。"

刑警听了以后，深思一番，说："如果是这样的话，那她就不是自杀，遗书是被人伪造的。"

这是为什么？

92．特级教师之死

有一天晚上9点左右，某特级教师于老师在家里批改学生的作业时，被人用木棒从背后打死。书桌上只有一堆作业本和一盏亮着的台灯，窗户紧闭。

报案的是住在于老师对面公寓的刘夏。他向赶到现场的警方描述当时的情况："那时候我刚洗完澡，站在窗户旁想呼吸一下新鲜空气。当我从房间向外看时，无意间发现于老师书房的窗口有个影子，似乎在举着什么东西向他攻击。我感觉不妙，所以就报警了。"

警察听了以后说："你撒谎！你就是凶手！"说罢将刘夏逮捕了。

警察是怎么发现他说谎的呢？

93．奇怪的陌生人

一场混乱的枪战之后，某社区诊所中冲进来一个年轻人。他对医生说："我刚才过马路的时候，碰见了两名警察在追一个逃犯，我也想帮帮忙，但是那个逃犯好厉害，两名警察都被他杀死了，我也受了伤。"医生检查完伤口，说："幸好伤口不深。"于是从他背部取出了一粒子弹头，并拿出一件病号服让他穿上，然后又将他的右臂用绷带绑在胸前。

这时，一名警察和一个陌生人跑了进来，陌生人喊道："就是他！"警察拔出枪对准了年轻人。年轻人忙说："我是帮你们追捕逃犯的。"陌生人说："你背部中弹，说明你就是逃犯，还想抵赖！"这时，在一旁观察了很久的医生说："这个年轻人不是逃犯。"

那么谁是逃犯呢？

94．自杀的假象

某富翁去海边度假，租了一间靠海公寓，公寓只有一扇窗和一扇门。一天，当警察小心翼翼地打开被反锁的门后，发现富翁倒在床上，中弹身亡。

警察向周围的人了解情况。公寓外卖花的小贩说，富翁在每个星期四晚上都要去他那里买9朵红色的玫瑰，几个月来从未间断过，可是这两个星期他都没去。已知富翁买的花都装在一个花瓶里，放在狭窄的窗台上，花都枯萎凋谢了，初步推断富翁已经死去至少8天了；房间里的地毯一直铺到离墙角2厘米的地方；在地板、窗台和地毯上只有一点灰尘，只在床上发现了血迹。

根据这些情况，警察判断，有人配了一把富翁房间的钥匙，他开门进去，打死了站在窗边的富翁。然后，凶手打扫了房间，清洗了所有的血迹，再把尸体挪到床上，制造了自杀的假象。

警察为什么这么判断呢？

95．伪造的死亡时间

一个黑帮团伙发生内讧，部下造反杀死了大头目。为了伪造死亡时间，罪犯将尸体塞进大冷冻箱里放了三天，第四天夜里用汽车将尸体运到自然公园扔进山谷，造成其在山顶遭枪击后坠入山谷的假象。

第二天早晨，尸体被发现。警察开始立案调查。"确切死亡时间，只有在解剖了尸体后才能弄清楚。初步查实被害人已经死亡三四天了。"法医向刑警报告说。"如果是这样，作案现场就不是这里，是在别处作案后，昨天夜里移尸到此，从山顶上推下来的。"王侦探听了法医的报告后这样肯定地说。

实际上，他发现尸体时，注意到了尸体手腕上戴的手表。手表虽然还走着，但时间要慢得多。

为什么王侦探只看了一下手表，就能马上看穿真相呢？

96．聪明的探长

在一家乡村旅馆中发生了一起凶杀案，死者是一位妙龄女郎，被水果刀捅入背部致死。警察向探长介绍说，这位女郎名叫刘丽，上周刚和一位军官完婚，他们在公园街有一套小公寓。嫌疑对象很可能是刘丽的前男友王刚。刘丽曾与王刚相好，但最后却选择了那位军官。

探长决定独自去探探王刚的情况，临走前他故意将一支金笔扔在了旅馆中死者躺过的床上。

王刚独自一人住在自己的修车店，探长一进门就问："你知道刘丽被人杀了吗？"

"啊！不，不知道啊。"王刚气喘吁吁地说。

"嗯，不知道就好。"说着探长伸手到上衣口袋中摸笔做记录。"啊，糟糕，我的笔一定是掉在刘丽的房间了。我现在得马上去办另一件案子，顺便告诉警方你与此案无关。你不会拒绝帮我找回金笔，送回警察局吧？"

王刚只好无奈地答应了。

当王刚把金笔送到警察局时，他立即被捕了。

你知道这是为什么吗？

97．是自杀还是他杀

一天早晨，某公司总经理被发现死在了自己的公寓中。他全身泡在浴缸里，左手手腕上割出一道伤口，里深外浅，伤口外侧还有一条划痕，右手拿着一个刀片。在浴缸不远处有一个字条，上面写着："我痛恨股市！"这似乎是指近期股市大跌导致公司亏空一事。

警察马上断定，这是一起将谋杀伪装成自杀案件，因为出现了一个重大破绽。你知道是什么吗？

98．两个嫌疑人

葛顿探长上门去拜访黛妮，他按了一下门铃，没有人理会。

黛妮的房门上装的是自动锁，一旦装上，除非有钥匙，否则外面的人是进不去的。葛顿感到奇怪，便请管理员把门打开。他进去一看，见黛妮穿着睡衣，胸部被人刺了一刀死在地上。经推测，被害人死亡时间大约是昨晚9点。

经调查，昨晚9点前后有两个人来找过黛妮，一个是她的情人，一个是她的学生，这个学生是当地的流氓。在讯问这两个可疑分子时，他们都说自己按了门铃，见里面没人答应，以为黛妮不在家，就没有进去。

听了他们的诉说，葛顿想起黛妮的房门上有个小小的窥视窗，于是他立刻知道了谁是真正的凶手。

你知道凶手是谁吗？

99．汽车抢劫案

一天深夜，王刚下班开车回家。在一条偏僻的小路上，突然前轮两个车胎被扎破了。当王刚下车察看轮胎的时候，从旁边的丛林中跳出四个蒙面大汉，他们把王刚身上的所有钞票和值钱的东西洗劫一空后，逃跑了。王刚只得向前走去。走了不久，前面有一个加油站。王刚对那里的加油员说自己刚被抢劫，希望能帮他报警，并再买两个新轮胎。加油员答应了他的请求并帮他打电话报警。

过了一会儿，警察来了。王刚向警察描述了被劫的经过，他的车子也换上了新轮胎。警察走到加油员面前说，你就是劫匪。

警察为什么这么快就断定加油员是劫匪呢？

100．一声枪响

警察正在巡逻的时候，忽然听到一声枪响，然后看到不远处一位老人正跌向房门。警察马上跑了过去，发现老人背部中弹，已经死了。

警察开始询问现场仅有的两名目击者。甲说："我看到老人刚要锁门，枪响后，他应声倒地。"乙说："我听到枪声后不知道发生了什么事，就跑过来看看。"

警察听了两个人的话后，立即拘捕了其中的一个人。

你知道拘捕的是谁吗？

101．怀疑的对象

哈莱金接过一份报告，看了一会儿，对警长说："根据验尸的报告，特里德太太是两天前在她的厨房中被人用木棒打死的。这位孤独的老妪多年来一直住在某山顶上破落的庄园里，与外界几乎隔绝。你说这是什么性质的谋杀呢？"

"哦，我昨天凌晨 4 点钟就接到一个匿名电话，报告她被人谋杀了。我以为是一个恶作剧，直至今天还没有着手调查。"警长莫纳汉尴尬地说道。

于是他们两人来到了现场。警长将哈莱金引到庄园的前廊说："老太太连电话都很少打。除了送奶工和邮差是这里的常客之外，唯一的来客就是每周一次送食品杂货的男孩子。"

哈莱金紧盯着放在前廊里的两摞报纸和一只空奶瓶，然后坐在一个摇椅上问："谁最后见到的特里德太太？"

"也许是卡森太太，"警长说，"据她讲，前天早晨她开车经过时还看见老太太在前廊取牛奶呢。"

哈莱金道："凶手实在没料到你会拖延这久才开始侦破！这回我们有怀疑对象了。"

请问：哈莱金怀疑谁是凶手？

102．学者之死

著名的学者赵教授被人杀死在了家里，现场的一切说明了凶手与被害人很熟悉，但是因为某种原因对被害人暗藏恨意。凶手逃逸时犯了一个错误，没有注意到被害人当时还没有断气。被害人于最后时刻在电话上留下了神秘的死亡信息。电话上在案发时刻有两个号码记录，都是拨出的：第一次只留下了一个"8"便挂断了；第二次留下的号码是"121×111"。

警方经过调查，发现有以下4名嫌疑人：

张康，死者以前研究玄学时的伙伴，由于一本书的版权问题对死者怀恨在心。

王田，死者以前的学生，认为死者偏心别的学生，对死者深怀不满。

李谦，死者以前的学生，认为死者盗用了自己的论文成果，曾对朋友声称要进行报复。

赵立，死者的邻居，由于死者将楼下院子擅自改变布局而与死者争吵，结怨越来越深。

以上4名嫌疑人都没有充分的不在场证明，请指出凶手是谁。

103．黏在身上的血迹

一个寒冷的清晨，天气滴水成冰，海尔丁探长正在看骑手们跑马练习，突然马棚里冲出一个金发女郎，大叫着："快来人哪！杀人啦！"海尔丁急忙奔了过去。只见马棚里一个驯马师打扮的人俯卧在干草堆上，后腰上有一大片血迹，一根锐利的冰锥扎在他腰上。

"死了大约有 8 个小时了。"海尔丁自语道。他转过身，看了一眼正捂着脸的金发女郎，说："噢，对不起，你袖子上沾的是血迹吗？"金发女郎把她骑装的袖口转过来，只见上面是一长道血印。

"咦，"她脸色煞白，"一定是刚才在他身上蹭到的。我叫盖尔·德伏尔，他，他是彼特·墨菲。他为我驯马。"

海尔丁问道："你知道有谁可能杀他吗？""不，"她答道，"也许是鲍勃·福特，彼特欠了他一大笔钱。"

第二天，警官告诉海尔丁："彼特欠福特确切的钱数是 15000 美元。可是经营鱼行的福特发誓说，他已有两天没见过彼特了。另外，盖尔小姐袖口上的血迹经化验是死者的。"

请问：谁是罪犯呢？

104．奇怪的火灾

深夜，白宫大厦失火。125 号房间里浓烟滚滚，住在一间套房里的郑小姐逃了出来，而另一间套房里的王小姐则被烧死在里面。

经过验尸，发现王小姐在起火前已经被刀刺中心脏而死。在她的房间里还发现有一个定时引火装置。

郑小姐说："我因为有点事很晚才回去，看到王小姐已经睡了，就回自己房间里休息。刚刚睡下，便感觉胸部郁闷而醒来，发现四周弥漫着烟雾，急忙大声喊叫王小姐，然后跑到室外。"

人们又找到平素与王小姐不睦的李先生。

李先生说："也难怪你们怀疑，我还收到一封恐吓信呢。"

他拿出一封信来，上面写着："我知道你是刺杀王小姐的凶手，如果不想被人知道，必须在 5 月 1 日下午 6 时，带 100 万元现款，到××车站的入口前。"这时，离案发时间只有 3 小时。

聪明的警察立即发现了凶手。凶手是谁？为什么？

105．被移动的尸体

星期六，一名客人在某酒店服毒自杀。翌日，酒店服务员发现了死者，便立即告诉了主管。

"是不是马上报警？"服务员问。

"别那么傻。是他自己找死，我们何必去惹麻烦呢？只要警察一来，这件事便会宣扬出去，对酒店的声誉会造成严重的影响。"

"但尸体不能不处理呀！"

"丢在后面的公园里吧！那里是有名的自杀场所，上个月已经有一对情侣在那里自杀了，警察无非以为又多了一宗自杀案而已。"

午夜，当所有的旅客都睡着后，服务员和主管便悄悄地将尸体抬到后面的公园去。

他们在草丛中看到一张被人丢弃的报纸，便决定把尸体放在上面，然后将遗书塞入死者的口袋，并把他用过的那个有毒的杯子放在尸体脚边，看起来就像在公园里自杀一般。主管和服务员做得十分利落，没留下丝毫与自己有关的证据。

第二天早上，尸体被发现了。经验尸后，证实死者死亡时间在星期六晚上 9 时左右。

老练的警长在观察过现场后说："即使是自杀，发生的地点也绝不是这里。我揣测是有人怕麻烦，将尸体迁移到此处的。"

你知道警长是凭什么这样说的吗？

106．逃逸的汽车

一辆汽车肇事后逃跑了，警长立即赶到了出事地点。

一位见证人说："当时我正在开车，在反光镜中发现自己车的后面有一辆车突然拐向小路，飞驶而去，很不正常，所以我顺手记下了那辆车的车牌号。"

警长说："那可能就是肇事的车，我马上叫警察搜捕这辆 18UA01 号车！"

几小时后，警察局告知警长，见证人提供的车号 18UA01 是个空号。现在已把近似车号的车都找来了，有 18UA81 号、18UA10 号、10AU81 号和 18AU01 号共四辆车。

警长看了看所有的车号，终于从四辆车中找出了那辆肇事车。

你知道是哪辆车吗？

107．丢失的凶器

一个漆黑的夜晚，警长木村正骑着自行车沿着河边的路巡逻。突然，从下游大约100米处的桥上传来一声枪响。木村马上蹬车朝桥上飞奔而去。他一上桥便见桥当中躺着一个女人，旁边还有一个男的，那个男的见有人来拔腿便逃。

与此同时，木村听到"扑通"一声，像是什么东西掉进了河里。

木村骑车追上去，用车撞倒那男的，给他戴上了手铐，又折回躺在桥上的女人身旁。这时他发现女人左胸中了一枪，已经死了。

"这个女的是谁？"

"不知道，我一上桥就见一个女的躺在那儿，吓了我一跳，一定是凶手从河对岸开的枪。"

"撒谎！她是在近距离内被打中的，左胸部还有火药黑色的焦煳痕迹。枪响时只有你在桥上，你就是凶手。"

"哼，你要是怀疑就搜身好了，看我带没带枪。"那男的争辩着。

木村搜了他的身，没有发现手枪。桥上及尸体旁也没有发现手枪。这是一座吊桥，长度为30米，宽度为5米，罪犯在短时间内是无法将凶器藏到其他什么地方的。

"那是扔到河里了吗？方才我听到了水声。"

"那是我在逃跑时木屐的带子断了没法跑，就将它扔到河里了。不信你瞧！"那男的抬起左脚笑着说。

那男的果真左脚是光着的，只有右脚穿着木屐。

无奈，木村只好先将他作为犯罪嫌疑人带到附近的警察局，用电话向总署通报了情况。

刑警立即赶来对现场进行了勘查取证，并于翌日清晨，以桥为中心，在河的上游和下游各100米的范围内进行了搜查。

河的深度为1.5米左右，流速也并不快，所以枪若扔到了河里，很快就会沉到河底的。然而，尽管连电动探测器都用上了，将搜查范围内的河底也彻底地找了一遍，但始终未发现手枪的踪迹。

石蜡测验结果表明，被当成犯罪嫌疑人的男人确实使用过手枪。他的右手沾有火药的微粒，是手枪射击后火药的渣滓变成细小的颗粒沾在手上的。另外，据从尸体内取出的弹头推定，凶器是双口径的小型手枪。

那么，凶手在桥上射死了女子后，究竟将手枪藏到哪里去了呢？

108．两万英镑

上午9点20分，米西尔刚走进办公室，电话铃便响个不停。他拿起话筒，"约翰、约翰……"话筒里传来妻子狄娜的抽泣声。这时，话筒里传出一个男子故意变调的声音："米西尔，要是你不想伤害你太太的话，就拿出两万英镑。10 点 15 分，有个叫威克思的人来找你，把钱交给他，就没你的事了。否则，你的妻子……"说到这里，"咔嚓"一声，电话挂断了。

妻子的抽泣声一直萦绕在米西尔的耳边，好像鞭子抽打着他。他急忙离开办公室，走进一家百货商店，买了一只蓝色的小皮箱，然后去银行取出两万英镑，回到了办公室。10 点 15 分，一个男子走进办公室，两只眼睛凶狠地盯住米西尔，说："我叫威克思，快把钱给我！""我的妻子？"米西尔试探地询问道。"她活着。你想报告警察也可以，不过那样的话，"说到这里，威克思眼露杀机，逼视着米西尔，"你的妻子就没命了！"

威克思刚一离开，米西尔便往家里打电话，可是怎么拨也打不通。"妻子会不会……"他急疯了，横下心向警察局报了案。随后冲下楼，坐上汽车，火速开往家里。当他好不容易赶到家中的时候，惊魂未定的狄娜平安无事，正与赶来的警官在交谈。

"哦，米西尔先生，您太太已把事情经过全告诉我了，什么一个男人和您给那人的那只装钱的蓝色皮箱，但她怎么也讲不清。现在请您详细讲一讲，到您办公室去的那个男子的外貌特征，以及您给他的那只装钱的皮箱是什么样子的。"米西尔忙把事情的经过从头至尾、原原本本地叙述了一遍。

半夜三更，夜深人静，米西尔和妻子狄娜一边喝酒，一边亲切地交谈着。喝着、说着，突然米西尔"呼"地从椅子上弹了起来，给警察局打电话。"约翰，怎么啦，你发现了什么新线索？"狄娜问道。米西尔的脸变得铁青，说："是的，我请他们来审问你！"狄娜大吃一惊："我？亲爱的，你喝多了！""别演戏了！我现在非常清醒，你和那个叫威克思的家伙串通一气来敲诈我。"米西尔怒不可遏地叫道。

在警官的审问下，狄娜交代了实情。

请问：米西尔是如何知道的呢？

109．伪装的绑匪

一名警长下班回家，在电梯口遇见了几个身穿白大褂、戴着口罩的人抬着担架出电梯，担架上正是警长的邻居——富翁陈阿伯。陈阿伯昏睡着，没有半点知觉，像是得了什么重病。因为和陈阿伯很熟悉，警长便多了分好奇心。直到陈阿伯大半个身子被抬入救护车，警长突然意识到了什么，马上跑了过去，指了指还没有完全进入救护车的陈阿伯的脸说："请问这位病人怎么了？"抬着担架的人有些惊慌，随后说："他在家突然晕倒了，我们把他送去医院。"

"别装了，你们是绑架对不对？跟我走一趟吧！"

请问：警长是从哪里看出不对的呢？

110．谁是杀人凶手

百万女富翁阿拜·到恩在手术前准备室被勒死，凶器是一根铁丝，它在她的颈部围了一圈。邻屋的护士曾看到主治医师让奈去过那里，他是个瘸子。

警察们在医院的一个角落屋子里发现了作案时凶手穿的衣服，白衣白裤——医院的男装工作服，裤子腿往上卷着；一双鞋，鞋舌向里窝着，鞋带断了，后又被医院专用的白胶布接合，两鞋底磨损不同。

紧接着让奈也被谋杀了，作案手法依旧，他是死在自己的办公室里的。

他的办公室只有一张办公桌，摆在正中间，他坐在桌子后面的椅子上，左前方是门，方便接待患者。死者伏在桌子上死去了。凶器依然是铁丝，是从后面把人勒死的。

警方通过调查获得了死者及相关人员的信息(见下表)。

人　名	身　份	疑　点
阿拜·到恩	百万富翁	自杀？
格尔达·到恩	阿拜·到恩的女儿	遗产的直接继承人
德里克·到恩	阿拜·到恩的弟弟	阿拜生前一直不给他钱用
萨拉·法勒	阿拜·到恩的女佣人	与阿拜不和，经常吵架，遗产的受益人
让奈	阿拜·到恩的医生	阿拜遗产的主要受益人，需要一笔实验经费
露西·普来斯	让奈的秘书	两次案发时都在医院
托马斯·史文逊	案发前拜访过让奈的客人	让奈医生的私生子，常常向父亲要钱
飞利浦·摩高斯	格尔达的男友	格尔达·到恩的未婚夫
约翰·敏钦	德里克·到恩的好友	案发时一直和德里克·到恩在一起

请问：谁是凶手？

111．警察抓小偷

在这个游戏里，警察(灰色的点)在抓小偷(黑色的点)。警察先移动，然后小偷移动，两人交替行进，每次只能从一个圆圈移动到相邻的圆圈。如果移动时把灰点放到黑点上，那么就代表警察抓住了小偷。警察能否在十步之内抓住小偷？

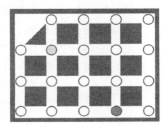

112. 作案地点

一个星期日的早上，著名职业棒球评论家宫原正彦的尸体在其私宅的书房里被发现。他因胸部中了两发手枪子弹而死亡。因其一人独居，所以尸体是早上佣人来时发现的。山田警部赶到现场时，鉴定班的现场勘查工作已经结束。

"周围的人没有听到枪声吗？"

"没有。这个书房的玻璃窗是双层的，所以枪声没有传到外面。"旁边的鉴定人员答话时，挂在书房墙上的鸽子报时钟咕、咕、咕地响了，把山田警部吓了一跳。挂钟上的鸽子从小窗中探出头报了 10 点。

"死亡的时间知道了吗？"山田警部向鉴定人员询问道。

"是昨晚 9:03。"

"没解剖尸体怎么知道得这样准确？"

"我们到这儿时，收音机正开着，录音键也按着。将磁带转到头一放，录的是昨天巨人队和阪神队决赛的比赛实况。"鉴定人员按了下桌上录音机的放音键，里面传出了比赛实况的转播声。这是第八回合的下半场，巨人队进攻以 3 比 2 领先。因无出局的跑垒员一垒，下一个击球员就成了选手王。播音员和解说员都在以期待选手王倒转本垒打的兴奋语气播着。

就在这个时候，磁带中突然传出两声枪响，还听到呻吟声。实况转播没受到这一不和谐的枪声的影响而仍旧在进行着。选手王故意投出了四次坏球，为贩神的投手所代替……

山田警部一边看着手表一边听着。鉴定人员关上录音机说："是在选手王投四次坏球前传出的枪声。刚才打电话问过广播电台，得知选手王投四次坏球的时间是昨晚 9:03。"

"的确。"

"电视的比赛转播是晚上 8:54 结束的，所以在那之后受害人马上换上了收音机，就是在边听边录实况转播时被枪杀的。"鉴定人员说道。

"不，受害人不是在这个书房而是在别处被杀的。"山田警部肯定地说道。

"为什么？"

"受害人是在别处录收音机转播的实况时，凶手枪杀受害人的，而且不光是将尸体，还将这台录音机也一块儿搬到这个书房里，伪造成是在这儿被杀的。"

你知道这是为什么吗？

113. 有经验的警察

张先生一家人出去旅游，回来的时候发现家中被盗。现场所有柜子和桌子的竖排抽屉都是开着的，值钱的东西全部被偷走了。一位有经验的警察查看了一下现场，说这个小偷是个惯偷。

你知道警察为什么这么说吗?

114．绑架设想

有一个小伙子,不知道通过什么途径搞到一本小册子,这本小册子异想天开地提出一个成功绑架设想,小伙子看后热血沸腾,冲动之下就选定了绑匪这个注定没有前途的职业。

然后,小伙子开始行动了。他选定了一户看起来很有钱的家庭,这户家庭的两个大人都是做生意的,常常只留一个小孩在家。这简直是绑架的最佳对象。

小伙子几乎没费多大力气就成功地将小孩绑了出来。接下来才是最关键的,那就是打电话给家长,朝他们要钱。这一环节最容易出问题,因为小孩家长一发现小孩不见了,有很大的可能报警,所以电话很可能正被一帮人监听,一个不小心,就会被警察顺藤摸瓜地端了。

小伙子使用的是公用电话。这是一种保险手段,即使警察定位了电话地址,也不过是个公用电话而已,人在交代完事情后早已转移。

在电话中,小伙子索要100万元的赎金,要求家长装在一个大包中,然后去订×××车次的长途火车票,火车当然是越破越好,坐上火车后再等电话。

是的,这便是小册子中提出的奇妙想法。在整个绑架过程中,怎样取到钱才是最难的,毕竟总得交代一个放钱的地点,总得有人去取,于是,警察经常采取守株待兔的方法将绑匪捕获,或者绑匪找一个无关的人去拿钱,警察没抓到绑匪,绑匪也没拿到钱,毫无意义。

现在,问题解决了,火车这个工具路线长,难以实施全路段监控,而且经常路过荒僻地段,只要等火车走到类似于这样的地段,打个电话让家长在看到××标志

(比如某电线杆)后，把装钱的包扔出窗外，即使家长身边有警察跟随也没用，总不能跟钱包一起跳车吧，那玩意经得起摔，人可经不起。那让火车停下来呢？不说火车有自己的调度规则，就算公安系统事先打过招呼，铁路系统也作出回应表示要配合，也是不可能随叫随停的，好吧，就算火车最终停了下来，相信也已经过了很长时间，火车停的地方也肯定离目标点有很长的距离，警察们千辛万苦赶到目标点，绑匪早已大摇大摆地把钱拿走，逍遥法外去了。把取钱的地点从固定的变成非固定的，这就是这本小册子的核心设想。

小伙子事实上也是这么做的，当他拿到那一大包钱时，幸福得几乎晕过去：原来当绑匪竟是这么有"钱"途的事。

不久，小伙子就笑不出来了，因为他被逮捕了！

这是怎么回事？不是万无一失的策略吗？

115．隧道自杀案

一个人因为意外，眼睛失明了。他经受不住打击，几次想自杀都没有成功。

一次他听说一位外地的名医可以治好他的眼睛，于是他坐火车去看病。

手术很成功，看完之后病全好了。回来的路上，火车经过一条很长的隧道。可是这个人却跳车自杀了。

你知道这是为什么吗？

116．没有水草

有一男子跟他女友去河边散步，突然他的女友掉进河里了。女友不会游泳，那个男子就急忙跳到水里去找，可是没找到他的女友，他伤心地离开了那里。

过了几年后，他故地重游，看到有个老人家在那里打鱼，可是每网都只是鱼，没有一棵水草。他就问那老头，为什么网里没有一点儿水草。那老头说：这河里从来就没有长过水草，干净得很。

听到这里，那男子突然跳到水里，自杀了。

你知道这是为什么吗？

117．半根火柴

在一片大沙漠中，一个人孤零零地，头朝下死在了那里。他的尸体旁边散落着几个行李箱，明显可以看出这些箱子不可能是他一个人的。这个人手里紧紧地抓着半根火柴。

请推理这个人是怎么死的。

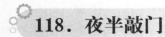

118．夜半敲门

一个人住在山上的小屋里，半夜听见有人敲门，他打开门却没有人，于是去睡了。等了一会儿又有敲门声，去开门，还是没人……像这样好几次。

第二天，有人在山脚下发现一具死尸，警察来把山上的那人带走了。

这是为什么？

119．半夜异响

一天夜里，一位失眠的老画家在家里听到了异常的声音。第二天起床后，他发现家里丢了一幅名贵的画作，于是马上找来了侦探。侦探询问发生异响的具体时刻时，老画家回忆道："我也不知道是什么时候。先是听见钟表敲了一下，然后过了一阵儿又敲了一下，再过了一阵儿又听到钟敲了一下，就在这时候听到了一声异响。"已知老画家家里的钟表在整点的时候会报时，时间到几点钟就敲几下，并且每到半点时也敲一下。

你能推断出昨夜发生异响的时刻吗？

120．溺死的吉恩

名侦探柯南和其他游客在穿越广袤西部的旅途中，遇到一条混浊肮脏的河沟。向导说，人们都叫它"死人河"，名称的由来是这样的：多克是这一带有名的医生，一天下午，他正为一个小贩治病，吉恩闯进了诊室。吉恩说，他在城里偶然遇到一个手握六响双枪的强盗在抢劫银行。由于枪战引起了混乱，吉恩被误认是那个劫匪，不得不抱头鼠窜，到此躲藏。当时情况十分紧急，不允许吉恩找证据澄清真相，况且一位警官已追踪而至。多克虽之前与吉恩有过矛盾，但他相信吉恩是清白的，因此他穿戴上吉恩的衣帽，想把警察引开，好让吉恩逃脱。在告诫那个小贩严守秘密之后，多克从床下拿出一条 6 英尺长的空心胶管，胶管的口径约 1 英寸。他要吉恩跳下河沟，通过胶管呼吸。于是，多克骑上吉恩的马跑开了，警察紧追不舍。这样，吉恩摆脱了追捕。然而，结局却非常不幸，吉恩死了——溺死于河沟中。多克将警官引开之后，小贩将吉恩从水中捞出来。多克猜测吉恩也许是因为在水下惊慌失措才淹死的。

听向导介绍到这里，柯南打断他的话说："不，吉恩是被人谋杀的。"

柯南何以得出这样的结论？

121．职业小偷

小李是一个从未失过手的职业小偷。有一天，他溜到公交车上去作案。他先偷了一位西装革履的男子的钱包，等他快下车的时候又接连着偷了一位中年女子和一位白发苍苍的老太太的钱包。他兴高采烈地下了车，躲进角落里清点刚才的战果，发现三个钱包里总共不过 600 元，接着他叫骂起来，原来他自己的钱包也不见了，那里面装着 5000 多元啊！最让他生气的是，居然被人耍了一把。那个偷他钱包的人在他的口袋里塞了一张纸条，上面写着："让你尝尝我的厉害，也不看看你偷的是谁！"

大家猜猜看，那三个人中，究竟是谁偷了小李的钱包呢？

122．嫌疑人的破绽

某地警方接到线人的可靠消息，在一个迪厅里有人在进行毒品交易，警方立即出动抓捕犯罪嫌疑人，但是没有抓到贩毒集团的头头。后来有人匿名举报说，贩毒集团的头头藏匿在一栋豪华别墅里。警方派出便衣，监视这栋别墅，发现房子里面的情况如下：一位老绅士，他除了早晚在房子外打太极拳，整天都待在屋里；照顾老人饮食的厨师，他每天骑着自行车定时定点地采购，先去菜市场，再去调料店，最后去水果店，经常背着大包小包出门；还有一个管家，有时也会出来买些东西，但看不出有贩毒的迹象。警员们通宵地分析，终于功夫不负有心人，警员们通过这些线索发现了犯罪嫌疑人的破绽，一举破案。

你能猜出谁是贩毒者吗？

123．作案时间

一天夜里，邻居们听到一声惨烈的尖叫，早上醒来发现原来昨晚是受害者发出的最后一声尖叫。负责调查的警察向邻居们了解案件发生的确切时间。一位邻居说是 12:08，另一位老太太说是 11:40，对面杂货店的老板说他清楚地记得是 12:15，还有一位绅士说是 11:53。这四个人的表都不准确，在这些手表里，一个慢 25 分钟，一个快 10 分钟，还有一个快 3 分钟，最后一个慢 12 分钟。

你能帮警察确定作案时间吗？

124．快速煎饼时间

某地发生了一起凶杀案，一个卖油饼的小贩被作为犯罪嫌疑人抓了起来。审讯时警察问他在案发的那段时间在做什么。小贩说自己正在煎油饼，旁边正好摆着 3

个刚刚煎好的油饼。小贩用的锅不大，每次最多只能放进两张饼。把饼的一面煎熟需要 10 分钟，所以 3 张饼要煎两次，一共花 40 分钟时间。这样根本没有时间去杀人。警察刚要排除这个人的嫌疑，突然发现什么地方有些不对。也许可以用 30 分钟把 3 张饼煎好，那他就有充分的时间去作案了。

他是如何做到的呢？

125．偷运金属管

一个间谍盗取了某国的科技秘密，准备将一种新型金属材料偷运回国。已知被偷的这种金属材料是一根细长的金属管，直径虽然只有 2 厘米，但是长度却达到了 1.7 米(无法折断或者弯曲)。按照铁路系统的规定，旅客只可以携带长、宽、高都不超过 1 米的物品上火车。所以警察断定间谍不会选择铁路逃跑。但是这个间谍却真的通过铁路把金属管运走了。

你知道他是怎么做到的吗？

126．凶手是谁

一艘客轮在大海上航行，已经整整三天时间了。这天早晨，船员在甲板上发现了一具死尸。死者是一位有名的富豪，是被人用绳子从背后勒死的，死亡时间是前一晚的 12 点左右。三天中客轮没有靠过岸，也不可能有人通过游泳等方式离开，所以凶手一定还在船上。在船上的人当中，与死者有关的人有三人，而且都有杀人的动机。

第一个是死者的助理，因挪用公款被死者发现，正准备将其革职；第二个是死者公司的副总，与死者是竞争关系，且两人矛盾重重；第三个是死者的侄子，也是死者财产的唯一合法继承人，最近因投资失败，欠了别人一大笔钱。

根据以上情况，请推理一下，凶手是谁？

127．清晰的手印

一所公寓内发生了一起凶杀案，一名女子死在自己家的浴室内。警察来到现场取证，发现浴室的玻璃门上有一个非常清晰的手印。五个手指的指纹全部正面紧贴在一尘不染的玻璃上，连手掌的纹路都清晰可辨。一名警察小心地收集着上面的指纹，老练的警长看了一眼，说："这个手印用处不大，很可能是为了误导警察而伪造的。"

你知道警长为什么会这么肯定吗？

128．骗保险金

一天，一个邮票爱好者报警说，自己的一张价值连城的邮票被盗了。警察马上赶到了报案人的家中，只见房屋的大门和放邮票的玻璃展柜门都有撬开的痕迹。失主告诉警察，自己外出回来发现屋子的门被撬开，自己最珍贵的一枚邮票不见了。他指了指邮票展柜中一个空位说，那枚价值连城的邮票原来就放在那里。

"你的其他邮票也蛮珍贵的嘛！"警察说道。

"那是，一般的邮票我才懒得收藏呢！我丢的那枚更值钱，我投了100万元的保险呢！"

"你要和我们走一趟了，我怀疑你是为了骗取保险金。"警察说。

你知道这名警察的判断依据是什么吗？

129．富翁之死

一个富翁死在自己家中的卧室里，警察来到现场调查，发现死者因背后中枪致死，是罪犯在近距离杀死的。死者的家布置得非常豪华，整间卧室都铺着名贵的羊毛地毯，墙上挂着几幅名家的画作。死者穿着睡衣倒在床的旁边，手中握着一个手机，像是死前正在跟谁通话。

报案的是死者的妻子，她说："当时我正在逛街，并用手机给老公打电话，突然听到话筒里传来一声枪响，紧接着就是丈夫的呻吟声和凶手逃走时慌乱的脚步声。我意识到出事了，就报了警并赶了回来，发现他已经死了。"

警察听完她的供述，冷笑一声说："我看你还是老实交代你为什么要杀死你的丈夫吧！"

你知道警察从哪里发现了凶手的破绽吗？

130. 中毒还是谋杀

一位经常在野外实地考察的地质学教授带着一名研究生助手去一片大草原上进行考察，两天后，学生报案说教授发生意外死了。警察来到案发现场查看，发现附近比较空旷，只有一棵比较高大的树。教授死在搭在大树下的帐篷里，身边有一个小酒精炉，像是在煮蘑菇。初步断定教授是食用了毒蘑菇死亡的。

但是警察却断定这名学生有嫌疑，你知道他的依据是什么吗？

131. 细心的保安

博物馆正在展出一位大师的画作，恰巧赶上周末，天气很晴朗，很多人前来参观。一个女贼手里拿着一把遮阳伞走了进去，趁人不注意躲在了展厅角落的洗手间中。等到闭馆后，展厅里空无一人时，女贼轻手轻脚地出来，从伞柄中取出了一幅赝品画作，并把真品卷好藏在了伞柄中。恰巧此时外面下起了大雨，风雨声掩盖了盗贼盗窃的声音，她的这一行动没有引起任何人的注意。

女贼再次藏在了洗手间中。

第二天早上，雨还在下，前来参观的人没有少多少。女贼趁人不注意溜出洗手间，拿着自己的遮阳伞准备神不知鬼不觉地离开博物馆，却被门口的保安拦住，保安将她带到了保安室。经过一番搜查，保安找到了被偷的画作。

你知道这名细心的保安是如何发现女贼破绽的吗？

132. 找出嫌犯

一个夏天的中午，天气很热，一位富商要在广场上进行慈善演说活动。这位富商颇受争议，据说有人扬言会在现场对他不利，于是富商找来了私家侦探来帮助自己找出想危害自己的人。

广场上人来人往，十分热闹。侦探观察了一下周围的环境，指着一位正在旁边花坛里浇花的园丁对警察说："他就是犯罪嫌疑人。"

你知道侦探是怎么分辨出来的吗？

133. 说谎的嫌疑人

一家工厂放在保险箱里的 10 万元现金被盗，警察接到报警后很快赶到了现场。

保险箱所在的这间办公室在一楼，后面的窗子被打碎了，碎玻璃溅得满地都是，看来小偷是从这扇窗子跳进来作案的。

警察询问当晚值班的保安："玻璃被打碎了，难道你晚上没有听到声音吗？"

保安回答说："昨晚下了很大的雨，还打了雷，估计小偷是在雷声的掩护下作案的。"

警察点了点头，表示赞同，又问："你有巡逻过现场吗？"

保安说："有的，我每天都是在半夜 12 点的时候把每个房间都巡查一番，并拉上所有的窗帘。昨天我也这样做了，没有发现任何异样。我想小偷一定是在后半夜作的案。"

警察冲保安冷笑一声，道："你不要狡辩了，你就是那个小偷！"

你知道警察为何会作出这个判断吗？

134. 隐藏的嫌犯

一个冬天的深夜，侦探阿飞在路上走着，突然发现一个人影从一家珠宝店里窜了出来，紧接着后面追出两个人，一边追一边喊："抢劫了！"阿飞也朝黑影追了过去。

追了好长一段路，只见黑影钻进了一个地铁站，阿飞气喘吁吁地跟着跑了进去。发现里面只有 7 个人，体型和刚才的罪犯都比较相近。

其中有两个人像是夫妻，正在争吵着什么；第三个人一边等车一边看书；第四个人头上盖着一张报纸躺在椅子上休息；第五个人坐在座位上冻得发抖，并不停地搓手；第六个人在一个角落里原地跑步取暖；第七个人望着地铁来的方向，焦急地等着。

地铁站没有别的出口，哪个人会是抢劫犯呢？

135. 百密一疏

某富翁得知有警察要来调查自己的非法资产，就将自己大部分的财产装在一个密闭的铝合金大箱子里，用私人飞机运到大海上，投入了一个秘密的地方。打算在事情结束之后再想办法打捞出来。

本来以为一切毫无破绽，过程中又没有任何人看到，为什么警察还是找到了他藏匿赃款的地方呢？

136．开玩笑

星期天，阿飞骑着自行车去公园玩。公园里有很多孩子，有的在放风筝，有的在玩滑板，有的在捉迷藏……突然阿飞觉得肚子不舒服，就用钢圈锁锁住车子的前轮，自己进了厕所。

过了5分钟他出来以后，发现自己的自行车不见了。旁边玩耍的孩子们笑嘻嘻地看着他，他知道这一定是这些孩子中某个人的恶作剧。

你知道是哪个孩子做的吗？他是如何做到的？

137．小偷的破绽

深夜，小偷撬开了一户人家的大门，发现屋子的主人去长途旅行了，短时间不可能回来，便放心大胆地开始行窃。他先大摇大摆地开了灯，细心地翻遍了所有的抽屉、文件柜、保险箱。临走前还不忘把自己摸过的所有地方都细心地用布擦了一遍，最后关上房门离开了。

他心想屋主回来之前不会有人知道这户人家被盗，可是没想到刚走出没几步就被警察抓到了。

你知道这是为什么吗？

138．谁偷的文件

一个在美国经商的日本人刚买了一艘游轮，便带着几个部下一起出海游玩。

没多久，这个日本人发现船上的一份重要文件不见了。嫌疑人有5个。第一个是船长，负责开船。第二个是厨师，负责做饭，但案发时不是准备膳食的时间，所以他一个人在睡觉。第三个是他的助理，他说自己案发时在换国旗。由于是新买的船，便将原来的国旗换成日本国旗。本来早就应该做完的，后来发现国旗挂反了，就放下来重新挂了一遍。第四个是他的儿子，第五个是他的女儿，说两个人在一起打牌。

根据这些证供，你知道文件是谁偷的吗？为什么？

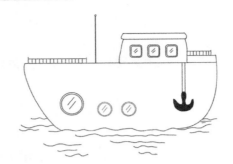

139. 跳机自杀

一人报警称亿万富豪张三自杀身亡。警察赶到现场，发现尸体是从高空掉下摔死的。现场有一名飞行员，旁边停着一架私人飞机。报警的是飞行员，他说他正载着张三在高空飞行，听见富豪长叹一声打开舱门跳了下去。自己费了半天时间才找到尸体，并发现张三的座椅上留着一封遗书。警察看了一眼座椅上摆着的遗书对飞行员说："别狡辩了，这不是自杀，你才是凶手。"

你知道警察为什么这么说吗？

140. 破绽在哪儿

李四是个收藏家，家里收藏了许多价值连城的字画古玩。一天，李四要出远门，就拜托邻居帮助照看一下家里。当天夜里，邻居报警说有人把李四的家洗劫一空。警察来到案发现场，发现李四的屋子里有翻动的痕迹，丢失了几件非常值钱的艺术品。邻居录口供时介绍了当时的情景："我受李四的委托帮他照看屋子，突然从他家窗户发现他家里有光亮，就赶紧跑过去看。当时外面下着雪，窗户上结了一层冰，我赶忙呼了几口热气把冰融化，才看到屋子里有个黑影在翻找东西。于是我就冲过去阻拦，没想到还是让他逃跑了……"

警察打断他的话，说："其实一切都是你一个人做的，对不对？"

你知道邻居的破绽在哪儿吗？

141. 假借据

王涛是一家贸易公司的高层管理人员，正在公司发展蒸蒸日上的时候，他却因为癌症病死了。葬礼后没几天，一位陌生人来到王涛家，对他太太说："我是王涛的生意伙伴，他曾经因业务需要向我借了 50 万元。现在他死了，这笔钱该由你来还了吧。"说着拿出了一张借据。

王太太看了看借据，只见上面写着："因业务需要向×××借款 50 万元。"并有丈夫的签名。王太太不假思索地说："对不起，我丈夫从来没有提起过此事。

你这张借据是假的，你要是继续纠缠的话，别怪我报警了！"陌生人一听，马上灰溜溜地走了。

王太太如何发现借据是假的呢？

142．寻找赃物

纽约一座著名的博物馆被盗，丢失了一大批价值连城的艺术品。警长带领一队人马经过多方探查，终于抓住了几个盗贼。经过审讯后发现，他们都是从犯，艺术品不在他们手里。他们招认艺术品被主犯罗斯用一个大铁箱装起来，埋在了他的农场里。警长带着两名助手赶到主犯的农场，傻了眼。原来，农场很大，不知道箱子埋在何处。本来以为埋箱子的地方有挖土的痕迹，会很容易辨认，没想到整个农场的土地都被耕过一遍并被压平了。警长带的人手又不足。这时，警长看到旁边有一个用来浇地的水龙头和一根长长的水管，于是他有了办法。果然，用了一段时间，他们就成功地把埋起来的艺术品找到了。

你知道警长是如何做到的吗？

第三篇

机智巧应对

143．破译密电

公安机关截获某犯罪团伙的一封密电。电文如下："吾合分昌盍旮垄聚鑫。"你能破译这封密电吗？

144．密码便条

有一次，为捉拿一个贩毒集团的主犯，检察官潜入一条来往要道中。不料，当他拿到了一些证据时，主犯却被人暗杀了。主犯临死留下一张便条，上面写有一行密码数字"71055773353455095117"。

你能看出写的内容是什么吗？

145．过河

有两个女儿，两个儿子，一个爸爸，一个妈妈，一个警察，一个罪犯。他们要过一条河，河上只有一条小船，小船每次只能乘坐两个人，其中只有爸爸、妈妈和警察会划船。

当妈妈不在的时候，爸爸会打女儿；当爸爸不在的时候，妈妈会打儿子；罪犯只要警察不在，谁都会打。

请问：他们要怎样才能安全过河？

146．丈夫的特异功能

新婚的妻子趁着丈夫去洗澡的时候把新买的零食藏在电视机后面，可没有想到丈夫洗完澡后一下子就找出了妻子的零食。妻子不甘心，走进浴室，嘟囔着说："你怎么可能看到啊！咱家浴室的门是毛玻璃的，就算离得很近去看，也看不清楚我在外面干什么。况且我已经看到你把浴室门关紧了！"

丈夫说："哈哈，你还想骗我，我可是有特异功能的！休想再偷偷地吃这些零食了！"

丈夫真的有特异功能吗？他是怎么知道妻子藏零食的地方的呢？

147．高明的骗子

美国前总统林肯说："最高明的骗子，可能在某个时刻欺骗所有的人，也可能在所有的时刻欺骗某些人，但不可能在所有时刻欺骗所有的人。"如果林肯的上述断定是真的，那么下述哪项断定是假的？（　　　）

A．林肯可能在任何时刻都不受骗

B．不存在某一时刻有人可能不受骗

C．林肯可能在某个时刻受骗

D．不存在某一时刻所有的人都必然不受骗

148．时钟指针

警察经过千辛万苦终于找到了罪犯藏身的地点，但是这里的门上有个电子锁，显示屏上显示了如下图所示的内容。显然是要先看一看图 A 和图 B 两时钟所组成的算式，接着根据规律计算一下图 C 算式的结果是多少，然后输入这个数字就能打开大门。

你能帮警察算出这个门的密码吗？

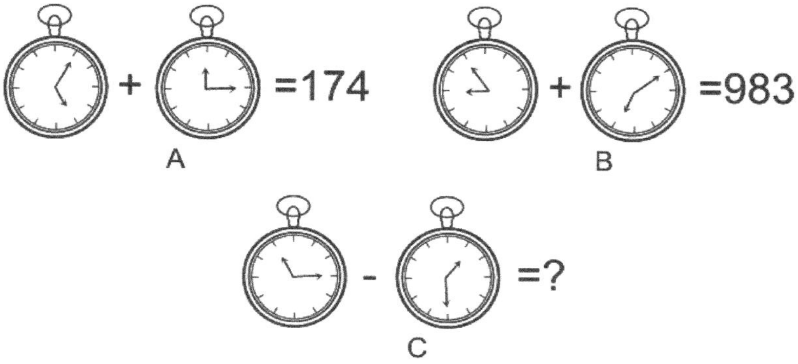

A

B

C

149．破解短信

公安机关截获某犯罪团伙的一条短信，短信内容如下："青争人圭木娄王久号虎耳又牛勿。"你能破解这条短信吗？

150．动物密码

经过破译商业对手的密码，已经知道了"猴子猩猩大青蛙"的意思是"星期四交易股票"，"长颈鹿猩猩蝴蝶"的意思是"操盘手交易基金"，"猴子蜜蜂长耳兔"的意思是"星期四期货大跌"。

那么"大青蛙"的意思是什么？

151．数字密码

以下这些数字是公安机关用来秘密联络的密码文字，请根据所给数字的规律，找出问号处所代表的数字。

55673685
92171564
2689????

152．偷运黄金

警方收到线报说怪盗基德要从邻国走私 100 千克黄金进境，于是组成专案组进行稽查。这天，守株待兔的专案组在海关等到了进境的基德。"这么多的黄金，看他怎么在这么多人眼皮底下带过海关！"

"你们要干什么？我这车上可没装什么违禁物品呀！"基德抗议道。

"你说谎，那 100 千克黄金就藏在你的车上。我们的线报一向很准确的！"

警察们开始检查基德驾驶的汽车，可是搜来搜去，连轮胎和座椅都检查过了，1 克黄金也没有找到。警察们颇感失望。

线报当然没有错，你知道基德将那 100 千克黄金藏在哪儿了吗？

153. 讹人的下场

有一次，平原县县令外出，看到一群人围着两个人议论纷纷，便命停轿下去查问。

一个中年胖子立刻跪倒在地对县令说："我装着十五两银子的钱袋被这个年轻人拾到了。可是，他说钱袋里只有十两银子。"

那个年轻人急忙跪下说："老爷，我早晨给我母亲买药，拾到一个装着十两银子的钱袋。因为着急就先回家送药，母亲催我回来等失主。这位先生来了硬说里面是十五两银子。"

众人都说胖子讹人，替年轻人喊冤。县令见状便问胖子："你丢的银子真的是十五两吗？"

"确确实实是十五两银子。"胖子肯定地回答。

县令当即对胖子说了句话，众人拍手称快。

请问：县令说了句什么话？

154．电话的暗语

陈婧在香格里拉大酒店被歹徒挟持，歹徒逼迫她当着他们的面给家里报平安。她只好照办，在电话里，她说："亲爱的老公，你好吗？我是陈婧，昨晚不舒服，不能陪你去酒吧，现在好多了，多亏香格里拉大酒店的经理上月送的特效药。亲爱的，不要和我这样的'坏人'生气，我们会永远在一起的。请你原谅我的失约，我的病很快就会好了。今晚赶来你家时再向你当面道歉，可别生我的气呀！好吧，再见！"

5分钟后，警察突然出现在他们面前，歹徒不得不举手投降。

你知道陈婧是怎么报案的吗？

155．文件的名字

某黑客欲取得 FBI 的电脑资料，需要先输入文件名字。经过调查得知，每个文件名字必须按照以下条件由3个单词组成：

(1) 每个单词必须含有3个、5个或7个字母；

(2) 字母 R、T、X 只能在每个文件名字中出现一次，但不一定按此顺序；

(3) 每个文件名字中，第三个单词比第二个单词包含的字母多；

(4) 每个单词的头一个字母不同。

题1：如果 BOXER 是某个文件名字中的第二个单词，那么下列哪两个单词可能分别为这个文件名字的第一个和第三个单词？（　　）

A．ARM、RUNNING

B．BID、TAMES

C．CAMPS、TRAINER

D．DID、STEAMED

E．FOX、RENTED

题2：MOTHS、VEX、MAR 三个单词不符合 XRT 电脑文件名字的次序，下列哪一种改进方法可使它们成为一个文件名字？（　　）

A．颠倒某个单词的字母，并将最长单词中的某个字母抽出来

B．颠倒某个单词的字母，并把三个单词的词序倒过来

C．颠倒某个单词的字母

D．颠倒三个单词的词序

E．将最长单词中的某个字母换个位置

题3：每个文件名字中第二个单词可能由几个字母组成？（　　）

A．3个，不可能是5个或7个

B．5个，不可能是3个或7个

C. 7个，不可能是3个或5个

D. 3个或5个，不可能是7个

E. 5个或7个，不可能是3个

156. 生物课

上生物课的时候，小明得意扬扬地坐在那里，老师觉得有点蹊跷，便问道："小明，你为什么这么得意呢？"

小明自豪地回答说："我知道有一样东西，它有四条腿和两只手臂。"

老师绞尽脑汁想了半天还是没有猜到是什么。

你知道小明说的究竟是什么吗？

157. 找密码

哈莉是一个德国间谍，被派到法国执行任务。她需要潜入巴特尔将军家中，从他的保险柜里找到一份机密档案。这天夜里，正好巴特尔将军一人在家，哈莉躲在暗处，偷偷地在巴特尔将军的水杯中放入了安眠药。不久，喝了含有安眠药的水的将军睡了过去。哈莉必须在巴特尔将军苏醒前的4个小时内找出档案，并偷偷离开。哈莉不知道巴特尔将军保险柜的六位密码，她费了九牛二虎之力，把和巴特尔有关的六位数字组合都试了个遍，也没能打开保险柜。哈莉知道，巴特尔将军年纪大了，又特别健忘，他的密码一定在比较明显的地方记录着。可是哈莉找遍了屋子里所有的笔记本等类似记录密码的地方，仍然一无所获。

折腾了3个多小时，眼看药效就快结束了，依然无法打开保险柜。偶然间，哈莉看到了墙上的挂钟，她发现从进门到现在这么长时间挂钟竟然一直没有走动，始终保持着9点48分27秒的位置。将军家里的佣人肯定不会因为疏忽忘记给挂钟上发条，所以说，这个数字很可能就是将军保险柜的密码。可是94827只有五位数，而密码需要六位数，那一位数是什么呢？密码到底是多少？

158. 对应关系

下图中，如果图形1与图形2对应，那么与图形3对应的图形应该是哪个？（　　）

1. 　2. 　3.

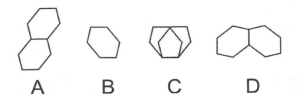

A   B   C   D

159. 变化规律

仔细观察下图，按照给出图形的规律，在问号处应该填入哪个图形？（   ）

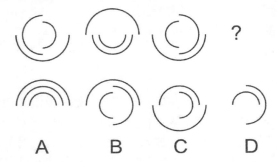

A   B   C   D

160. 与众不同

请从下面 9 个图形中选出最与众不同的一个。

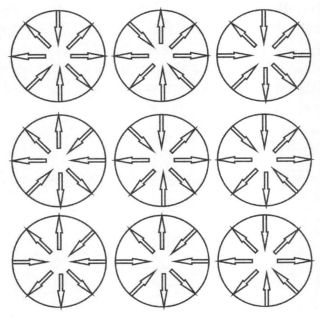

161．什么规律

　　下面的图形是按照某种特定的规律排列的，请问第四个大方格应该是 A、B、C、D 中的哪一个？（　　）

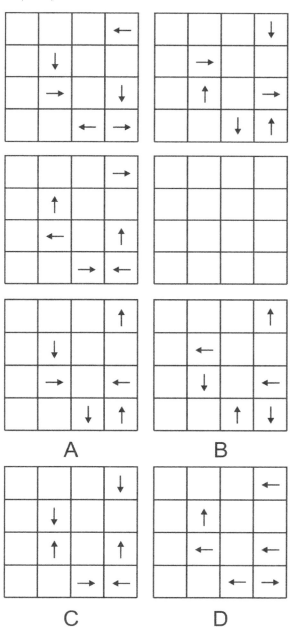

162．切割出来的差别

下面五个图形中，哪一个与其他四幅图的规律不同？（　　）

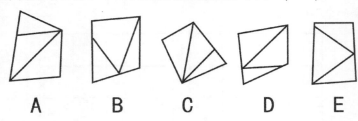

A　　B　　C　　D　　E

163．按规律填图

下面图形中问号处应该是什么图形呢？

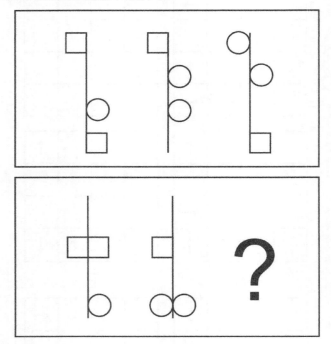

164．铺墙纸

下图中的这种墙纸需要和下列哪个选项中的墙纸搭配铺才好看？（　　）

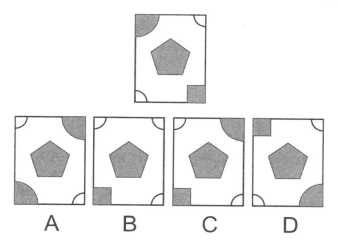

165．折叠立方体

下面的四个立方体哪个是由上面的图形折叠而成的？(　　)

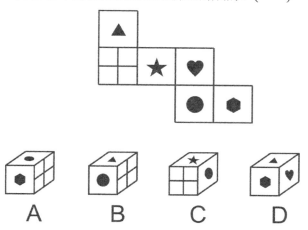

166．折不出的立方体

下面的五个立方体哪个不能由上面的图形折叠出来？(每一面上的小图案只起标示作用，不考虑其角度。)(　　)

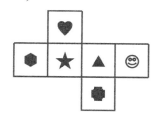

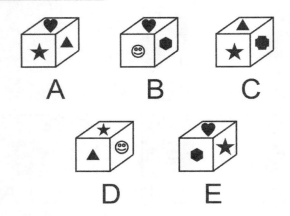

167．立方体网格

一个立方体有 6 个面，下面的方格都能构成立方体吗？哪些可以构成立方体？

168．骰子构图

小明在一张如左图中的纸片上画了一些点，然后将它做成骰子。请问，在右边 A、B、C、D、E 五个骰子中，哪一个是左边的骰面无法构成的？（　　　　）

169. 骰子推理

一个立方体的六个面，分别写着 a、b、c、d、e、f 六个字母，根据以下 4 张图，推测 b 的对面是什么字母。

b 的对面是什么呢？

170. 真正的与众不同

仔细观察下面的四个图形，请找出哪一个真正的与众不同。(   )

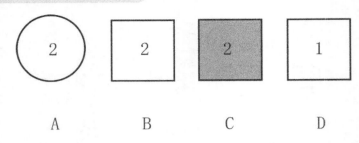

171. 找不同

找出下面的图中哪一个与其他选项最不相同。（　　）

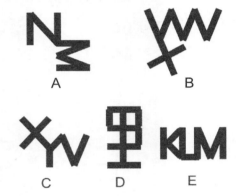

172. 齿轮

假设下图所示的四个齿轮中，A 和 D 都有 60 个齿，B 有 10 个齿，C 有 30 个齿。请问：齿轮 A 与 D 谁转得更快一些？

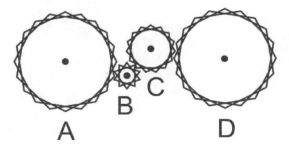

173. 聚会地点

7 个好朋友分别住在下图中 7 个不同的位置(用圆圈表示，直线为路)，他们想找一个离大家都最近的地方聚会。请问：该把聚会地点定在哪里？

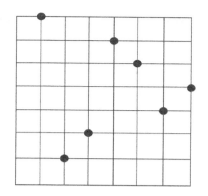

174. 不同的路径

穿越下图这个格子城只有一个要求，那就是不能绕远。从入口到出口一共有多少条不同的路径可走？

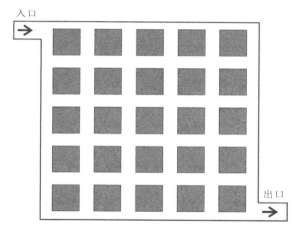

175. 剪纸

如下图所示，将一张正方形的纸片沿虚线对折，然后从三等分处折成三层，如右图所示。然后剪去黑色标记的位置。打开后，原来的白纸会变成下图中什么样子？（　　）

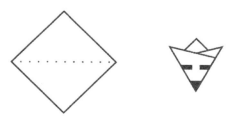

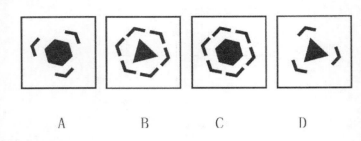

A   B   C   D

176. 靠近

如下图所示，四根相同长度的木棍，在每根木棍的 1/3 处，分别用一根钉子固定住。如果把 A 点向 B 点靠近，请问：C 点和 D 点是靠近还是远离？

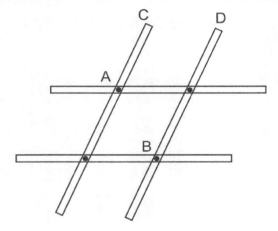

177. 切蛋糕

如下图所示的一个三棱锥形状的蛋糕，如何用刀一刀切出一个四边形的切面？

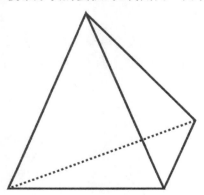

178．立方体

下图所示为一个立方体从不同角度观察看到的两个结果。请问：C 面的对面是什么？

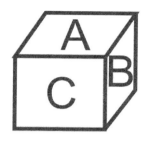 

179．削坏的纸杯

下图所示为一个用剑削坏的纸杯，切口是平的，现在沿着虚线把杯子剪开，杯子的侧面展开图会是什么样子的？（　　　）

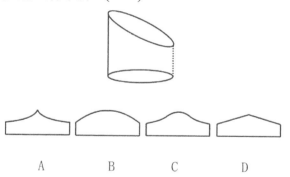

A　　　B　　　C　　　D

180．数六边形

数一数下图中一共有多少个六边形。

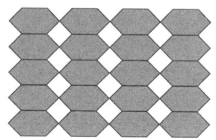

181. 箭头方向

下图中的方格里丢失了两个箭头，请根据已有的内容把它们补齐。

→	↓	↓	←
↑		→	↑
↑	→	←	↑
←	↓		→

182. 移动线段

下面这些是液晶表盘显示的数字，它们构成的这个算式现在是不正确的，那么至少需要移动几根线段，才可以把它变成正确的等式呢？

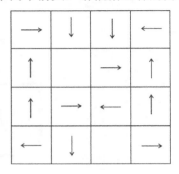

183. 谁的红旗

在下面的网格中有 8 面小旗子，每面小旗子都有它的主人。请你把 8 个人填到这些小旗子旁边(只能在上下或者左右)，并且每一行或者每一列的人数应该与旁边的数字相同。你知道这 8 个人应该填在哪里吗？

184. 摆三角

有 36 个小正三角形，其中灰色的有 21 个，黑色的有 15 个。现在需要把它们摆起来，组成一个大三角形。要求如下：

(1) 最下面一排必须有 4 个灰色三角形、4 个黑色三角形；

(2) 从下数第二排开始，灰色的三角形必须放在一个黑色三角形和一个灰色三角形的上方；

(3) 从下数第二排开始，黑色的三角形必须放在两个黑色三角形或者两个灰色三角形的上方。(如下图所示。)

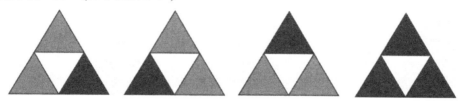

请把这 36 个小三角形按要求排列出来吧。

185. 看不见

在下面这个网格中放入 8 个人，人只能放在黑点的位置。而且要让这 8 个人相互都看不见(两个人如果在同一条直线上，则被认为是能看见对方)。

你知道人该放在哪里吗？

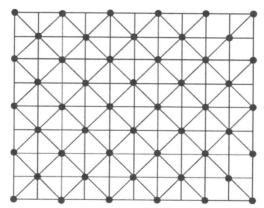

186. 展开图

下面是一个正四面体的展开图，你知道它是四个选项当中哪个四面体展开的吗？(　　)

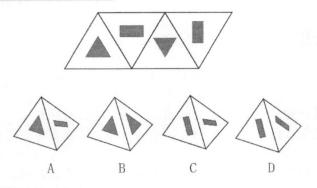

187．最短的距离

　　如下图所示，在一条宽度为 200 米的河流的两岸，分别有 A、B 两个村庄。现在需要在河上建一座桥，使从村庄 A 到村庄 B 的距离最短。当然桥不能斜着建。那么桥应该建在哪里呢？怎么建 A、B 间的距离最短？

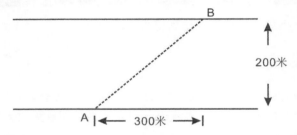

188．消防设备

　　下图所示为 9 座仓库，为了防火需要在其中的两座仓库分别放置一套防火设备，这样凡是与该仓库直接相连的仓库也可以就近使用。请问：这两套防火设备需要放在哪里？

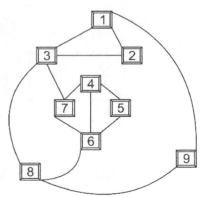

189. 不同的图形

下面有四幅图,其中有一个在对称性上与其他三个有较大区别,请把它找出来。

190. 送货员的路线

小明是一名送货员,每天他都从中心的五角星处出发(见下图),给各个圆圈处的客户送货,然后返回到五角星处。请你帮他设计一个送货路线,可以让他送完所有的货物而不走冤枉路。

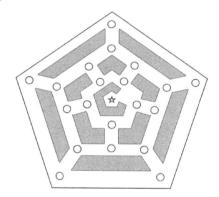

191. 穿越迷宫

如下图所示的这个迷宫很有趣,你只能沿着它给定的方向走。请问:从开始到结束,一共有多少条不同的路线可走?

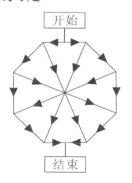

192. 巡逻

如下图所示，一个小镇上有三横四竖7条街道，一名警察需要每天巡逻这些街道，一条也不能落下。请你帮他设计最佳的路线，使他走的冤枉路最少。

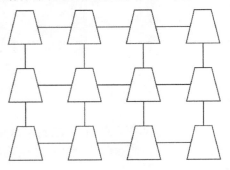

193. 观花路线

小明去植物园看牡丹花，今年的牡丹花非常漂亮，小明不想错过任何一盆，于是他觉得应该制定一个观花路线。下图中黑点处为起点，白色圆圈处为终点。小明要如何设计路线，才能使观花路线不重复，且只要用 21 条直线就可以全部参观完呢？

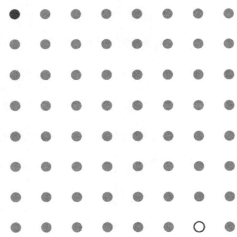

194. 迷宫

你能帮助迷宫中心的小明找到出口吗？

出口

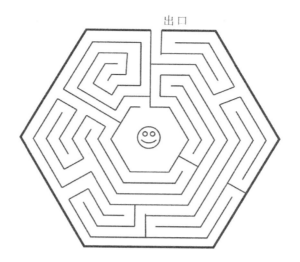

195．保险箱

这是一个与众不同的保险箱，需要按照一定的顺序按键，起始键在边上，但是不知道是哪个。需要按照上面的数字和方向按顺序按键，并且最后一个按到灰色键才能把保险箱打开。你知道最开始需要按哪个键吗？

1 ↓	1 ↓	1 ←	3	6 ↓	1 ←
2 →	4 →	1 ↑	1 ↓	1 ←	1 ↑
1 ↓	1 ↓	1 ←	2 ↓	3 ↓	1 ←
2 →	4 →	1 ↑	3 ↑		2 ←
2 ↑	1 ←	1 ↓	1 ←	3 ↑	1 ←
1 ↓	1	1 →	2 ↓	2 ↑	1 ↓
2 →	2 ↑	1 ←	2 ↑	1 →	2 ↑

196．所罗门国王断案

有两位母亲都说自己是一个孩子的真正母亲，她们争执不下，只好请求所罗门国王来判决。所罗门国王拿出一把剑，声称要将孩子一分为二，给两位母亲一人一半。这时，真母亲不忍心看着自己的孩子被杀掉，因此，她提出宁愿将孩子判给对方；而假母亲则觉得反正自己得不到，所以同意杀孩子。所罗门国王通过对比她们的表现，就知道了愿意让出孩子的母亲才是孩子真正的母亲，于是宣布把孩子判给这位真正的母亲。

这个故事不仅向我们展示了母爱的伟大，也向我们昭示了所罗门国王的智慧。然而，所罗门国王的方法真的这么容易就能成功吗？

197．急中生智

一天夜里，侦探小五郎正在自己的事务所里喝威士忌。突然，一个杀手闯了进来，用枪指着小五郎的脑袋，说："对不起，你的末日到了！"

小五郎一点儿都不慌张，镇定地说："谁派你来的？"

"一个恨透了你的人！"

"佣金不高吧？我可以出 3 倍的价钱，你看如何？"

杀手看上去有些动心，手里的枪抖了几下。

"别紧张嘛，我们慢慢说。"小五郎说着给对方倒了杯威士忌。

杀手喝了一口酒，问道："你真的有钱？"

小五郎打开墙角的保险柜，拿出一个鼓鼓的大纸袋放在茶几上。

杀手放下手中的酒杯，伸手去拿那个纸袋。就在这时，小五郎眼疾手快，拿起杀手用过的酒杯连同保险柜的钥匙一起放进了保险柜，关上柜门并拨乱了密码锁的数字盘。

小五郎微微笑了笑，说："那个纸袋里只是些旧票据。"

杀手恶狠狠地看了小五郎一眼，垂头丧气地走了。

你知道小五郎为什么这么做吗？他为什么能使杀手放弃刺杀他？

198．截获密电

一天，缉毒警察截获了一份他们最近一直在追踪的一伙毒贩间相互联系的密电。密电的内容如下："朝，A 火车站交货。"一位年轻的警察看着这一行字犯了难，电文中只有交货地点，没有具体时间，这该怎么办呢？这时，经验丰富的老刑警笑着说："其实它已经清楚地告诉我们具体的日期和时间了。"

你知道到底是怎么回事吗？

199．超强的视力

特工 007 接到指示：某商业巨头参与了一起机密资料泄露案，需要他前去查出和这位商业巨头接头的间谍是谁，然后顺藤摸瓜，一网打尽。

007 化装成一名银行家参加商业巨头举办的一个派对。其间，他端着一杯苏打水四处打探，趁没人注意溜进了一间偏僻的房间。

不巧的是，商业巨头正在房间里看一份材料。两人都很吃惊，巨头试图将手中的材料藏起来，但想了想觉得这样做太容易招惹别人注意，就依旧拿在手中。问道："你是谁？怎么跑到我的房间里来了？"

007 看到巨头紧张的样子，断定这份材料就是他与间谍联络的证据。由于两人距离太远，上面的字又太小，看不清内容。料想巨头也是因此而没有急着把材料藏起来吧。007 冷静地回答："我是银行代表，想和你谈下商业合作的事情。"说着把手里的水杯放在桌子上，并退到了看不到材料上字迹的距离站定。

商业巨头看到这位银行代表很懂事，就放下戒心，谈起商业合作的事情。交谈了一段时间后，007 起身告辞。

离开派对后，007 立即向上级汇报了打探的结果，并一举抓获了和商业巨头接头的间谍。

你知道 007 是怎么获得材料上的内容的吗？离那么远，他是怎么看到的呢？

200．接头暗号

过完元旦不久，一天，警方接到群众举报，说有一个犯罪团伙要在近期接头，接头暗号为"一腊酉塔"。根据以往调查的证据来看，这个犯罪团伙的接头暗号一般都暗示有接头的时间和地点。当地只有一座博雅塔，接头暗号里的"塔"应该指的就是接头地点"博雅塔"了，那么接头的时间是什么时候呢？

201．教授的暗示

马克警长应数学教授罗伊的邀请，在约定的时间来到他的家中。他正准备按门铃，却发现大门虚掩着。马克警长推门走了进来，发现客厅里没有人，只有一台打开的笔记本电脑。屏幕上显示的是计算状态，上面输入着"101×5"。马克很奇怪，这么简单的算式，就连小学生都可以口算出结果，一个数学教授决不会需要用计算机来计算的。

突然，马克警长好像想起了什么，马上拿出手机拨通了警察局的电话。你知道这是为什么吗？

202．只差五厘米

特工 007 在某国搞到了情报后准备转移的时候，被该国安全部门盯上了，情报需要尽快转移才能确保安全。

这天，特工 007 与 008 约定好了接头地点，007 费了好大劲才甩开跟踪的敌人，来到一栋 30 层大厦的天台上。008 此时正在对面的同一层天台上。特工 007 打算把带有情报的芯片交给 008，可是由于误判了两栋大厦的距离，两人身体都悬出楼外，还是差大约五厘米的距离够不到芯片。由于芯片比较小又比较轻，无法扔到对面去。敌人马上就会追来，该如何是好呢？最后特工 007 想到了一个好办法，终于将芯片交给了 008。

你知道 007 是如何做到的吗？

203．隔壁的通缉犯

丽丽外出旅游，住进一家五星级宾馆。这天回宾馆时，丽丽发现一同出电梯的人很像是一个通缉犯，而且这个人就住在丽丽隔壁的房间里。

进了屋子后，丽丽很担心，不知道该怎么办。如果那个人不是通缉犯，而盲目报警的话，总觉得不太好。正在这时，她听到隔壁房间有人说话，因为墙壁隔音，所以听得不是很清楚。她拿起一个杯子，扣在墙上，还是无法听清。

丽丽心想，如果可以听到对方说话，就可以从中判断出他到底是不是通缉犯了。没办法，她只好打电话给前台，告诉了他们这个情况。

不一会儿，前台派来了一名医生。医生走进来之后，用了一个很简单的方法，就听清楚了隔壁房间里那人说的话，他确实是通缉犯。

报警后，很快那个通缉犯就被赶来的警察抓了起来。

请问：医生是怎么做到的呢？

204．偷牛贼

　　古时候，有个人到衙门告状说自家的牛被人偷了。县官经过一番调查后，把有嫌疑的几个人一起带到了县衙审讯。嫌疑人都低着头跪在大堂上，但没人承认牛是自己偷的。县官胡乱问了几个问题后，说："你们暂且先回去吧！"

　　正当众人纷纷站起来要走时，县官突然拍案大喝了一句，只见偷牛的人不由自主地跪在地上，慌忙磕头求饶。案子就这样破了。

　　你知道县官大喝了一句什么话吗？

205．邮局行窃案

　　约瑟夫去邮局寄东西，刚进大门就和里面的一个人撞了个满怀。相互致歉后，约瑟夫前往柜台办理业务，交钱的时候，发现钱包不见了。

　　"一定是刚才那个人在撞我的时候偷走了我的钱包！"约瑟夫心道，然后马上通知了邮局的保安一起追了出去。

　　没追出多远，就发现了刚才撞自己的那个人。原来，一名巡警经过附近，看到这个人形迹可疑就拦住他询问。

　　约瑟夫和保安来到近前，向巡警介绍了刚才事件的经过。巡警要求搜身，可是浑身上下翻了个遍，也没有找到约瑟夫的钱包。时间很短，嫌疑人没有到过别的地方，也没有同伙和他配合。巡警没有办法，只好把他放了。

　　过了几天，这个小偷在家中拿到了约瑟夫的钱包。

　　你知道这是怎么回事吗？

206．找出匪首

　　从前，在边境处有一个偏僻的小村子，因为交通不方便，村民生活得很清苦。更恐怖的是，边境的对面不远处有一群土匪，他们经常来村里抢劫，村民种的粮食和养的家畜家禽都会被他们抢走了。警察局离村子也很远，即使报警，等警察到了，土匪早就逃之夭夭了。

　　为了彻底清除匪患，警察决定以静制动，埋伏起来把土匪一网打尽。等了整整半个月，终于等到了这群土匪，警察不费吹灰之力将他们全部擒下。

　　俗话说，擒贼先擒王，惩罚土匪也要从匪首开始。可是问题来了，这群土匪都穿着一样的衣服，谁是匪首很难判断出来，凭经验询问这些土匪，也多半不会有结果。

　　很快警长有了主意，只听他大声说了一句话，话音刚落，他就知道哪个是土匪头子了。

　　你知道警长说了一句什么话吗？

第四篇

明察小细节

207．忽略的细节

刑侦专业的学生们去听一位在刑侦领域潜心研究了几十年的专家的报告。

专家为了测试这群学生的专业素养如何，是否可以做到明察秋毫，特意给他们讲了一个故事。学生们对这个挑战十分兴奋，专心致志地听着每一个细节，因为任何地方都有可能隐藏着陷阱。

故事是这样的：猎人到森林里打猎，他带着三只猎狗，猎狗十分凶悍。走着走着，他们遇见了一只土拨鼠。猎人放开猎狗，让它们去追土拨鼠。土拨鼠为了逃生，拼命地向前跑，而猎狗则在后面咆哮着追赶着。后来到了一片林子，土拨鼠嗖的一下钻进了一个树洞。树洞太小，体型庞大的猎狗只好等在外面。但是猎狗却突然发现从树洞另一边跑出来一只兔子，于是猎狗们便放弃了土拨鼠，改而去追兔子。兔子逃生的本事也不差，一蹦一跳地跑开了。后来兔子发现实在无法摆脱紧追不舍的猎狗，便爬上了一棵大树。猎狗们上不去，只能在树下狂吠。

但是兔子没站稳，一下子从树上掉了下来。无巧不成书，它正好砸在猎狗们的头上，三只猎狗被砸晕了，于是兔子成功地逃脱了。

讲完故事，专家问："同学们，这个故事有哪些情节是不合理的？"

同学们开始议论纷纭。有的说："猎人根本不会因为一只土拨鼠就把猎狗放出去，这样太不值得了，在逻辑上根本讲不通。"

有的说："兔子不可能会爬树。"

还有的说："就算它会爬树，从树上掉下来，才多大的身子，怎么可能把三只猎狗都砸晕呢？砸晕一只都算是那狗倒霉到极点了。"学生们哄堂大笑。

"没错，"专家首先肯定了同学们的答案，又问道："这些都是这个故事不符合情理的部分，你们还有没有什么新发现？"

学生们面面相觑，仔细想着，但是没有发现还有什么不妥当的地方。

你知道还有什么地方不妥当吗？

208．凶手的破绽

古时候，苏州有个商人名叫贾斯，他经常外出做生意。有一天晚上，他雇好了船夫，约定第二天在城外寒山寺上船出行。

第二天，天还没亮，贾斯便带着很多银子离家去了寒山寺。当日光照在东窗上时，贾斯的妻子听到有人急急敲门喊道："贾大嫂，贾大嫂，快开门！"

贾妻开门后，来的正是船夫，他开口便问："大嫂，天不早了，贾老板怎么还不上船啊？"

贾妻顿感慌张，随船夫来到寒山寺，只见小船停在河边，贾斯却失踪了。

贾妻到县衙门去报案，县令听了她的诉说后，便断定杀害贾斯的人是船夫。

你知道这是为什么吗？

209．聪明的侦探

夏季的一天，女盗梅姑乔装改扮，混进珠宝拍卖会场，盗走两颗大钻石。

一回到家，她马上将钻石放在水里做成冰块放在了冰箱里。因为钻石是无色透明的，所以藏到冰块里，万一有警察来搜查也不易被发现。

第二天，矶川侦探来了。"还是把你偷来的钻石交出来吧！珠宝拍卖现场的闭路电视已将化装后的你偷盗时的情景拍了下来，虽然警察没看出是你，但你瞒不过我的眼睛。"矶川侦探说。

"如果你怀疑是我干的，就在我家搜好了，直到你满意为止。"梅姑若无其事地说，"今天真热呀，来杯冰镇可乐怎么样？"

梅姑说着从冰箱里拿出冰块，每个杯子放了4块，再倒上可乐，递给矶川侦探一杯。将藏有钻石的冰块放到了自己的杯子里，即使冰块融化了，在可乐下面也看不出来，梅姑暗自得意着。

矶川侦探看了一眼梅姑的杯子，"对不起，能和你换一下杯子吗？我想尝尝放了钻石的可乐是什么味道。"

冰块还没融化，矶川侦探是怎么看出梅姑的可乐杯子里藏有钻石的呢？

210．逃离食人族

一位探险者去非洲探险，被当地的食人族抓了起来。食人部落有个传统，就是崇尚聪明的人。于是他们准备了三张纸条，两张上面写着"死"，一张上面写着"生"。然后他们偷偷地将三张纸条扣在三只碗下面，并在碗上分别写了一句话作为提示：第一只碗上写着"选择此碗必死"，第二只碗上写着"选择第一只碗可以活命"，第三只碗上写着"选这只碗也会死"。并且告诉探险者，这三句提示中，只有一句话是真的。

如果你是这位探险者，你会选择哪只碗呢？

211．重合的指针

一个人遇到车祸死了，警察向目击证人询问当时的情况。当问及车祸发生的时间时，目击者说：具体的时间我不记得了，当时只是瞄了一下手表，发现表的时针和分针重合在一起。

我们都知道手表在 12 点整的时候，时针和分针是重合在一起的。你知道除此之外两枚指针在 12 小时之内要重合几次吗？它们分别在什么时候重合呢？

212． 谁是魔鬼

　　一个天使、一个人、一个魔鬼聚到了一起。已知：天使总说真话；人有时说真话，有时说假话；魔鬼总是说假话。下面是他们之间的对话，请判断一下各自的身份。

　　甲说：“我不是天使。”

　　乙说：“我不是人。”

　　丙说：“我不是魔鬼。”

213． 找宝箱

　　小明和妈妈玩藏宝游戏。两人选定一棵大树，妈妈从树下向东走了 10 步，埋下了一个“宝箱”，小明从树下向西走了 10 步，也埋下了一个“宝箱”。过后他们把这件事忘记了，直到五年以后，他们才想起这件事来。他们决定一起去挖自己当年埋起来的“宝箱”。妈妈从那棵大树向东走了 10 步，挖了一会儿，挖出了自己的“宝箱”。小明从树下向西走了 10 步，挖了半天也没有挖到自己的“宝箱”。你知道小明的“宝箱”哪里去了吗？

214． 分析罪犯

　　1940 年 11 月 16 日，在纽约爱迪生公司大楼一个窗台上发现一个土炸弹，并附有署名 F.P 的纸条，上面写着：爱迪生公司的骗子们，这是给你们的炸弹！

这种威胁活动越来越频繁，越来越猖狂。1955 年竟然放上了 52 颗炸弹，并炸响了 32 颗。对此报界连篇报道，并惊呼此行动的恶劣，要求警方给予侦破。

纽约市警方在 16 年中煞费苦心，但所获甚微。所幸还保留几封字迹清秀的威胁信，字母都是大写。其中，F.P 写道：我正为自己的病怨恨爱迪生公司，要使它后悔自己的卑鄙罪行。为此，不惜将炸弹放进剧院和公司的大楼，等等。

警方请来了犯罪心理学家布鲁塞尔博士。博士依据心理学常识，应用层层剥笋的思维技巧，在警方掌握材料的基础上作出了分析推理，很快就找到了罪犯。

你知道他是如何推理的吗？

215．日本人巧探大庆油田

大庆油田是我国在 20 世纪 60 年代勘探、开发的一个大油田，当时，绝大多数中国人都不知道大庆油田在哪儿，但日本人却对大庆油田了如指掌。

他们没有采取秘密刺探的手段，仅从中国的官方资料上就推算出所需的一切情报。日本人搜集秘密情报的思维方法与常人大不相同，是沿着一条由微见著的思路搜集有用的公开情报信息。这种搜集信息的方式虽然简单易行，却要求信息分析人员具备较高的思维素质和洞察力，能够迅速分辨哪些信息有用，哪些信息没用，哪些信息是真的，哪些信息是假的。

你知道他们是怎么推理的吗？

216．芝加哥需要多少调音师

在一次演讲中，著名物理学家费米向大家提出了这样一个问题："芝加哥需要多少位钢琴调音师？"

对于这个问题，你知道该如何回答吗？

217．一只猫毁了一个指挥部

第一次世界大战期间，法国和德国交战时，法军的一个旅司令部在前线构筑了一座极其隐蔽的地下指挥部。指挥部的人员深居简出，十分诡秘。不幸的是，他们只注意了人员的隐蔽，而忽略了长官养的一只小猫。德军的侦察人员在观察战场时发现：每天早上八九点钟，都有一只小猫在法军阵地后方的一座土包上晒太阳。据此，他们判定那个掩蔽点一定是法军的高级指挥所。随后，德军集中六个炮兵营的火力，对那里实施猛烈袭击。

事后查明，他们的判断完全正确，这个法军地下指挥所的人员全部阵亡。

你知道他们判断的依据是什么吗？

218．寻求真相

一群人去原始森林里打猎。这些人分成了几个小组,每个小组都有一部步话机。如果遇到险情,可以用步话机联系在这个地区上空徘徊的直升机求救。

当大家打猎回来后,人们发现其中有个小组失踪了。通过努力寻找后,人们在一个山谷里找到了他们的尸体。

这些人是怎么遇难的?为什么这些人没有得救?如果你是活动的组织者,你不得不考虑这些问题。是因为这些人不会使用步话机吗?或者是因为他们过于惊慌导致没有想起使用步话机?还是因为负责接收步话机信号的直升机驾驶员玩忽职守?又或者是步话机的信号被山体隔断了?总之,在没有进一步调查以前,这些可能都是存在的。

遇到类似的问题时,我们该如何寻求事情的真相呢?

219．通缉犯的公告

某地区的警察张贴了一张一年前发生的抢劫案中通缉犯的公告,上面有通缉犯的照片,以及身高、年龄等资料。有一个人看了看公告,说:"这里面有一个信息是错误的。"这个人完全不认识这个通缉犯,他怎么知道有一个信息是错误的呢?这个错误信息是什么?

220．杀人凶手

某大学附近一个宾馆里发生了一起凶杀案，死者是这所大学的大四女学生。

据警察对现场的侦查，知道了以下事实：该女学生当时刚洗完澡，围着浴巾，正在洗手间化妆。由于宾馆的入住登记记录上只有她一个人进了这间房间，再加上浴室墙上没有多少水雾，因此，洗澡的时候这个女生是开着浴室门的。凶手是打开房门后，从该女生背后用绳子勒住她的脖子，使其窒息而死。现场没有多少线索，只有这个女生用唇膏在浴巾上写的一组数字：101188。警察相信这个数字一定和凶手有很大的关系，后来了解到：附近的大学生学号是六位的，但都以"8"开头，没有以"1"开头的。

老练的警察用这组号码解开了凶杀疑案，你知道是怎么回事吗？

221．林肯揭穿伪证人

亚伯拉罕·林肯是美国第十六任总统，他在就任总统前，曾经当过律师，接手过著名的阿姆斯特朗案件。

阿姆斯特朗是林肯的一位已故好友的儿子，为人正直善良，但却被诬陷为谋财害命的罪犯。全案的关键在于原告方面的证人福尔逊，他在法庭上发誓说：10月18日晚，他在草堆后面，在明亮的月光下，清清楚楚地看见阿姆斯特朗躲在大树后面向被害人开枪射击，打死了被害人。

林肯坚信阿姆斯特朗是个无辜者，他在查阅了有关档案后，又实地考察了被害人遇难的现场，然后以被告律师的身份要求法庭开庭复审。

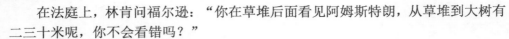

在法庭上，林肯问福尔逊："你在草堆后面看见阿姆斯特朗，从草堆到大树有二三十米呢，你不会看错吗？"

福尔逊毫不犹豫地回答："不会错，因为月光很亮。"

林肯又问："你能肯定不是从衣着方面认清的吗？"

福尔逊说："肯定不是。当时，月光正照在他的脸上，我清清楚楚地认出了他的脸。"

林肯追问道："你能肯定是在晚上 11 点吗？"

福尔逊耸耸双肩，答道，"毫无疑问。因为我当即回屋看了看钟表，那时正是 11 点一刻。"

林肯最后问道："你能担保你说的全是事实吗？"

"我可以发誓！"福尔逊面对林肯和众多的听众，情绪有些激动，"我说的全是事实！"

林肯向四周看了看，然后以不容置疑的口吻，郑重地宣布："尊敬的陪审员、女士们、先生们，我不得不向大家宣布一个事实，这位证人福尔逊先生是一个地地道道的大骗子！"

法庭内顿时骚乱起来。

"肃静！肃静！"法官威严地喝道。

原告气愤地质问林肯："请律师先生回答，你有什么证据指责我的证人是骗子？"

林肯微微一笑，不慌不忙地说出了自己的理由。

你知道证人福尔逊的破绽在哪里吗？

222. 三个十分钟

女盗梅姑是一个奇怪的盗贼，她专门帮警长打开一些难开的保险柜。一天，她应侦探之邀来到侦探事务所。一进屋，就看见屋子中间摆着三个一样的新型保险柜。

"梅姑，你来得正好。都说你是开保险柜的能人，请你在 10 分钟之内，不许用电钻和煤气灯，打开这些保险柜吧！"侦探说道。

"三个用 10 分钟吗？"

"不，每个用 10 分钟。"

"要是这样的话，没什么问题。"梅姑自信地说，"这些保险柜里装的是什么？"

"里面是空的。实际上，这是一个保险柜生产厂家准备在今春上市的新产品，并计划推出这样的广告宣传词：'连女盗梅姑也望尘莫及'。为慎重起见，保险柜生产厂家特地委托我请你给试验一下，并且提出无论成功与否，都要用摄像机录下来送还厂方。"侦探安装好摄像机的三脚架。

"还没有我打不开的保险柜呢，如果 10 分钟内打开了怎么办？"

"可以得到厂家一笔可观的酬金。还是快干吧,我用这个沙漏给你计时。"

侦探把一个 10 分钟的沙漏倒放在保险柜上面。梅姑也跟着开始动作。她将听诊器贴在保险柜的密码盘上,慢慢拨动着号码,以便通过微弱的手感找出保险柜密码。

1 分钟、两分钟、3 分钟……沙漏里的沙子在静静地往下流。

"梅姑小姐,已经 9 分钟了,还没打开吗?"

"别急嘛,新型保险柜,指尖对它还不熟悉。"

梅姑瞥了一眼沙漏,全神贯注在指尖上,终于找出了密码。因为是 6 位数的复杂组合,所以颇费些工夫。

"好啦,开了。"梅姑打开保险柜时,沙漏里的沙子还差一点儿就全到下面去了。

"可真不赖,正好在 10 分钟之内。那么再开第二个吧。不过,号码与方才的可不同啊!"侦探说着把沙漏倒了过来。

第二个保险柜顺利了很多,打开时沙漏上边玻璃瓶中的沙子还有好多呢。

"真是个能工巧匠啊!趁着兴头,接着开第三个吧!"

"如果是一样的保险柜,再开几个也是一样的。"

"三个保险柜都要在规定时间内打开,否则就拿不到酬金。实话告诉你吧,酬金就在第三个保险柜里面。怎么样,准备好了吗?"

"开始吧。"

侦探将沙漏一倒过来,梅姑就接着开第三个保险柜。

然而,这次沙漏中的沙子都流到了下面,保险柜还没打开。

"梅姑小姐,怎么搞的?10 分钟已经过了呀。"

"怪了,怎么会打不开呢,可……"梅姑瞥了一眼沙漏。

梅姑有些焦急,额头沁出了汗珠,可依然聚精会神地开锁。约莫过了 1 分钟,她终于把保险柜打开了。柜中放着一个装有酬金的信封。

"这就怪了,与前两次都是一样的干法,这次怎么会慢了呢?"她歪着头,感到纳闷儿。忽然,她注意到了什么,"我差一点儿被你蒙骗了,我就是在规定时间内打开的保险柜,酬金该归我了!"

"哈哈……,还是被你看出来了,真不愧是怪盗哇!"侦探乖乖地将酬金交给了梅姑。

你知道侦探是用什么手段做的手脚吗?

223. 凶手就是你

一天夜里,侦探小五郎正在睡觉,被一阵敲门声惊醒。打开门一看,发现在门口的人是楼下邻居马丁教授的外甥汤姆。汤姆一脸惊慌地对小五郎说:"今天舅舅找我来说有事商量，可刚才我去的时候，敲了好久的门都没人开。我担心舅舅出事了，而我一个人又不敢进去。您可否跟我一起去看看？"

"你怎么知道你舅舅会出事？"小五郎一边穿衣服，一边问道。

"你也知道，我舅舅最近中了 300 万元的大奖，很多人都盯着这笔钱呢！"汤姆解释说。

不一会儿，两人来到马丁教授的门前。小五郎试了试，门被锁上了。敲了几次门，里面没有任何动静。二人合力将门撞开，屋里漆黑一片，什么都看不见。小五郎试着去开门口过道边的灯，可是没有亮。汤姆说："灯可能坏掉了，里面还有一盏台灯，我去开。"说着走到里面，顺利地打开了台灯。屋子被照亮后，赫然发现马丁教授躺在离门口不远的过道上，死了。

汤姆惊恐地说道："天啊，这是谁干的？"

两人检查了一下尸体，发现人已死去多时了，旁边角落里的保险柜的门打开着，里面空空如也，看上去像是劫杀。

小五郎看了看过道中间横躺着的尸体和对面站着的惊恐万分的汤姆，冷笑一声说道："别演戏了，凶手就是你！"

你知道小五郎是如何判断出来的吗？

224．消失的新郎

汤姆和莉亚一见钟情，认识不到一个星期，便闪电般地结了婚。莉亚接受了汤姆的建议，决定乘坐最近一班豪华游轮去度蜜月。两人登上游轮，两名身穿制服的水手热情地接待了莉亚。汤姆似乎乘坐过这艘游轮，对船上的地形比较熟悉，离开混杂的人群，带着莉亚来到一间标有"A37"的客舱，安顿了下来。很快，船驶出了码头。

"船上人员比较复杂，如果你带了什么贵重的物品的话最好寄存到事务长那里。"汤姆向莉亚建议道。

"带了 2 万美元，我的全部家当。"说完，莉亚将装有美元的手提箱交给了汤姆，请他去事务长那里寄存。

等了好久也不见汤姆回来，莉亚只好出去寻找。找了半天也没有找到，而且自己还迷路了，连自己的房间都找不到了，莉亚只好询问侍者。

"A37 号房？你确认你没有记错？我们这里的房间号最大到 30 号，从来没有A37 号啊！"侍者回答道。接着，侍者查看了接待簿，上面登记的是 A23 号房，而且只有莉亚一个人的名字。他又询问了事务长，也没有寄存 2 万美元的记录。

"咦！我的丈夫哪里去了？"莉亚想起了上船时接待自己的水手，他们应该记得自己的丈夫，便向他们询问。"我记得很清楚，您是我们最后一名乘客，上船的时候您身边没有其他乘客啊！"两名水手十分肯定地回答。

莉亚一下子蒙了，这到底是怎么回事？新郎怎么就消失了呢？

225. 门口的烟头

著名的美女画家苏珊被杀了，侦探小五郎赶到现场调查。他发现现场除了在画家家门口的地上有一个才吸了几口的烟头外，没有其他线索。

法医鉴定，被害人死亡时间是前一天晚上 10 点到 12 点，这个时间段可能的作案者只有两人：一个是被害者的情人，他与被害者关系密切，可最近不知为何经常争吵；另一个是推销员，他喜欢死者，追求多次却遭到死者拒绝。两人都吸这个牌子的香烟，看来只能将烟头带回去验一下 DNA 了。

小五郎突然眼睛一亮，对众人说："凶手一定是那个推销员！"

你知道他是如何推断的吗？

226. 谁是凶手

一天夜里，巡警在街上巡逻，突然听到前面不远处传来两声枪响。他们赶紧赶了过去，发现一名男子倒在地上，胸前中了两枪，地上留下两个子弹壳。

警察马上对附近的可疑人员进行搜查，很快发现了两名犯罪嫌疑人——甲和乙。他们都带着手枪，犯罪嫌疑人甲带的是一把自动手枪，犯罪嫌疑人乙带的是一把左轮手枪。警察马上就锁定了真凶。

你知道谁是凶手吗？

227. 隐藏的证据

冬天的一个夜里，一个小偷潜入一位富翁家中盗走了大量财物。当天夜里，下起了这一年的第一场雪，一直下到了后半夜，路上积了厚厚一层雪，掩盖了所有的证据。

第二天一早，富翁醒来后发现家中被盗，立即报了警。警察经过调查，发现附近一名单身男子有重大嫌疑，于是到男子家中调查。

"昨天晚上 8 点到 10 点，你在干什么？"警察盘问道。

"我这几天去外地出差了，今天早上才回来。"男子答道。

警察看了看男子房屋窗台上的几道冰溜子，厉声喝道："你在撒谎，快交代你把赃物藏在哪里了！"

请问：警察是怎么知道男子撒谎的呢？

228. 抛尸现场

有人报案说在海边发现了一具用防水袋装着的尸体，警察立即赶到现场调查。

发现这片海滩鲜有人至，现场遗留的痕迹几乎没有被破坏。很明显是有人杀死人之后，将尸体用防水袋装起来，抛尸至此。现场没有可疑的脚印，只有一道轮胎痕迹。

有经验的警察马上断定，这是有人用厢式汽车把尸体运过来抛尸的，而绝对不是普通的小轿车。根据这条线索，警察很快就破了此案。

请问：警察为何断定是用厢式汽车运尸体的呢？

229．奇怪的委托人

一天，警长在另外一座城市遇到了一位认识的侦探，两人攀谈起来："事务所的工作不忙吗？还有时间出来旅游？"侦探挠挠脑袋说："我现在就在工作啊！前几天刚接到一个奇怪的委托，让我跟踪一个女孩子，只需记录每天的行踪即可，却给了我一笔不菲的酬金。在我跟踪这个女孩子的时候，发现她来到这座城市旅游，每天不是观光，就是逛街，再正常不过了。"

"这么奇怪，那委托人想让你调查她什么呢？"警长问道。

"是啊！我也觉得奇怪，所以我就和那个女孩子攀谈起来，她告诉我说是一个男子给她钱，让她出来旅游的。那个赞助她旅游的男子竟然与我的委托人是同一个人！这让我很费解。"侦探说道。

"亏你还是侦探呢，这点儿小伎俩你都没有识破！"警长一听大笑起来。

侦探似乎也想到了什么，连忙起身准备离去："哦，糟了！我得走了，改天再请你喝咖啡吧！"

你知道这位委托人的真正目的是什么吗？

230. 作家之死

迈克是一位恐怖小说作家。一天早上，有人发现他死在了自己的书房里。他面目惊恐，死于心脏停搏。桌上有半根蜡烛和一摞他写的恐怖小说，内容非常恐怖。警方推测可能是他太沉迷于小说情节，精神过度紧张，因心脏停搏致死。死亡时间大概在前天晚上 12 点。

警长指着那半根蜡烛问道："昨天这里停电了吗？"有知情人回答说："那是作家的写作习惯，他写作时不喜欢点灯，而是喜欢在烛光下写恐怖小说，他觉得那样更有氛围感，更有创作灵感。"

警长若有所思，然后一口断定："这不是意外死亡，是凶手用什么特殊手法让其心脏停搏，而伪装成意外死亡的样子！"

你知道警长是根据什么断定的吗？

231. 并非自杀

一位公司领导报案称，自己的一名下属没有请假却三天没有上班了，可能出了什么意外。警察来到该职员的家中，敲门没有任何回应。于是警察撞门而入，发现屋子里满是煤气的味道，煤气的阀门打开着，窗子上的缝隙都用透明胶带封了起来，上面没有任何指纹；那名职员躺在床上，已经死了，床头放着一个空的安眠药瓶子，看起来像是自杀。

警察马上断定这不是自杀，而是有人布置的假现场。

你知道这是为什么吗？

232. 说谎的嫌犯

一位年轻人报警说自己和朋友去森林里打猎，突然闯出两名大汉，把他的朋友杀死了，并抢走了他们所有的财物。

警察赶到现场，向年轻人询问事情发生的经过。年轻人说："我们打完猎，准备吃烤好的兔子。这时从树林里跑出来两名大汉，他们把我打晕了，等我醒过来时，发现我的朋友已经被杀死了，于是我就报了警……"

警察调查了现场，发现死者死亡时间大概在一个小时前，死因是被钝器打碎了颅骨。中间有一堆燃烧的树枝，火很旺，上面烤着的兔子油汪汪的，发出迷人的香气。

这时，警察指着年轻人说："别装了，你就是凶手！"

请问：警察是如何推断的呢？

233. 浴缸里的死尸

一天深夜 11 点，警察局接到报案，报案人称自己新婚不久的妻子死在了浴缸里。警长马上前去现场调查。报案人是一家外企的主管，他介绍说，自己今天加班，于是在晚上 9 点的时候给妻子打电话，妻子在浴室接了电话，说自己正在放水洗澡，让他过半个小时再打回来。过了一个小时，当他再往家里打电话的时候，没人接。又过了大约 30 分钟，再一次打电话，家里依然没人接。他有点担心，便匆匆赶回家，一进浴室就发现妻子死在了浴缸里。

警长查看案发现场，鲜血已经把满是肥皂泡的浴缸水染红了，浴缸边有一个半满的啤酒瓶，还有一部手机，上面有两个未接来电，正是报案人打来的两次。

警长想了想，对报案人说："你在撒谎，凶手就是你！"

你知道警长发现什么关键线索了吗？

234．遗书

在一家五星级宾馆的房间里，一名英国客人死在了客房里，死因是氰化物中毒。室内没有打斗过的痕迹，桌子上留有一封遗书，看起来像是自杀。遗书是用英语写的，翻译过来就是："他们在追杀我，我已经无路可走了，只好去见上帝了。5.26.13"经法医鉴定，死亡时间是 2013 年 5 月 26 日晚上 10 点左右，与遗书上的日期吻合。

警长问酒店的经理："你们宾馆这几天入住了哪些客人？"

经理回答说："最近是旅游淡季，这几天只来过他们一拨外国客人，除了他还有两个日本人、一个美国人、三个新加坡人。"

"立即调查那名美国人，他有重大嫌疑！"警长肯定地说。

你知道警长为什么这么说吗？

235．巧辩冤案

唐朝李靖担任岐州刺史的时候，被人诬告他谋反。唐高祖李渊派御史大夫刘成连同告状者一起前去审理此案。刘成与李靖素有私交，也了解他的为人，知道必是有人诬告。无奈告状者准备充足，罗列了大量罪证。

一天早上，告状者看到一脸惊慌的刘成正在责骂鞭打他的随从，忙过来询问缘故。刘成回答说："他弄丢了你写的状子。皇帝让我们办此事，现在状子丢了，皇帝会认为我们与李靖私下串通，不会放过我们的。"

告状者也感到了问题的严重性，忙问刘成有什么解决之法。刘成说："只有把此事隐瞒下来，请你再重新写一份状子补上，这样谁也不会知道。"

告状者想了想，没有别的办法也只好如此了。于是重新写了一份状子，交给刘成。

结果过了几天，皇帝就下令捉拿告状者，并释放了李靖。

你知道这到底是为什么吗？

236．假币

小明的妈妈在早市卖水果，这天很早就回到了家里。"今天的生意特别好，快来看看我今天的收获。"小明跑了过去，接过了妈妈拿出来的一沓人民币开始数了起来。数着数着，小明突然发现一张一百元的人民币是假币，制作得和真币很像，就是颜色比真币浓重一些。妈妈接过假币一看，直拍脑袋："我怎么就没有注意到呢！"

"这里百元的钞票只有 6 张，你仔细想想到底是谁给了你这张假币？"小明提醒妈妈。

"今天用百元钞票买水果的人一共有 3 位，因为都是大客户，所以我记得很清楚。第一位是个年轻姑娘，买了个 188 元的果篮，给了我两张一百元的；第二位是个中年男子，买了两箱价值 298 元的进口水果，给了我 3 张一百元的；第三位是一个二十出头的小伙子，买了 120 块钱的热带水果，给了我一张一百元的和一些零钱。"妈妈认真地回忆道。

"我知道了，一定是那个二十出头的小伙子给了你假币！"小明马上断定。

你知道小明为什么这么说吗？

237．不是案发现场

甲是个赌徒，他欠下了许多赌债，只好找朋友乙借。到了还钱的期限，甲没有钱还给乙，便产生了杀人的念头。一天晚上，甲借口说要还钱把乙请到家中喝酒，并事先在酒中放了安眠药。等乙睡着以后，甲把乙的头浸入事先准备好的海水中将其溺死。等到半夜时分，他悄悄地将乙的尸体用车运到海边，并拉开死者裤子的拉链，将其扔到海里。伪装成乙站在海边小便，不小心掉入海中淹死的样子。

第二天一早，尸体被冲到了岸上，很快被人发现并报了警。法医来到现场，检查了一番后，瞄了一眼死者戴的一块普通的机械手表，得出了以下结论：不是意外，是谋杀；死亡时间大约是昨天晚上 8 点；这里并非案发现场，是移尸过来的；尸体被扔到海里的时间大约是夜里 12 点半。

请问：法医是如何判断出来的呢？

238．处乱不惊

侦探小五郎去外地出差，他一个人坐在开往巴黎的火车包厢内。这时夜已经深了，小五郎准备休息了。刚脱掉上衣，突然一位年轻女子闯进了他的包厢。这名女子长相标致，高挑的身材像个模特。一进门，她就反手把门锁了起来，威胁小五郎交出钱包，否则她就扯开自己的衣服，诬陷小五郎拉她进包厢，意图强奸。

小五郎看了看年轻女子，自己悠闲地点燃了一根雪茄，慢慢地吸了起来。女子见他没有反应，就嬉皮笑脸地说："先生，我看你也是有身份的人，这点钱对你来说算不了什么。万一你被判个强奸罪那可就不值得了……"

小五郎微笑着说："让我想想，让我想想。"

就这样双方僵持了三四分钟。

女子有些不耐烦了，发出了最后通牒："你要是再不把钱交出来，我就……"

还没等女子说完，小五郎就按响了床边的警铃。

女子愣了一下，随后气急败坏地脱掉自己的外衣，扯破了身上的衬衫。这时，乘警已经赶到了。女子又哭又闹，大声嚷着："三四分钟以前，这个道貌岸然的家伙把我强行拉入他的包厢，意图强奸我！"

小五郎先生始终一言未发，悠闲地在那里抽着雪茄，前面留下了一截长长的烟灰。

乘警仔细观察了一会儿，弄明白了是怎么回事：这个女人想讹诈这位先生。于是，他毫不犹豫地把那个女人带走了。

你知道小五郎为什么能够如此镇定吗？这个乘警是依据什么断定小五郎是无辜的呢？

239．猜对了一半

有人报警说在后山的小溪中发现了一名男婴尸体，侦探马上带着助手前往调查。果然，在野花盛开、水流湍急的溪涧旁，一名浑身伤痕的死婴躺在那里。婴儿有五六个月大，半个身体浸在水中，周围有些斑斑的血迹。

助手说："从尸体的伤势和腐烂程度来看，他大约死了一天，是被人虐待致死后抛尸到这里的。"

侦探接着说道："你只猜对了一半，确实是死了一天左右，但是刚刚才抛到这里的。凶手想利用这里湍急的水流毁尸灭迹。"

你知道侦探为什么这么说吗？

240．包公破案

北宋年间，有个才女效仿当年的苏小妹，在新婚当日，出题目试探新郎的学问。出的题目为："等灯登阁各攻书"，对下联。新郎拿着对联的上半句，冥思苦想，又到学馆与同窗一起研究还是没有结果。他一气之下，新婚之夜也没有回家，躲在学馆内彻夜研读。

第二天，妻子来找他，问他怎么一大早就跑学馆来了。新郎说自己没有对出下联，没脸入洞房。女子大惊："昨晚你不是对上了吗？"

"哪有，我在学馆研究了一整夜，也没有找到答案。"新郎说道。

女子面如土色，悔不当初。原来，她被别人钻了空子，失去了贞操。女子不甘受辱，当晚就悬梁自尽了。

官府的人不愿麻烦，按自杀案处理。此事惊动了开封府的包拯，他看完卷宗，发现疑点重重。于是派人明察暗访，终于了解到了冤情。经过一番思索，包拯想出了一个妙计，一举将那个骗奸的真凶抓获。

你知道包公是怎么破这个案子的吗？

241．死亡信息

一天上午 10 点，某酒店的服务员打开 313 室准备进去打扫卫生，发现一名男子倒在了血泊中，死了。她马上报了警。不到 10 分钟，警察来到现场。发现房间中间有一张桌子，上面和地下散落着一副扑克牌。死者躺在桌子下面，脑袋被钝器所伤，血流了一地。旁边有个碎掉的啤酒瓶，看上去像是凶器。

调查发现，死者是一名高中数学教师，他与三位同事来这里度假。昨天晚上就是他们四个人在一起打牌的，一直打到半夜 12 时许。在牌桌上，几个人产生了一些矛盾。可能因为这些矛盾，才惹出了这场杀身之祸。凶手是在散场各人都回自己房间以后，独自一人来到死者房间，杀死死者的。

其他三位同事分别为：住在 312 房间的甲，女性，英语老师；住在 314 房间的乙，男性，物理老师；住在 315 房间的丙，男性，化学老师。

后来，警察又发现了一个重要线索，就是死者的右手攥得紧紧的，里面有一张皱了的扑克牌。也许是死者留给警察的一条死亡信息吧。

你知道这条死亡信息指的是什么吗？哪位同事有可能是凶手？

242．自杀疑云

王先生将一辈子的积蓄都投入了股市，结果赔得一塌糊涂。一天，有人发现他死于自己家的书桌旁，头部右侧的太阳穴位置中了一枪，血流了一地。一把手枪掉落在右侧的地板上。书桌上放着一封遗书，右手握着一支钢笔，相信是写遗书用的。

人们纷纷猜测，王先生一定是因为生活窘迫而厌世自杀的，但警长一眼就看出这不是自杀，而是凶杀。

你知道警长从哪里看出不是自杀的吗？

243．辨认尸体

一次，警察接到报案，有人在公园的水池中发现一个来历不明的箱子，里面有血液渗出。警察马上赶到现场调查，发现箱子里装的是一颗人的头颅。但是头颅被损毁得比较严重，别说容貌，连男女都分不清楚。

要侦破这个案件，首先要查清楚死者的身份。为此，警察开始查询近期所有失踪人口的案件，不久查出近期有 4 个人失踪：一名女作家、一个男篮球运动员、一名女牙科医生、一个 12 岁的小男孩。

警察仔细查看头颅没有发现任何有用的线索，便撬开死者的嘴巴，发现死者的牙齿颗粒不大，但保养得很好。右侧恒牙有一颗龋齿，但已经修补过了。另外，门牙上有些凹痕。有了这些发现，警察在确定死者身份上就有了一些线索。

你知道死者是谁吗？

244．逃跑的凶手

某市发生了一起杀人案，警察在对现场进行调查时发现一些可疑的血迹，它不属于被害人，可能是凶手在与被害人打斗的时候留下的。经过调查和走访，警察初步确定犯罪嫌疑人是一个有犯罪前科的中年男子。当警方进行抓捕的时候，发现嫌疑人已经逃跑了，家里只剩下嫌疑人的妻子和一对儿女。向他们询问嫌疑人的下落，他们没有提供任何有价值的线索。

警察想先确定嫌疑人是不是杀人凶手，然后再决定是否大力搜寻。

请问：有什么办法可以确认这一点呢？

245．发黑的银簪

一天，在医院的病房内发生了一起谋杀案，一位女病人在睡觉的时候被人刺死。凶器是一根银簪，看上去像是从这位女病人头发上拔下来的。警察拔出银簪，发现它的尖端十分锋利，闪闪发光，完全可以做一把护身的短剑，只是柄端有点发黑，像被熏过。

法医判断被害人死亡时间大约是晚上 12 点，那个时候医院的大门是锁着的，没有人可以进来，所以凶手应该是病房内部的人。进一步调查得知，和死者有矛盾的人有两位：一位是隔壁房间的心脏病患者，李某；另一位是对门房间的皮肤病患者，张某。

你知道凶手最可能是哪位吗？

246．恐高症

贝加尔湖是世界上最深的湖泊，水质清澈透明，从水面甚至可以看到水中 40 米的深处。

盛夏的一天，在这片美丽的湖泊上有人发现了一具死尸。警察马上赶到了现场，发现死者是个青年男子，漂在水面上，旁边有一艘小船，反扣在湖水中，看样子像是他一个人来划船，因船不小心被风吹翻，人落水溺水身亡的。

后来经过调查得知，男子是一名恐高症患者。原来居住在一栋 5 层高的楼房中的四层，因为恐高，不得已和人换了房子，搬到了一层去住。

了解到这些，警察马上断定这不是一场意外，而是谋杀。

你知道警察为什么断定这是一起谋杀案吗？

247．毒杀案

张三被人发现死在自家的床上，死于氰化物中毒。经法医鉴定，死者的死亡时间大概是晚上 8 点。这个时候，唯一的嫌疑人正在 2 公里外的朋友家做客，有很多人可以为其证明。大家知道，氰化物是一种喝了之后马上就会使人毙命的毒药。张三确实是被这名嫌疑人杀害的。

请问：嫌疑人到底是如何做到的呢？

248．藏木于林

一天清晨，警察接到报警电话称，一个形迹可疑的男子将偷来的钻石藏在饭店的一盆玫瑰花盆中。警察马上出动，但还是晚了一步，该男子已经抱着花盆离开了。警察马上开始追踪，在附近一个露天花圃中找到了该名可疑男子。这个花圃中有上百盆玫瑰花，到底哪个才是男子藏钻石的花盆呢？你能帮警察用最快的方法找出来吗？

249．间谍的纰漏

夏季的一个夜晚，一名间谍偷偷潜入某政府高官家的院子里伺机作案。高官一直在书房里工作，灯引来了很多蚊子，咬得间谍心烦意乱，不停地挥手赶蚊子，偶尔还捏死几只。

等到了晚上 11 点，高官终于熄灯回卧室睡觉了。间谍偷偷溜进书房，用相机偷拍了高官整理好的机密文件，然后悄悄地离开了。

第二天，警察找到间谍，"昨天潜入高官家偷拍机密文件的是你吧，看来你要跟我们走一趟了。"警察开门见山地说。

"没有的事，你们有证据吗？"间谍坚信自己已经把潜入书房的所有痕迹清除掉了。

你知道间谍的纰漏在哪里吗？他到底犯了什么错误呢？

250. 失窃的海洛因

一天，某医院的药房里丢失了一瓶海洛因。装海洛因的瓶子上只标着海洛因的化学式。医院的保安称，曾发现小偷，但是没有追上，被他逃了。小偷戴着面罩，看不清是谁。警察经过调查，初步断定嫌疑人有以下三人：一个是医院新来的实习生；一个是地质学教授，在外出工作时摔断了腿，住进了骨科病房；一个是樵夫，上山砍柴时被野兽袭击，在急诊病房休息。警方检查了药房，发现除了海洛因没有其他物品失窃。

请问：到底谁才是小偷？

251. 被杀的间谍

一位罗马的间谍在窃取敌国情报的时候被人暗杀了。临死前，间谍用鲜血在地上画了个"X"。警方分析，这个"X"应该是间谍留下的暗杀他的人的身份信息。调查得知，可能杀害间谍的有三名杀手：杀手1，美国人，代号 AF6；杀手2，英国人，代号 CN12；杀手3，日本人，代号 JZ3。

请问：凶手到底是谁呢？

252. 判断依据

　　某海滨城市，一天夜里遭受了台风和暴雨的袭击。第二天一早，有人在海滩公园发现了一具男尸，旁边还有一顶他戴的帽子。警察只看了一眼就断定，海滩公园不是案发现场，而是有人在别处作案，搬运过来的。

　　你知道警察的判断依据是什么吗？

253. 司机

　　一天，一位老太太拦住一辆路过的出租车，说了目的地之后，老太太便开始喋喋不休，吵得司机很厌烦。司机突发奇想，对老太太说："对不起，夫人。我的耳朵聋了，听不到你在说什么。"老太太听他这么一说，就停止了嘟囔。但是等她到了目的地以后，突然明白过来，司机是在对她说假话。

　　你知道她是怎么知道的吗？

254. 丢失的钻石

　　住在城堡顶层的公主有一颗美丽的钻石。一天，公主把它放在窗子边的桌子上就下楼去玩。过了一会儿，等公主回到房间后发现钻石不翼而飞了。过了几天，一位花匠在城堡后面的花园中打死了一条蛇，在蛇肚子里发现了这颗钻石。蛇是不可能爬那么高进入公主的房间的，丢失钻石的期间没有人进过公主的房间。

　　你知道钻石是怎么跑到蛇的肚子里的吗？

255. 一坛大枣

　　古时候，有个无亲无故的年轻人要进京赶考。带着大量银子在身边不安全，便把银子装在一个大坛子里，说是一坛大枣寄放在邻居家中。一晃三年过去了，年轻人还没回来，邻居认为年轻人在路途中发生了意外，便私自打开了坛子。看到里面白花花的银子，邻居将其全部占为己有，并把大枣装了进去，重新封好。哪知没过多久，年轻人竟然回来了，找邻居取回了坛子。回到家中，年轻人打开坛子一看，竟然全是大枣，便找邻居理论，说自己放的是银子。邻居不承认，说本来就是大枣。争执不下，年轻人告到了官府。县官听完两人的诉说之后，马上认定邻居说谎，并判其赔偿年轻人银两。

　　你知道县官的判断依据是什么吗？

256. 吹牛

　　一天，查尔斯向一群人讲述自己的冒险经历：那天，我一个人驾驶帆船出海。

不料突然发动机坏了，我一个人停在大海中间，一点风都没有，没法利用船帆前行。没办法，我只好找了一块白布，咬破手指，写下了"救命"两个大字，挂在桅杆上。幸好过了半天时间，有一艘船从附近经过，把我救了下来……

　　说到这里，一位在旁边默默听他讲述的年轻人说道："你在吹牛。"你知道年轻人为什么这么说吗？

257．怪盗偷邮票

　　怪盗基德把邮票展上展出的一枚价值连城的邮票偷走了，侦探小五郎马上开始追踪，跟随基德来到一家旅馆，见基德钻进了其中一个房间，小五郎上前敲门，基德打开房门："原来是小五郎先生啊，找我有事吗？"

　　"少装蒜，快把你偷的邮票交出来！"小五郎直截了当地说。

　　"别生气嘛！你随便搜好了，我这里根本没有什么邮票。"基德挥挥手，轻松地说。

　　小五郎环顾一下四周，这个房间不大，家具很简单，除了开着的电视机和上面不停旋转的电风扇外没有什么电器。按说能藏东西的地方不多，为什么基德能够如此坚信对方搜不出赃物呢？你知道基德把赃物藏在哪里了吗？

258．自杀的假象

　　一位很有经验的医生被发现死在自己的家中。经化验，死因是服用了过量的安眠药。

　　警方认为这与前几天这位医生的一次医疗事故有关，由于手术发生意外，这位医生负责的一位患者不幸死亡，可能因此内疚而自杀。

这位医生爱好整洁，甚至有些洁癖，屋内井井有条、一尘不染。床上铺着洁白的床单，医生穿戴整齐地躺在床上。床头柜上放着一个可装 100 粒药的空安眠药药瓶和喝剩下的半杯牛奶。现场没有留下其他任何线索和疑点。

这时，一位经验丰富的警察发现了一个微小的破绽，认为医生很可能是他杀，而非自杀。

你知道这是为什么吗？

259．谁是凶手

富太太娜娜被发现死于自己的家中，背后中了一枪，同时，她身边形影不离的一只贵妇犬也被枪杀了。

警察经过调查走访，发现了三名嫌疑人，于是把他们找来一起询问：娜娜被人枪杀了，死于昨天晚上 6:00—8:00，请问三位，你们那个时间段都在做什么？

A 先生说："我在家里看书。不可能是我干的，我连枪都不会用啊！"

B 小姐说："我在家里看电视，看的是《爸爸去哪儿》。怎么可能是我，我们是好朋友，而且我超喜欢她家的那只小狗的。"

C 太太说："我在给老公收拾行李，他明天要去出差。虽然我很不喜欢她，但还不至于要杀了她吧，我才没那么傻！"

请问：究竟谁是凶手？

260．骗保险

一天早上，警察局接到报案，富翁王先生称自己家中被盗，丢失了一件珍贵的艺术品。警方马上派人到现场调查。

房门正对着的是客厅里的一台电脑，王先生称丢失的艺术品原来是放在门口旁边架子上的，现在那里空空如也。

警察询问当时的情况，王先生说："昨天晚上我一个人在家中玩电脑，透过电脑的屏幕我突然发现后面有一个人影。于是我马上打开灯查看，发现门不知道什么时候打开了，门口的艺术品也不见了。"

警察说："这件艺术品很值钱吧？你上过保险吗？"

王先生说："是的，因为是大师的作品，所以我上了 300 万元的保险。"

警察说："那么，这件事就很明确了，你只是想骗保险吧！"

你知道警察是如何发现纰漏的吗？

261．被杀的哥哥

老山本先生是一位大富翁，他去世后，因为遗产问题，三个儿子和一个女儿争得不可开交，甚至大打出手。

一天清晨,有人发现大儿子山本一郎死在自己的家里。警察赶到现场,经过一番调查之后,发现他的两个弟弟和一个妹妹的嫌疑最大。

警察决定先从妹妹香月入手调查。于是,警察马上来到香月家中。香月刚刚起床,正在准备丈夫和孩子的早餐。警察对她说:"你就是香月小姐吧,我们今天早上发现你哥哥被人杀死了,想向你了解一下情况。"

香月小姐一听,一脸的惊恐表情:"这不可能,我昨天下午还和大哥一起吃了顿饭呢,怎么就死了呢?是谁杀了他?"

"我们也是想向香月小姐了解一些情况,你觉得谁可能对他下此杀手?"警察问道。

香月小姐沉思片刻说:"二郎和三郎都有可能,他们兄弟三人平时关系就很不好。他们觉得父亲生前更偏心大哥,连公司都让大哥继承。另外,据说大哥还和二嫂关系暧昧,二哥曾经扬言报复,所以他俩都有杀人的嫌疑。不过都是亲兄弟,他们怎么下得去手啊!"

警察听完后,说:"我倒是觉得最值得怀疑的人是你,还是跟我们走一趟吧!"

请问:警察为什么说香月小姐是最值得怀疑的人呢?

262. 皇帝断案

乾隆皇帝下江南的时候,除了四处游玩外,还会顺便断一些当地无法或者不敢解决的疑难要案。这一天,乾隆皇帝一行人来到苏州。当地有一个很有权势的财主,他雇用了一个哑巴佣人。欺负他不会说话,三年没付给他一文工钱。哑巴四处告状,没人敢受理。甚至找周围的知情人写状纸,都没有人敢为他代写。

当哑巴佣人见到乾隆皇帝时,马上拦住轿子告御状。乾隆接过状纸一看,上面一片空白,询问之下又"咿咿呀呀"地说不出一句话。顿觉此案难办,一番思考之下,乾隆吩咐左右:"把这个无理取闹的哑巴拖出去,游街半天。"

游街中,哑巴佣人无比悲愤,泪流满面。凡认识他的人都窃窃私语,甚至对乾隆皇帝议论纷纷。

游街结束后,乾隆命人把哑巴佣人押回县衙,然后派人捉来财主,除了判其付清哑巴三年的工钱外,还得游街一天。

你知道乾隆皇帝是如何了解到事情真相的吗?

263. 对付财主

从前,有个财主,很吝啬,也很贪婪。他的邻居是一对勤劳的夫妇,他们在山坡开垦荒地,种下了几亩小麦。在小麦快要成熟的季节,财主总是把自家养的鸡放到麦田里去吃麦子。

农夫惹不起财主,只好忍气吞声,看到鸡就去赶。可是这边赶走了,那边又来了，毫无办法。看到辛辛苦苦种下的麦子这样被糟蹋，农夫很心疼，就回家和妻子商量。妻子听完后对丈夫说："这好办，你明天只要这样做，他就不会再放鸡了。"

第二天，农夫按照妻子说的做了，果然有效。

你知道农夫是怎么做的吗？

264. 火灾逃生

小明是歌星阿 k 的铁杆粉丝，这天阿 k 在开演唱会，小明当然不肯错过。今天剧场的人真多啊！偌大的剧场黑压压的全是人。

演唱会开始后不久，突然从后台传来几声呼救声："不好了！着火了，救火呀！"紧接着，只见熊熊大火夹着黑烟向台前涌来……顿时，台上台下乱作一团。观众纷纷离开座位，争先恐后地涌向大门。可是大门是锁着的，一名服务员拿着一把钥匙高喊："让一下，我过去开门！"

可是人们像没听见一样，疯了似的往大门的方向挤。看到这种徒劳无功的场面，小明突然大声喊了一句话，观众纷纷向后退去。服务员趁机钻了过去，打开了大门，让观众们安全地离开了火灾现场。

请问：小明喊了一句什么话，才让大家离开了紧锁的大门向后退去呢？

265. 智擒劫匪

约翰是某州立大学三年级的学生，一天晚上，他和同学们在寝室休息，突然闯进来一个持枪劫匪，抢走了他们所有人的钱包后，逃走了。

几个人报了警后，警察来调查了一番，但没有抓到劫匪。

过了一段时间，约翰在校园附近的一家咖啡馆喝咖啡时，看到那个劫匪正坐在咖啡店的吧台前喝着咖啡。没错，就是他！约翰想出去报警，可又怕他跑了；自己上去捉吧，又担心不是他的对手。怎么办？

正在这时，一名警察走了进来，坐在劫匪的旁边，对服务员说："来一杯咖啡。"约翰想告诉警察，又怕劫匪听到跑了，或者掏出枪来伤到人。这时，他突然有了一个好主意，趁服务员冲咖啡的时间，约翰找到服务员，和他耳语了几句。

过了一会儿，服务员用一个透明的玻璃杯端来一杯咖啡，放在警察的面前，微笑着说："请用！"

警察喝了起来，等快要喝完的时候，警察突然放下杯子，一把扭住身边劫匪的胳膊，大声说："你这个抢劫犯，这次跑不掉了！"

这名警察怎么知道他是劫匪的呢？

266. 新手小偷

一天夜里，一个小偷第一次入室盗窃。这是一栋富人的宅院，家里没有人。于是小偷用万能钥匙打开门，大摇大摆地走进去，打开电灯，来到书桌旁，打开抽屉，发现抽屉里没有什么值钱的东西，什么都没动就关上了。接着他打开保险柜，拿走了里面的钞票和首饰，并关上了保险柜的门。其他的地方都没动，临走时特意用随身携带的手绢擦掉了自己所有摸过的地方，最后用腿把门带上。

小偷很得意地想："除非有人开保险柜看到钱不见了，否则不会有人知道我来过！"

没想到第二天一大早，第一个回到家中的人就发现昨晚有人进来过。

你知道这个小偷究竟哪里露出了破绽吗？

267．林肯智斗歹徒

在林肯还没有当总统的时候，一天晚上，他走在回家的路上，遇到了一名歹徒。歹徒手里拿着一把左轮手枪，指着林肯的头厉声喝道："老实点，把身上值钱的东西都交出来！"

林肯知道此时自己处于弱势地位，也就不做那些无谓的反抗了，乖乖地掏出钱包交给了歹徒。

歹徒很是得意，不费吹灰之力就成功拿到了钱。这时，林肯对歹徒说："先生，我今天刚发的工资，我老婆看到我没有拿回家钱会怀疑我藏私房钱的，能不能麻烦你在我的衣服和帽子上打几枪，让她知道我确实是被抢劫了。"

歹徒同意了，接过林肯的帽子和大衣，分别开了三枪，然后还给了林肯。就在这时，林肯突然一拳打在歹徒的头部，接着拳打脚踢，歹徒一下就昏了过去。林肯拿回自己的钱包，笑呵呵地转身走了。

你知道林肯为什么会这样做吗？他不怕歹徒开枪打他吗？

268．及时赶到的警察

一个劫匪闯进一名单身女孩的家中抢劫，当时女孩正在电脑前上网聊天。女孩看到闯进的陌生人惊恐万分，刚想叫喊，就被劫匪用消音手枪打死了。劫匪在屋子里四处翻找值钱的物品，把所有的现金和首饰搜刮一空。这时，劫匪发现厨房里有刚做好不久的饭菜，正好饿了，就从容镇定地吃了起来。

就在此时，几名警察冲了进来："不许动，你被捕了！"劫匪很好奇，他自认为没有惊动任何人，为什么警察会这么及时赶到了呢？

269．谁报的警

一天夜里，一个小偷来到某公寓，按了下6楼一个房间的门铃，只听里面传出一个女人的声音："等一下，我去开门。"

不一会儿，门开了，露出一张漂亮的脸蛋。小偷一下钻进屋子并用背顶住门关了起来。女子一脸惊恐："你是谁？你要干什么？"

小偷拿出一把刀，威胁女子不要喊叫，并用绳子把她绑在了椅子上。然后小偷开始四处翻找值钱的东西。在女子的手提包里找到了2000元现金和一把钥匙，就在小偷刚要用钥匙打开墙角的保险柜时，房门突然打开了，冲进来几名警察。

就这样，小偷被戴上了手铐，带走了。到最后，小偷也没能想出，房间的隔音效果还不错，女子自始至终也没有大声叫喊过，到底是谁报的警呢？

270．求救信号

美国特工007在俄罗斯执行任务时，不小心失手被擒。此时正是隆冬时节，西伯利亚寒气逼人。007被关在一个高原上的小木屋里，木屋很坚固，有一个窗子被铁条拦着，门也被锁住了。木屋内设备相当简陋，只有一张床、一把椅子和一台冰箱，冰箱里有些面包和几罐汽水。

这天晚上，007利用木屋里这些简单的设备，发出了求救信号，通知同伴来救援。最后，他真的成功逃脱了。

你知道007是怎么发出的求救信号吗？

271．整形的通缉犯

安娜是一名整形医生，在一家整形医院工作。一天，一位客人来到医院要求整形，奇怪的是他竟然没有提出任何要求，只是说和原来不一样即可。

安娜终于想起来前几天看到电视新闻里说有几名越狱的通缉犯，仔细一辨认，此人正是其中之一。怪不得他要求和原来不一样，是怕被人认出来。

于是安娜开始给这名通缉犯做整形手术。手术非常成功，看到镜子里陌生的脸，通缉犯很满意。

过了没几天，这名通缉犯就被警察抓到了。奇怪的是，自始至终，整形医生都没有报过警。

这到底是怎么回事呢？是谁认出了通缉犯？

272．化学家捉贼

笛卡尔是一位知名的化学家，在他居住的镇子上无人不知。因为他研制的一些化学品而得到了一大笔奖金，这招来了一些窃贼的惦记。

一天夜里，一个小偷悄悄地钻进笛卡尔的家中，翻箱倒柜找出了不少现金和值钱的东西，正打算离开，偶然瞥见书桌上有多半瓶高档名酒。这个小偷是个酒鬼，爱酒如命，抓起酒瓶咕咚咕咚喝了几口。

就在此时，门外有动静，笛卡尔回来了。小偷慌忙放下酒瓶夺路逃走了。慌忙之间，笛卡尔没有看清小偷的模样。

笛卡尔发现家中被盗，马上报了警。警察赶来后调查一番，没有发现任何有用的证据，大概是小偷戴着手套吧，一点指纹都没有留下。

笛卡尔看到书桌上打开的酒瓶，断定小偷喝了几口酒，便计上心来。他以化学家的身份写了一份声明，发表在当天的报纸上。隔天，小偷看到了声明，马上就带着全部赃物投案自首了。

你知道小偷为什么会投案自首吗？

第五篇

不可能案件

273．消失的邮票

王老先生家里有一枚珍贵的邮票，可谓价值连城。一年春节将至，王老先生打算到 300 千米外的北京去看女儿一家，在路途中被一伙垂涎王老先生邮票已久的劫匪绑架了。劫匪知道，王老先生独自一人居住，去看女儿一家不可能把那么珍贵的邮票留在家中，必定随身携带。

"要想保命，就乖乖地把邮票交出来。"劫匪的头目威胁说。

"我没有随身携带。"王老先生回答说。

"骗谁啊！你家里没人怎么可能把邮票留在家中！"

"既然你们不信，那就搜好了。"

一个小喽啰搜遍了王老先生的箱包口袋，只找到一些衣物、洗漱用品、几百块钱以及一张女儿寄给他的明信片，上面有女儿家的地址。

小喽啰指着明信片上的邮票问头目："是明信片上贴着的这张邮票吧？"

"你傻啊，那么重要的邮票，你会把它粘在明信片上吗？那只是一张再普通不过的邮票，不值钱。我们要的邮票只有它的一半大小，上面有一条龙。"

"那没有了，他不会真的留在家里了吧！"

劫匪们又仔细地找了一遍，还是一无所获。

你知道王老先生把邮票藏哪里了吗？

274．转移财产

在德军集中营里，囚禁着一位年迈的老人。他是一位非常有钱的犹太人，但德军在逮捕他的时候，根本没有找到一分钱，甚至还发现他有很多债务，这与老人公司的账户记录非常不符。德军希望在监控中发现老人财产的去处，但是一年多下来，老人除了很珍视女儿的一封信之外，没有发现其他异常之处。

有一天，老人说："想得到我的财产可以，但必须先允许我寄封信给我的女儿。你们放心，我不用你们替我出邮费，把我女儿给我的这封信上的邮票揭下来贴到这个上面就行。"德军反复检查了信的内容后，没有发现异常，就同意了。谁知，过了几天，老人说："我已经把我的财产从你们眼皮底下转移走了！"

这到底是怎么回事呢？

275．消失的赎金

一位上市公司董事长的孙子被人绑架了，绑匪索要 100 万元赎金。

绑匪要求把钱用布包起来，放进皮箱，晚上 10 点，放在街角公园门后的垃圾箱旁。董事长为了孙子的安全，只好按照要求做了，并派人暗中监视。10 点刚过，一个拾荒者走到垃圾箱前，拿起皮箱转身就走。董事长派的人立即开始跟踪。

拾荒者走了一段路后，拦下了一辆出租车，到了市里最大的一家超市拿着箱子下了车，并将箱子存放在了超市的储物柜中，一个人走了。跟踪者守住箱子，心想一定还会有人来拿，可过了很久都没有人来。他们觉得不太对劲，就过去打开箱子一看，箱子是空的。

你知道这是怎么回事吗？那100万元赎金哪里去了？

276. 指纹

晚上10点左右，张三正要睡觉，突然听见门铃响了起来。他打开门一看，原来是自己的债主李四。来人开口便骂："你小子倒是真能躲啊，10天不到你都换了八个住处了。要是你再不还钱我就去法院告你！"

张三忙把李四请进屋子，低声下气地说："别着急，钱我明天就还给你。"

趁李四不注意，张三拿起茶几上的烟灰缸朝李四后脑砸去。李四一声没吭就死了。

张三连夜把尸体运到郊外的一条河里，并返回家中，清理了屋中所有李四的痕迹和指纹。忙了一夜有点累，张三晕沉沉地睡了过去。

下午张三被一阵猛烈的敲门声吵醒，打开门一看，原来是警察。警察说："我们在郊外的河里发现李四的尸体，尸体口袋里有张写有你家地址的字条。"

张三马上否认说："李四死了？不关我的事，我好久都没见到他了。"

警察说："你不用撒谎了，我们早就有证据了，说明他刚来过你这儿。"说完指了指证据。

张三无话可说，只得承认了。

你知道警察的证据是什么吗？

277. 走私物品

彼得的工作是在边卡检查入境车辆是否携带了走私物品。

经过一段时间的观察，他发现有个看上去很有钱的人每天都会开着一辆宝马车入境，车上只有一大包不值钱的棉花。

彼得每次都会叫住他，仔细检查他的棉花包，看其中是否携带了什么贵重物品，但每次都一无所获。多年的经验告诉自己，这个人一定在走私什么物品，只是苦于没有证据。

你知道这个人走私的是什么吗？

278. 取货地点

警察截获了一份毒贩之间联系的信息："明日下午4点在街口公园中心的松树

顶取货。"

警察迅速赶到现场，发现附近只有一棵松树。但是树很高，根本无法在上面放东西。这是怎么回事呢？难道信息有误？应该不会。经过他们认真推理，终于在信息中约定的时间和地点找到了毒品。

你知道这是怎么回事吗？

279．遗产

张三的伯父去世了，因为没有其他亲属，便留下遗嘱说将自己数百万元的遗产全部留给张三。这天，张三赶到伯父家中处理遗产，清点之后发现，只有少量现金和一张存折，数目也不大。打开保险柜，里面除了一些证件、户口本之外，还有一个信封。信封很普通，上面贴着两枚陈旧的邮票，没有写地址和收信人。遗嘱就放在这个信封里。就算加上这栋房子，也只有几十万元。

伯父说的数百万元的遗产到底在哪儿呢？

280．爆炸谋杀案

警方的一位证人被人杀害并被烧死在自己家里。现场调查发现，死者先是被下了安眠药，然后由于煤气爆炸，引发了大火被烧死的。在现场只有冰箱、洗衣机、微波炉、电话等一些简单的家具电器。根据调查，爆炸时也没有外人在场。当天晚上这一带有大面积停电，不可能是电器短路引起的。究竟是什么引发的煤气爆炸呢？

281．闭门失窃

怪盗基德坐在特快列车的一节卧铺车厢里。半夜时分，趁其他旅客熟睡之际，他钻进 3 号车厢的一个单人包间，偷走了珠宝大王准备展出的一枚镶满钻石的复活节彩蛋。

这趟列车是直达列车，中间不停车，将在早上 7 点准时到达目的地。珠宝大王在早上 6 点起床时发现宝物丢失了，便报了警。车上的乘警马上带人对车上的人进行盘查，仔细搜查了每一位顾客的身上和行李等处，没有发现那个拳头大小的彩蛋。这趟列车的门是自动控制的，如果有人打开会有记录，车窗也是完全封闭的。

彩蛋到底哪里去了呢？

282．到底谁算是凶手

有一支探险队正在穿越撒哈拉大沙漠，他们遭受了沙暴，所有的补给都丢失了，只能靠随身带着的水袋活命。一天晚上，探险队里的 A 决意杀死队员 C，他趁 C

睡觉的时候在 C 的水袋里投了毒。同时探险队里的 B 也决意杀死 C，他偷偷在 C 的水袋上钻了一个小孔，让袋里的水慢慢漏掉，想渴死 C。当然，B 并不知道 C 的水袋已经被 A 下毒了。水袋里的水当晚就漏完了，C 也在几天后因为没水喝而渴死。

到底谁该为 C 的死负责呢？

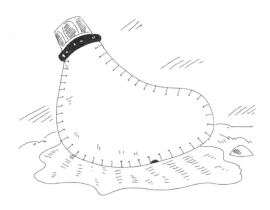

283. 台长的密室

柯南去电视台看一部侦探片的录制过程，这次节目的主持人是 L 先生和 D 小姐。D 小姐是这里快要辞职的一个主持人(原因不明)；L 先生的业余爱好是打枪，而且技术很高，在公司还是一流的主持人，自己却很谦虚。

节目的开始又是那老一套的对话，持续了一个多小时，这个侦探片的内容让柯南无聊得简直要睡着了。这时，突然冲进来一位勤杂人员，他报告的消息让柯南猛然清醒过来。

"10 分钟前，台长先生在 6 楼……被……被枪杀了！我……我就跑来了……"说着便晕过去了。

柯南本能地从现在的 9 楼(顶层)直冲向案发的 6 楼。

电视台的楼很大，只有一个楼梯，从 9 楼录制节目的房间跑到案发现场柯南用了六七分钟的时间。

站在被那个勤杂人员撞开的门前，柯南检查了一下室内和门锁——锁是从里面反锁上的；屋里面只有一扇大的长方形窗户，以中心为轴可上下旋转；台长的尸体背靠着窗下的墙，蹲坐在地上；窗户上印出一个花朵形的血迹，显然是被枪杀的时候溅上的。这间房子，当然成了无可挑剔的密室。

根据调查，台长这段时间因为公司人员晋升的问题跟 L 发生了矛盾，因此，身为神枪手的 L 自然有了嫌疑。但是，有目共睹，L 一直在 9 楼直播节目，根本没有足够的时间作案。仅有的线索是有人看到他曾在中场休息的时候出去了两三分钟，但这点时间根本不够跑到台长所在的 6 楼。

当警察问他那两三分钟在干什么时，L 回答说他在和台长通电话。检查了双方的手机，确实有一个通话时间大约为 1 分钟的电话记录。

台长是被谁杀害的？密室是如何形成的？

284. 奇怪的谋杀案

一个夏天的中午，一名女子死在自己的出租屋中。警察勘查现场后发现，女子死于二氧化碳窒息。推测可能是女子在沉睡时，吸入过量的二氧化碳致死的。

这间出租屋不大，只有一张单人床和冰箱、衣柜、桌子等物品。虽然门窗都关得紧紧的，但肯定不至于因为自己呼出的二氧化碳让自己窒息。

这名女子是因为什么窒息而死的呢？

285. 赎金哪里去了

一位富翁的独生子被绑架了，绑匪要求把 100 万元人民币的赎金装在手提包里，于第二天晚上 12 点让富翁的司机在中央公园的雕塑旁挖一个坑埋进去。

富翁心急如焚，立刻报了警。警方决定派警察埋伏在公园的雕塑旁监视。

晚上 12 点，司机开着车，带着装有 100 万元人民币的手提包来到公园，按照绑匪的要求，挖了一个很深的坑把手提包埋了起来，然后空手走了。

警察们紧紧地盯着雕塑旁的动静。直到第二天中午，还是没有看见有人来取钱，而富翁的儿子已经回家了。警察不知道绑匪耍了什么花招，于是挖开埋钱的坑，手提包还在，钱却不翼而飞了。

赎金会在哪里？绑匪是谁？

286．指纹哪里去了

为跟踪逃犯，一名便衣警察走进了酒吧。一位年轻漂亮的女子迎面擦身而过，出了酒吧。这个女子大约 25 岁，打扮入时，化了很浓的妆。警察忽然想起这个女人正是前几天追捕的诈骗犯。他立刻追了出去，但诈骗犯已不知所踪。警察转身回到酒吧，展开调查。他把女子用过的酒杯加以检验，但是上面没有留下指纹。警察清楚地记得，那名女子没有戴手套，怎么会没有留下指纹呢？

287．神秘的绑架案

某公司董事长的儿子被绑架了。绑匪开口要 20 万元人民币赎金，并且强调要用一个普通的大旅行袋装这些钱，于第二天上午在家附近的邮局邮寄，地址是邻市的花园路 8 号，收件人是龚宇华。绑匪还威胁不能报警，否则孩子就没命了。

董事长派自己的私家侦探前往邻市调查，发现城市名和地址都是真的，但收件人却是假的。难道绑匪不要赎金了吗？忽然，侦探灵机一动，发现了这宗绑架案的真实面目。

第二天，他捉到了这个绑架犯，成功地解救了小孩。

你知道绑匪是谁吗？

288．移尸现场

一天，警方接到报警电话赶到现场，发现一名中年男子死在浴缸里，浴缸里放满了水，衣服放在紧挨着浴缸的小凳子上。法医检查后说：死因是心脏病，属于自然死亡。在现场的探长问：死亡时间是什么时候？法医说：初步推测大约是在两个小时前。探长环顾浴室，又看了看凳子上的衣服，沉思了片刻后说：就算是自然死亡，这里也不是第一现场，肯定有人移尸。

请问：探长为什么这么说呢？

289．密室杀人案

在巴尔的摩市发生了一起奇怪的密室杀人案。在一间空房里发现了一具少年的尸体，是被人用绳子勒死的。这个少年几天前遭绑架，被罪犯勒索了 10 万美元赎金后下落不明。少年是在一间存放杂物的储藏室内被勒死的。可奇怪的是，门从里面反锁着。因房间狭窄，当然连一个窗户也没有。四周全是壁板墙，每块墙板上都可见到无数个铁钉的钉帽。也就是说，这间房子是纯粹的密室，大概是罪犯为了不让别人发现而故意选择了这个密室。

这样一来，勒死少年后，罪犯究竟是从什么地方、怎样离开房间的呢？

负责调查这个案件的刑警小心地进入这个房间后，用铁锤和拔钉器撬开墙上的壁板，便发现了罪犯的诡计。

那么，罪犯是怎样造成这间密室的呢？

290．不可能的毒杀案

在一家西餐馆里，三个男人正在一起喝啤酒时，突然停电了，店内一片漆黑。

两三分钟的工夫，男服务员拿来了蜡烛，三人借着烛光继续喝了起来。没过多久，其中一个人突然感到难受，一头扑在桌子上，不久就断了气。

死因是喝的啤酒里掺了毒药，这是一种可怕的液体毒药，只要沾到皮肤上就会致人死亡。

"当时停电是偶然的吗？"警察询问店主。

"不，三天前附近一带的电线杆就贴着停电通知了。"

"看来罪犯是看了通知后才制订毒杀计划的，并在停电的瞬间迅速将毒液倒进了被害人的杯子里。当时店里顾客多吗？"

"不多，只有三个人。"

"那么活着的两个人中的一个就是罪犯，他肯定准备了什么装毒药的东西。"

下面是两个人的随身物品。

犯罪嫌疑人 A：烟、火柴、手表、带胶囊的感冒药、月票、现金 8 万元。

犯罪嫌疑人 B：手表、手帕、口香糖、日记本、钢笔、现金 5 万元。

店里服务员做证，这两人似乎都未离开过桌子一步，不可能将盛毒液的容器扔到外面。

你知道凶手是谁吗？他是用什么盛的毒液呢？

291．中毒

有一对兄弟因分家闹得不可开交。一天哥哥在自己开的酒吧中请来弟弟商量分家的事，并给弟弟倒了一杯可乐。弟弟担心哥哥下毒害自己，不敢喝。哥哥笑了笑，加了几块冰块，并亲自喝了一口。弟弟一看没事，也就放心了。

两人谈了半天也没有达成共识，哥哥生气地离开了。弟弟和哥哥吵了半天觉得有些口渴，就喝掉了哥哥喝剩的大半杯可乐。没过多久，弟弟死了。

经过调查，弟弟是因中毒而死的。哥哥也喝了这杯可乐，为什么只有弟弟中毒了呢？

292．吓人的古墓

一位考古专家在荒凉的深山中发现了一座神秘的古墓，通过考证他确认里面埋葬着 1000 多年前的一位富可敌国的王侯，陪葬他的物品毫无疑问会价值连城。坟墓的通道里设有重重精巧的机关，稍微不留神就会葬身于此。那位考古专家费尽千辛万苦终于拆除了所有机关。然而，当他推开坟墓的门时，眼前的景象吓得他魂飞魄散：在棺木的上方吊着很多熄灭的灯，有一盏竟然还燃烧着，并且投射出幽幽的光芒。这位经验丰富的考古专家从来没有见过能燃烧 1000 多年的灯，惊骇之余转身便逃，再也不敢回到墓中。

几天之后，另外几位考古专家得知消息，赶到了这里，却没发现那盏燃烧的灯，他们顺利地取出了文物。

你知道这是怎么回事吗？

293．罪犯的疏忽

一天，名侦探明智小五郎去拜访好友宫田先生，对方热情地欢迎他。

"明智君，今天就留在这里吃晚饭吧！"宫田说道。

"好啊！等你的妻子回来我们一起用餐吧！"

对方看了一眼挂钟说道："她？唉，中午出去的时候对我说会在下午三点多回来的，现在都快六点了，还不见人影。"他话刚说完，宫田的司机小野三郎气喘吁吁地跑进屋子，说："不……不好了！先生，太太……太太……她……"

"出什么事了？"小五郎迅速从座位上弹了起来。

"跟我来！"司机向前飞奔，后面二人也不敢怠慢。他们三人来到了离宫田家不远的一片树林里，一辆黑色宝马轿车停在一棵大树旁边。

小五郎看了一下地形，从车头的方向可以看出，经过了前面的下坡，这辆车的确是要往宫田家驶去。车的后排坐着宫田的妻子，她的太阳穴处中了一枪。

"夫人！夫人！"宫田拉开了车门想抱住自己的太太。

"不要这样！宫田君，这样就破坏现场了。"

一听小五郎这样说宫田忍住悲痛没有去碰他的妻子，但却在不停地哭泣。

"宫田夫人出门的时候是坐着你的车？"小五郎问司机小野。

"是的。"

"这个枪眼是怎么回事？"小五郎指着死者头部右处太阳穴问道。

"是这样的，刚才太太说肚子有些饿了，要回家，我就开车送她。经过那家超市时我听见一声枪响，就刹住了车，等我回头发现太太已经死了。她是个好人呀！"小五郎朝那家超市看去，那个超市离这里很远，他很清楚，那家超市的生意不太好，很早就关门了，所以不会有其他的目击证人出来做证。

"你真的听见枪响了？"小五郎问。

"是的，千真万确。"

"你开车的时候这条路上还有其他人吗？"

"没有，一个都没看见。先生，会不会是有人在附近埋伏着呢？"

"在我们来之前你有没有动过现场？"

"没有。"

"你一个月拿多少工钱？"

"啊？先生，你怎么这样问？"小野疑惑地说。

"回答我。"

"3000元，宫田先生给的钱不算少。"

"留着这笔钱请律师用吧。"小五郎看着小野严厉地说。

在小野狡辩之前，明智小五郎作出了精彩的推理。

请问：司机小野的漏洞在哪里？

294．小木屋藏尸案

登山家张三的尸体于2月23日下午5点30分在雪山上的一间小木屋里被人发现。赶到小木屋的警察，一面勘验尸体，一面搜查凶手的行踪。

根据尸体的解剖，其死亡时间在当日1点30分至2点30分。山庄的老板表示2点整曾和张三通过电话，这样一来，其死亡时间范围更缩小了。

经过调查，涉嫌者有三名。他们也都是登山好手，和张三同在一家登山协会，听说最近为了远征喜马拉雅山的人选及女人、借款的关系，分别和张三发生过激烈的冲突。为了避免正面冲突，三人都换到山庄去住，只留张三一人在木屋里。老赵服务于证券公司，正午时离开小屋，沿着山路下山，5点多到达旅馆。走路比较快的人走这段路也要花5小时20分钟，最快的纪录是4小时40分。服务于杂志社的老黄和在贸易公司工作的老陈于1点30分一同离开小木屋。到一条分岔路时，老黄坐上了缆车，4点整到达山庄。老陈也坐了一段缆车，本打算再滑雪下去，怎奈滑雪工具不全，只好走下山，到达山庄已经8点多了。他在上一次登山中，弄伤了腿，所以从滑雪场走到山庄行动不便，全程计算起来至少要花6小时。老陈说遗失的滑板后来在山庄附近的树林中被发现。

他们都和死者一起来登山，而且都有作案的动机，所以这三个人中必定有一个是凶手，到底是谁呢？

295．不在场的证明

在一个初秋的夜晚，一名独居的男子被人用瓦斯毒死在自己的房子里。半夜时，管理员因为闻到瓦斯外泄的味道，所以才将他的房门打开，于是发现了尸体。

厨房中的瓦斯开关上接了一条长长的塑胶管，瓦斯正大量地从管中外泄出来。不知是什么原因，在厨房的地板上有一大片水渍。

解剖尸体后，发现受害人死因是一氧化碳中毒，而且还曾经服用过少量的安眠药。死亡的时间大约是晚上 9 点钟。在这个狭小的房间里，若是关上门、窗，再将瓦斯全部打开的话，20 分钟内必定会死亡。也就是说，凶手可能在 8 点 40 分左右就开了瓦斯然后逃走。

两天后警方逮捕了犯罪嫌疑人，发现犯罪嫌疑人当天晚上 7 点时，正因车祸而被警方关在拘留所中，整整关了一个晚上。若是这名犯罪嫌疑人在 7 点之前就开了瓦斯，然后逃走，则被害者的死亡时间应该是 7 点 20 分。被害者的确是死于 9 点钟左右。

这名犯罪嫌疑人究竟是用什么方法，使瓦斯延后了 1 小时 40 分钟才释放出来呢？

296．消失的案犯

警察跟踪两名罪犯，发现到了一个悬崖边上时，脚印突然不见了。只见对着悬崖方向有两排不同的脚印，正是两名罪犯所穿的鞋子留下来的。没有返回的脚印，这怎么可能呢？难道两个人从悬崖掉下去了？这个悬崖又高又陡，掉下去必死无疑。

你知道两名案犯是如何布置的这一切吗？

297. 遗作

有人在拍卖一幅名画家的遗作，价格标到 300 万美元。据说这幅作品是该知名画家在和朋友旅行时，遇到暴风雪，连续几天温度都在零下 30℃左右。画家受了伤，而且随身携带的所有物品都丢失了。最后，画家在朋友的帮助下终于找到了一间废弃的小木屋，两个人躲在木屋里，用唯一的一副手套堵住了窗子上的破洞。画家的伤越来越重，预感将不久于人世，为了报答忠实的伙伴，他在木屋的小柜子里找来一支旧钢笔和一小瓶墨水，为朋友画了最后一幅素描，不久就死去了。

大侦探小五郎听到这里，马上断定这幅画是假的。

你知道小五郎是怎么看出来的吗？

298. 辨认凶手

一天，警察正在巡逻，突然听到河边有人呼救，警察立即赶了过去。只见一个蒙面男子手持一把尖刀正在抢劫一位年轻女士的财物。当警察赶到的时候，劫匪已经得手，并潜入河中向对岸逃去。警察简单向女士了解一下受伤情况便立即从旁边的一座桥上追了过去。当警察赶到对岸的时候，劫匪已经不见了，只留下一排逃走时的水迹。警察循着水迹追了大约 10 分钟，来到一片废弃的屋舍前，水迹也模糊起来。经过调查，警察发现废弃的屋舍里住着两名流浪汉，他们平时都会做些小偷小摸的勾当，究竟刚才是谁抢劫了女士呢？警察向两位流浪汉询问。流浪汉甲正在屋子里看书，他剃了一个光头，穿着一身睡衣。听说有抢劫案，他马上辩解说："我从昨晚开始一直都在家里，没有出去过。隔壁的那个家伙，我听到他才从外面回来，一定是他做的。"

说着，他自告奋勇地带着警察来到了隔壁流浪汉乙的房间。只见乙正在睡觉，房间一个角落的盆里泡着一盆脏衣服。流浪汉甲一把揪起流浪汉乙："你还装睡，抢劫犯一定是你，看，你那盆衣服就让你原形毕露了！"

这起抢劫案究竟是谁干的呢？

299．死去的登山者

有位猎人在一片大山中偶然发现了一具尸体，于是他马上报了警。警察赶到现场，发现死者是名男性，身穿登山服，背着登山包，还带着登山用的专业工具，看上去像是一个登山爱好者。死者身上除了一些擦伤，没有明显的外伤，解剖发现胃里空空如也。初步判断是登山时迷路困于山中，因过于疲劳和饥饿而死。

可是有经验的警长一听马上指出，这一定不是意外，而是谋杀。

请问：这是为什么？死者到底是怎么死的？

300．死亡时间

在运动场上，一名田径运动员在训练的时候，被人从后面用钝器杀死。警察和法医马上赶到现场调查。法医摸了摸尸体，发现身体还有体温，便下判断说："看来他死的时间不长，不到一个小时。"警察检查了一番后，肯定地说："是的，死亡时间是在 31 分 57 秒之前。"

法医非常惊讶："你不是开玩笑的吧！怎么可能知道如此精确的死亡时间？"

"没开玩笑，你看这个！"说着警察给法医看了一样东西，法医认同了警察的观点。

请问：警察给法医看的是什么？他们认定的死亡时间为什么会如此精确呢？

301．误伤还是故意

汤姆的儿子是个只有 6 岁的小调皮，平时总喜欢用玩具枪和爸爸玩警察抓坏蛋的游戏。见到爸爸下班回家，便偷偷躲在花园里，向爸爸开枪。爸爸每次都配合他，被打中之后，装着倒在地上。这天，爸爸带着一名生意伙伴回家，快到家的时候，爸爸特意向伙伴介绍了自己儿子的爱好，希望他能够配合一下。生意伙伴欣然同意了。

到了汤姆家门口，儿子真的持枪在恭候他们，只听"砰"的一声，枪里射出的竟然是真子弹，客人当场惨死。汤姆的儿子还以为是游戏，高兴得不得了。

本来是一起小孩误伤人命的案件，警察还是将汤姆抓走了，这是为什么呢？

302．消失的罪犯

在太平洋一个著名的海滩上，正赶上旅游旺季，如织的游客在兴高采烈地玩耍，享受着惬意的休闲时光。突然，前面一阵骚乱。只见一名光头男子正在追逐一名披肩长发、穿着黑色泳衣的年轻女子。巡逻的警察发现后，马上前去拦截。不多时，就与几名热心游客一起拦下了那名光头男子。男子亮明身份，原来他是一名警察，正在追踪一名吸毒嫌犯。一番耽搁下，那名黑衣女子跑出去好远。

只见她飞快地向海中狂奔，当时游泳的人很多，只有她一人穿着黑色泳衣，辨认起来比较容易。警察立即通知上司，派来大批警力，将附近围个水泄不通。可是那名嫌疑人却突然在水中消失了。没有任何设备，她不可能在海水中潜水太长时间的。

这究竟是怎么回事呢？

303．奇怪的牛蹄印

一天半夜，一个偷牛贼潜入了一座牧场，正准备把牛群赶走的时候，被牧场主人发现了，偷牛贼只好落荒而逃。牧场主人走出屋外的时候，偷牛贼已经跑远了。牧场主人仔细观察了一下地上，没有发现脚印，只发现一串牛蹄印。谁都知道牛跑起来并不快，这个胆大的偷牛贼竟然敢骑着牛来偷盗！牧场主人牵出一匹马循着牛蹄印追了过去。按理说，很快就可以追上，可是追了很久也没有追到。

你知道这是为什么吗？

304. 假鬼魂

　　糊涂县令一个人晚上在家中独坐，突然听到堂前有哭泣的声音，于是起身去看。只见一个鬼魂血淋淋地跪在阶前，说："是××杀了我，并不是×××杀了我！你要替我做主啊！否则我死不瞑目！"

　　县令对鬼魂说："我知道了。"鬼魂转身离去，留下几个令人毛骨悚然的血脚印。

　　第二天一早，有人告状，是杀人案，死者和昨天晚上的鬼魂一模一样。嫌疑人是鬼魂提到的××和×××两人。这让县令更加相信鬼魂的话，判××有罪。

　　他手下的一名师爷听说了此事以后，哈哈大笑，和县令说了他笑的原因。县令恍然大悟，立即释放了××，改判×××有罪。

　　你知道这是为什么吗？

305. 离奇的杀人案

　　一天早上，住在一栋 13 层公寓顶楼的王小姐被发现死于自己家中。王小姐是被人勒死的，穿着睡衣，身上有几道擦伤，死亡时间大约是前一天晚上 12 点。屋子里没有凶手留下的任何痕迹，也没有打斗的迹象。警察还发现，死者的公寓门是里面反锁的，只有唯一的一扇窗户打开着。死者头朝向窗户趴在地上。可以说这是间密室。

　　死者到底是怎么死的呢？你能解开这宗离奇的杀人案的真相吗？

306．不在场的证明

独自一人居住在一栋豪华公寓的张小姐被发现死在自己的床上，死因是煤气中毒。有人将一根塑料管接在了煤气阀上，并打开了阀门。一起被毒死的还有她的宠物猫。奇怪的是公寓的门窗都是从内部锁好的，也就是说，这是个标准的密室杀人案。按理说，在这种密闭的房间内，打开煤气阀后，不到 30 分钟就可以让人死亡，然而在这段时间内，唯一的嫌疑人却有充分的不在场证明。

你知道他到底是怎么做到的吗？

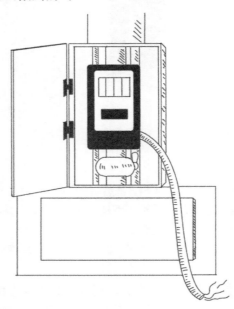

307．脚印哪里去了

一个雨后的早晨，有人在公园的足球场中心发现了一具女尸，马上报了警。警察赶到现场，发现死者是位年轻的女性，背部中了两刀，尸体旁边扔着一把沾满血的尖刀。地上除了一大片血迹外，还有一排清晰的高跟鞋留下的脚印。经过比对，正是死者的。

"昨天刚下过雨，看来这起凶杀案是在雨停后发生的，血迹和脚印都没有被冲走，而且清晰可见。"法医说。

"那凶手的脚印呢？按理说，也应该留下凶手清晰的脚印啊！为什么没有呢？难道他一边逃走一边用扫帚之类的东西清除了自己的脚印？那也应该有扫帚划过的痕迹才对啊！真是奇怪！"警长接着说道。

这时，警长发现在球场的一侧有一个打扫卫生用的拖把池，马上明白了凶手的诡计。

你知道凶手用什么手段销毁了自己的脚印吗？

308．离奇的毒杀案

晚饭后，史密斯先生和史密斯太太像往常一样吃水果。今天的餐后水果是苹果，女佣去厨房拿来一把刀，当着两人的面从中间将苹果切开，史密斯夫妇一人一半吃起了苹果。没吃几口，史密斯太太就口吐白沫，死掉了，而史密斯先生却没事。报警后，法医鉴定后说史密斯太太死于氰化物中毒，并在史密斯太太胃里的苹果残渣中发现了毒药。

史密斯夫妇同时吃的同一个苹果，为什么史密斯太太死了，而史密斯先生却没事呢？

请问：凶手是怎么做到的？

309．凶手的破绽

张局长收受贿赂的事被人举报了，他决定将此事嫁祸给李副局长。

这天夜里，张局长来到独居的李副局长家中。李副局长正坐在沙发上一边喝着红酒一边欣赏电视节目。见张局长大驾光临，李副局长热情地给张局长倒满了酒。这时这瓶红酒恰好空了，李副局长起身去酒柜拿酒。张局长趁机将自己带来的一小瓶氰化物倒入了李副局长正在喝的大半杯酒中。李副局长打开一瓶新的红酒，给自己的杯子倒满，然后两人开始对饮。两人抿了一小口红酒，将酒杯放在桌子上，开始聊起工作上的事。没说几句，李副局长就毒发身亡了。张局长赶紧起身，端起自己用过的红酒杯去厨房洗干净后放入酒柜，清除了自己所有的痕迹，拿起地上空的红酒瓶，悄悄地离开了现场。

第二天，警察找到张局长问话。张局长表示一定是李副局长贪污的事情败露，畏罪自杀。警察却明确指出，李副局长不是自杀，而是他杀。

请问：警察如何知道李副局长是被人杀害的？

310. 离奇的死亡

一天，富翁约翰博士被发现死在自己的别墅中，尸体是早上佣人打扫房间时发现的。警察赶到现场后发现尸体倒在房屋的中间，胸口中了一枪。尸体的正上方是一盏吊起来的白炽灯，还亮着。屋子里只有一扇窗户，而且是关着的，还挂着厚厚的窗帘。玻璃窗和窗帘上有一个弹孔，看样子像是有人从屋外 30 米远处的小树林中开枪，子弹穿过玻璃窗和窗帘射中死者的。问题是窗帘是拉着的，凶手是怎么瞄准的呢？死者所在的位置是吊灯下面，影子也不可能落到窗帘上。

你知道凶手是如何做到的吗？

311. 轮胎的痕迹

轮胎的痕迹就和我们人的脚印一样，有的时候可以帮助我们破案。一天，警察找到陈先生："门口停的那辆红色的车是你的吧？"

"是啊，怎么了？"陈先生问道。

"我们在一个犯罪现场发现了和你的轮胎一样的痕迹，特意过来调查一下。"警察回答说。

"什么时候的事情？我的车从上周末开始到现在已经 3 天没开了。"陈先生疑惑地回答。

"那你有没有借给别人，或者车钥匙有没有丢失过呢？"警察问。

"没有，我的车就停在门口，透过窗子我可以看到车顶，它确实 3 天都在门口。另外我有个习惯，每次用完车都会记下里程表，上次的记录是 28000 公里整。"说着带警察去看了下里程表，确实还是 28000 公里。

这到底是怎么回事呢？陈先生的车没有动过，为什么会在别处的案发现场出现他的车轮胎的痕迹呢？

312. 异地谋杀案

一天夜里，在某体育馆的高台跳水水池里，发现了一具男子尸体。该男子是著名的跳水运动员，身上还穿着训练用的服装。水池里的水很浅，可能是他一个人在训练的时候，忘记了调节下面水池的水量，从高处跳下时摔死了。后来经过化验，警察在死者的胃里发现了安眠药的成分，这就使案件变成了明显的谋杀案。但是死者死亡的时候，这个体育馆里确实只有他一人。唯一的嫌疑人在他死亡的这段时间里因为酒后驾车正在警察局受审。

请问：凶手是如何在异地杀死他的呢？

313．暗杀

杀手 A 奉命去暗杀杀手 B，大家都是职业杀手，所以要格外小心，因为很难知道鹿死谁手。杀手 A 调查到 B 住在某五星级酒店的一个房间内，于是赶了过去。A 在门口敲了敲门，他知道 B 肯定会从门上的窥视窗向外看到自己的。就在这时，从窥视窗的位置射出了一颗子弹。杀手 B 打开门观察情况，门刚开一条小缝，就被门口的 A 一枪杀死了。

明明 B 在屋内有更多的机会，为什么还是被 A 暗杀了呢？

314．何种手段

一天夜里，一位女士拨打了报警电话，称自己的男朋友死在了浴缸里。警察马上赶往现场。死者居住在一栋 20 层高的大厦的顶楼，这天正好赶上停电，警察不得已只好爬楼梯上楼，等到了 20 楼，大家都累得气喘吁吁。

死者是一名青年男士，他的女友，也就是报案人介绍说："今天我和男朋友一起去酒吧喝酒，我们都喝了不少，回来的时候又赶上电梯停电，只好走上楼。到家不久，他说浑身是汗要洗澡，不久就死了。"

"喝了大量的酒，又爬了 20 层楼，引起心脏停搏也是理所当然的事情，看来这是场意外事故。"一名警察判断说。

不久法医在解剖尸体时发现在死者的胃里有安眠药的成分。"看来这是一起巧妙的谋杀案。"警长说道。经过调查果然是谋杀，凶手就是死者的女朋友。

你知道她是如何杀死自己的男朋友的吗？

315．凶器是什么

在一家青年旅馆中，服务员听到一间客房中的两名住客在打架，便报了警。警察随即赶到，发现其中一名男子已经死了，是被钝器砸在头上致死的。另一名男子蹲在旁边一声不吭，像是受了很大的刺激。警察找遍全屋也没有找到像是凶器的东西，窗户是全封闭的，根据服务员的口供，没有人从房门出来过。

最后，警察从床边的垃圾桶里发现了一个手掌大小的鱼罐头盒，拿在手中掂了掂，很轻，想用它杀死人难度很大。

请问：你知道凶器是什么吗？它跑哪儿去了？

316．里程表之谜

一天，警察接到一个人报案，称自己新买的钢琴被人偷走了。警察马上到现场查看。报案人称自己今天买了一架钢琴，用车子运了回来。由于自己一个人搬不到楼上去，便去邻居家找人帮忙。邻居家里有些急事，需要处理完才能帮自己，所以等他带着邻居回来的时候，已经是一个多小时以后了。这时他发现钢琴不见了，但是车还在。

"钢琴那么重，谁会把它偷走呢？又是怎么偷走的呢？"报案人非常费解。

"会不会是有人开着你的车偷走了钢琴，然后又把车还了回来呢？"警察猜测说。

报案人看了看汽车的里程表，说："不可能，我回来的时候刚看过，是 1258 公里，现在还是 1258 公里，一点儿都没有变。"

最后，警察经过多方调查，终于抓到了这个钢琴窃贼，而且他竟然真的是用报案人的车运走的钢琴。

你知道窃贼是如何做到的吗？

317．转移尸体

一天早上，有人在 A 市一条铁路转弯处的路基上发现了一具女尸，死亡时间大约是前一天晚上 10 点。很明显这里不是第一现场，看样子死者像是被人杀死后，在火车转弯时从车上推下来的。

经过警方的多方调查，终于找到了一名犯罪嫌疑人。但是这名嫌疑人住在离 A 市 200 公里的 B 市，根本不具备作案时间。而且警察也没有找到这段时间内他离开 B 市的任何乘车记录。当然也没有找到协助他搬运尸体的人。

这到底是怎么回事呢？他究竟是如何转移尸体的呢？

318．跳楼自杀

一个雨后的早晨，有人在一栋 20 层高的楼房下面发现了一具死尸。死者是个年逾花甲的老人，看上去穷困潦倒，静静地躺在离墙脚 30 厘米的地面上。由于前一天晚上下了大雨，冲掉了所有的血迹。

法医鉴定发现，死者确实是死于高空坠落，看来是一起普通的自杀案件。

一位有经验的警察查看了一下周围的环境，马上指出，这不是一起简单的案件，尸体应该是被人移过来的，很可能并不是自杀。

你知道这位警察的判断依据是什么吗？

319．凶器是什么

　　一天，一位知名的舞蹈演员独自一人在排练室排练的时候被人杀害了。凶手是趁着演员休息的时候，偷偷地将尖锐的利器刺进了她的咽喉致死的。当凶手企图逃走时，正巧被其他来排练的人员抓住了，并报了警。

　　警察马上赶到现场，墙上铜质的老式大钟正好指向 14 点钟。排练室空空如也，只有几面镜子和一些桌椅。警察找遍了所有可能的地方，却找不到一点凶器的影子。窗子是密封的，凶器不可能从窗子抛出屋外。

　　到底凶器是什么？跑到哪里去了？

320．车祸现场

　　在一个漆黑的晚上，路边没有路灯，一个年轻人准备过马路。这条马路不宽，仅仅能容下两辆汽车并排而行。当年轻人走到路的中间时，突然发现左侧路的中间开来一辆汽车，两只闪亮的车灯晃着他的眼睛。他赶紧加快脚步，想着走到路边就可以躲过了。没想到他到了路边却还是被撞了。

　　你知道这是为什么吗？这辆车有那么宽吗？

321．剖腹残杀

　　一天早上，亿万富翁维利普斯的管家发现维利普斯被人杀害了，马上报了警。警察赶到现场，发现维利普斯死在自家的保险柜旁。保险柜打开着，里面的财物被洗劫一空。

　　维利普斯死得很惨，胸口中了一枪，腹部还被剖开了。看样子只是简单的劫杀案，为什么凶手会残忍地剖开死者的肚子呢？难道是仇杀吗？警察没有发现维利普斯有什么仇人。

你知道这到底是怎么回事吗？

322．中毒身亡

在一家酒店的客房里，发生了一起命案。一个青年男子死在茶几边，茶几上还有半杯没有喝完的葡萄酒。

警察赶到现场调查，发现死者死于中毒。室内一切物品都很整齐，没有半点挣扎和打斗的迹象。杯子里的半杯红酒也没有检验出有毒。

明明死者是中毒死的，为什么找不到毒物呢？凶手到底在哪里下了毒呢？

323．隐藏的死亡信息

一天早上，电影明星阿珂小姐被发现死在自己的公寓内。那天早上，她的经纪人给她打电话叫她去参加一个记者招待会，可怎么也打不通，就来到她的住处。经纪人发现她的房门没有锁，屋子里没人，洗手间的门关着，用力拉也拉不开。透过毛玻璃发现里面好像有人，叫人又没人回应。经纪人马上报了警。

警察赶到后，几个人合力将卫生间的门打开，发现阿珂小姐已经死了，背后被尖刀刺中，流了很多血。从屋内的情况看，应该是她在卧室被人袭击，然后受伤逃到卫生间，从里面拴住了门。然后可能因为受伤或者失血而死亡。

警察检查了现场，没有发现什么有价值的线索。这时，一位警察在一个不起眼的地方发现了一条隐藏的死亡信息，上面注明了凶手是一个姓王的人。

警长问那位警察是在哪里发现的这条线索，警察说："如果你想上厕所的话，你就会发现了。"

你知道这条死亡信息藏在哪里了吗？

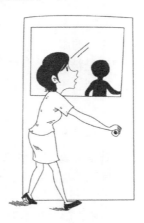

324．伪装的自杀

　　一个男子，因为妻子发现了他的婚外情，用绳子勒死了妻子。为了逃避警察的调查，他把谋杀布置成自杀的样子。首先，他用勒死妻子的绳子把妻子吊在房梁上，使她的脚离地面大约 50 厘米。然后，在她的脚边放了一把打翻的椅子，椅子高 55 厘米，给人一种她光着脚上吊自杀的假象。

　　第二天一早，男子又假装发现了尸体惊惶地报了案。警察赶到现场后，一眼就看出这不是自杀，而是他杀。

　　你知道警察是怎么看出来的吗？

325．撒谎的贼首

　　一个财主的金库被一伙盗贼洗劫，丢失了 200 枚金币，财主报了官。不久，一个贼首来到官府自首说，盗窃行为是自己的 21 名手下做的，与自己无关，但是作为首领也有责任。所以他公布了 21 名参与盗窃的手下的名字，并指出，这 21 名盗贼每人分得一定数量的金币，最少 1 枚，最多 11 枚，而且每个人分得的金币数都是奇数。听到这里，县官抓住了贼首，说："你在撒谎，盗窃一定与你有关！"

　　请问：县官是怎么知道贼首撒谎的？

326．越狱

　　一位国际间谍被判终身监禁关在一所监狱中，监狱为其安排了一间带有卫生间的单人牢房。牢房里的条件不错，有床，有书桌，还有淋浴和抽水马桶。两年后的一天，狱警发现间谍越狱逃跑了，并在床下发现了一条长达 20 多米的地道。据估算，挖这条地道需要挖出的土将近 10 吨。可是狱警在牢房里一点土都没有发现，当然间谍也没有让别人从外面帮忙。

　　你知道那些土哪里去了吗？

327．不在场的证明

　　一个盗贼溜进一个珠宝展览馆，趁没人的时候，偷走一条价值连城的珍珠项链后扬长而去。幸好这一切都被监控录像录下来了，可以清楚地看清盗贼的模样。警方通过监控录像里的画面，发布了悬赏通告。

　　没过几天，有人向警察局报案称见到了悬赏的那个盗贼，并提供了准确地址。

　　警察赶到后，确实是那个人，但是经过调查发现，这个人在案发时一直在某餐厅吃饭，有餐厅的老板和服务员可以为他做证。另外，现场的指纹也不是他留下来的。

警察马上给同事打电话，让其帮忙查一下这个人的户口簿，果然印证了警察的想法。不久，盗贼就被抓到了，确实不是这个小伙子。

请问：这到底是怎么回事？

328．现场的鞋印

张三买彩票中了大奖，领回奖金后不久，就被人杀害了，奖金也被抢走了。

警察接到报案后赶到现场，发现现场留下了清晰的鞋印。因为知道张三中奖的人不多，所以警察很快就找到了嫌疑人——张三的同事李四，并在李四的出租屋内发现了和现场鞋印吻合的皮鞋。

审讯时，李四不承认杀害了张三，但是无法解释为何现场会留下自己的鞋印。李四说案发时自己就在单位值班，没有人可以为他证明。并且说这双鞋子是三个月前和合租的同事王五一起去商场买的，自己每天都穿着它上班，而案发时也是白天，所以不可能被别人偷走穿到现场去。

最后，警察经过多方调查，终于找到了凶手，是王五。

王五究竟用了什么手法，让现场留下了李四的鞋印呢？

329．浴室谋杀案

在一间日本浴室内，发生了一起谋杀案，一位客人被手指粗的尖锐的棍状物刺穿心脏而死。当时在现场的有四位客人：一位是个画家，他随身携带了一支 2B 铅笔；一位是个律师，他随身带了一本书；一位是个学生，很喜欢听音乐，他带着一张 CD；还有一位是个公司老板，很爱喝茶，随身带着一个保温杯。

由于当时浴室里雾气腾腾，没有人看见死者是怎么死的。四个嫌疑人谁也没有离开过现场。警察赶到后，翻遍整个浴室也没有发现凶器。

这到底是怎么回事呢？凶手到底是谁？凶器是什么？哪里去了？

330．越狱的特工

一次任务失败，特工 008 在法国执行任务时，不幸被擒，被关进了一所单独的监狱。这所监狱的守卫虽然很薄弱，但异常坚固，墙壁、栏杆很难徒手破坏。008身上只有一个打火机和一条以子弹为吊坠的项链。

这天，监狱外围发出了一阵警报声，所有的守卫都前去支援了。008 趁此机会，成功地逃走了。

你知道他是怎么逃走的吗？

331．消失的凶器

在一次航模大赛中，约翰输得一败涂地，屈居亚军。他伤心极了，本来可以稳拿第一的，谁知比赛现场出现了一点意外而错失良机。

正当他在家中独自伤心的时候，冠军史密斯先生来到家中，一边幸灾乐祸，一边出言讥讽。约翰忍无可忍，愤怒之下，失手用制造航模的刀具杀死了史密斯。杀人后，约翰马上拨打了报警电话，称自己刚到家就发现朋友史密斯先生死在了自己家中。

大约过了 10 分钟，警察赶到了现场，调查后发现很明显这里就是第一现场，而嫌疑最大的当然是约翰，只是没有找到杀人的凶器。

从楼道里的监控录像可以看出，约翰没有离开过这间屋子，而窗子外面一定范围内也经过了地毯式的搜索，同样没有发现凶器。即使约翰的嫌疑极大，但找不到凶器还是无法定案。侦查一下子陷入了僵局。

直到两个星期后，有人在邻近的另一栋 30 多层的酒店的楼顶天台上发现了这把带血的凶器。可是从约翰居住的 6 楼，是怎样把一把刀扔到 30 多层高的楼顶的呢？

第六篇

真假大辩论

332．警探的讯问

达纳溺水死亡，为此，阿洛、比尔和卡尔被一位警探讯问。

(1) 阿洛说：如果这是谋杀，那肯定是比尔干的。

(2) 比尔说：如果这是谋杀，那可不是我干的。

(3) 卡尔说：如果这不是谋杀，那就是自杀。

(4) 警探如实地说：如果这些人中只有 1 个人说谎，那么达纳就是自杀。

达纳是死于意外事故，还是自杀，甚至是谋杀？

提示：在分别假定陈述(1)、陈述(2)和陈述(3)为谎言的情况下，推断达纳的死亡原因；然后判定这些陈述中有几条能同时为谎言。

333．仓库遭窃案

某仓库被窃，经过侦查，查明作案的人是甲、乙、丙、丁 4 个人中的 1 个人。审讯中，4 个人的口供如下。

甲："仓库被窃的那一天，我在别的城市，因此，我是不可能作案的。"

乙："丁就是罪犯。"

丙："乙是盗窃仓库的罪犯，因为我亲眼看见他那一天进过仓库。"

丁："乙是有意陷害我。"

问题一：现假定这 4 个人的口供中，只有 1 个人讲的是真话，那么(　　)。

A．甲是盗窃仓库的罪犯

B．乙是盗窃仓库的罪犯

C．丙是盗窃仓库的罪犯

D．丁是盗窃仓库的罪犯

E．甲、乙、丙、丁都不是盗窃仓库的罪犯

问题二：现假定这 4 个人的口供中，只有 1 个人讲的是假话，那么(　　)。

A．甲是盗窃仓库的罪犯

B．乙是盗窃仓库的罪犯

C．丙是盗窃仓库的罪犯

D．丁是盗窃仓库的罪犯

E．甲、乙、丙、丁都不是盗窃仓库的罪犯

334．从实招来

某法院开庭审理一起盗窃案件，某地的 A、B、C 三人被押上法庭。负责审理这个案件的法官是这样想的：肯提供真实情况的不可能是盗窃犯；与此相反，真正的盗窃犯为了掩盖罪行，是一定会编造口供的。因此，他得出了这样的结论：说真话的肯定不是盗窃犯，说假话的肯定就是盗窃犯。审判的结果也证明了法官的这个想法是正确的。

审问开始了。

法官先问 A："你是怎样进行盗窃的？从实招来！"A 回答了法官的问题："叽里咕噜，叽里咕噜……"A 讲的是某地的方言，法官根本听不懂他讲的是什么意思。法官又问 B 和 C："刚才 A 是怎样回答我的提问的？叽里咕噜，叽里咕噜，是什么意思？"

B 说："禀告法官老爷，A 的意思是说，他不是盗窃犯。"

C 说："禀告法官老爷，A 刚才已经招供了，他承认自己就是盗窃犯。"

B 和 C 说的话法官是能听懂的。听了 B 和 C 的话之后，这位法官马上断定：B 无罪，C 是盗窃犯。

请问：这位聪明的法官为什么能根据 B 和 C 的回答，作出这样的判断？A 是不是盗窃犯？

335．被烧死还是被绞死

西班牙小说家塞万提斯的代表作《堂·吉诃德》中有这样一个故事：有一个残暴的国王，统治着一个奇怪的国家。这个残暴的国王颁布了一条奇怪的法令，所有从前线抓回来的俘虏都要回答这样一个问题：你来这里干什么？如果回答的是真话，就用火烧死；如果回答的是假话，就绞死。看起来，任何俘虏都难逃厄运。

有一天从前线送来了一个俘虏，执法官按照惯例问他：你来这里干什么？

如果你是这个俘虏，你会怎么回答这个问题，来保住自己的性命呢？

336．谁是杀人犯

有一位银行行长被谋杀了。警方经过一番搜查，将大麻子、小矮子和二流子三个嫌犯带回问讯。他们的供词如下。

大麻子："小矮子没有杀人。"

小矮子："大麻子说的是真的！"

二流子："大麻子在说谎！"

结果是，三人中有人说谎，不过真正的犯人说的倒是实话。

请问：哪一个是杀人犯？

337．说假话的小偷

警察在火车站的候车室发现了三个可疑的人。这三个人中有一个是小偷，讲的全是假话；一个是从犯，说起话来真真假假；还有一个是好人，句句话都是真的。在问及职业时，得到如下回答。

甲：我是教师，乙是司机，丙是广告设计师。

乙：我是医生，丙是学生，甲呀，你要问他，他肯定说他是教师。

丙：我是学生，甲是广告设计师，乙是司机。

请问：谁是说假话的小偷？

338．中毒身亡

四个男人在一家饭店的包厢里用餐，他们围坐在一张正方形桌子旁边。其中的 A 先生突然中毒身亡，B、C、D 三人的妻子也目击了这一幕。警察找来三位妻子进行讯问，她们每人作了如下的两条供词。

B 的妻子：(1)B 坐在 C 的旁边；(2)不是 C 就是 D 坐在 B 的右侧。

C 的妻子：(3)C 坐在 D 的旁边；(4)不是 B 就是 D 坐在 A 的右侧，他不可能毒死 A。

D 的妻子：(5)D 坐在 A 的旁边；(6)如果我们当中只有一个人说谎，那么她就是凶手的妻子。

警察经过调查得知：(7)三人当中只有一个人说了谎话。

究竟谁是凶手？

339．几个骗子

　　一个小岛上有一个奇怪的部落，部落里有两种人：一种是只说真话的老实人，一种是只说假话的骗子。一个外地人来到该部落，想知道这个部落有几个骗子。

　　中午吃饭的时候，全部落的人都围坐在一个大大的餐桌旁，外地人向每个人都问了一个同样的问题："你左边的那个人是不是骗子？"每个人都回答："是。"

　　外地人又问酋长部落里一共有多少人，酋长说有 25 人。回家后，外地人突然想起忘记问酋长是老实人还是骗子，急忙打电话询问。可是酋长不在，是酋长老婆接的，她回答："部落里一共有 36 人，我们酋长是骗子。"

　　根据上面的情况，请你帮助这个外地人判断一下酋长是不是骗子，这个部落一共有多少人。

340．谁打碎了花瓶

　　幼儿园有六个小朋友，一天，老师走进教室时，发现花瓶被打碎了。于是问六个小朋友是谁打碎的花瓶。

　　小一：是小六打碎的。

　　小二：小一说得对。

　　小三：小一、小二和我没有打碎花瓶。

　　小四：反正不是我。

　　小五：是小一打碎的花瓶，所以不可能是小二或小三。

　　小六：是我打碎的花瓶，小二是无辜的。

　　六个小朋友都很害怕，所以他们每个人说的话都是假话，那么是谁打碎了花瓶呢(不一定是一个人)？

341．八名保镖

　　拿破仑身边有八名保镖。一次，有个杀手谋杀拿破仑未遂，在逃跑的时候，八名保镖都开枪了，杀手被其中一个人的子弹击中，但不知道是谁击中的。下面是他们的谈话。

　　A："要么是 H 击中的，要么是 F 击中的。"

　　B："如果这颗子弹正好击中杀手的头部，那么是我击中的。"

　　C："我可以断定是 G 击中的。"

　　D："即使这颗子弹正好击中杀手的头部，也不可能是 B 击中的。"

　　E："A 猜错了。"

　　F："不会是我击中的，也不是 H 击中的。"

　　G："不是 C 击中的。"

H："A没有猜错。"

事实上，八名保镖中有三人猜对了。你知道是谁击中了杀手吗？

342．谁偷了金表

商厦发生了一起盗窃案，一只名贵的金表被盗。警察根据群众提供的线索，提审了有偷窃嫌疑的四人。他们的口供如下。

甲说："我看见金表是乙偷的！"

乙说："不是我！金表是丙偷的。"

丙说："乙在撒谎，他是要陷害我。"

丁说："金表是谁偷了我不知道，反正我没偷。"

经过调查证实，四个人中只有一个人的供词是真话，其余都是假话。

请问：谁是小偷？

343．谁是主犯

四名犯罪嫌疑人同时落网，但是他们只承认参与了犯罪行为，却都不承认自己是主犯。在警察审问的时候，四个人的回答如下所示。

甲说：丙是主犯，每次都是他负责的。

乙说：我不是主犯。

丙说：我也不是主犯。

丁说：甲说得对。

警方通过调查，终于查出了谁是主犯，而且他们之中只有一人说了真话，其余三人都说了假话。

请问：谁才是主犯呢？

344．谁偷吃了蛋糕

妈妈在餐桌上放了一块蛋糕，刚出去了一下，再回来的时候发现蛋糕被人吃掉了，所以问在场的三个孩子，是谁偷吃了蛋糕。得到的答案如下。

A：我吃了，好好吃哦！

B：我看见A吃了。

C：总之，我和B都没吃。

假设这里边只有一个孩子在说谎，那么蛋糕被几个人偷吃了？都有谁？

345．电脑高手

纽约展览馆的保险库被盗，丢失了一件十分珍贵的藏品，吉姆、约翰和汤姆三人中肯定有一人是作案者，并且证据表明，作案者是一名电脑高手，他侵入了展览馆的安保系统。这三名犯罪嫌疑人每人作了两条供词，内容如下。

　　　吉姆：(1)我不懂电脑；

　　　　　　(2)我没有偷东西。

　　　约翰：(3)我是个电脑高手；

　　　　　　(4)但是我没有偷东西。

　　　汤姆：(5)我不是电脑高手；

　　　　　　(6)是电脑高手作的案。

　　　警察最后发现：(7)上述 6 条供词中只有两条是实话；

　　　　　　　　　　(8)这三名犯罪嫌疑人中只有一个不是电脑高手。

　　　是谁作的案呢？

346．各自的身份

　　　这是一个流传在古希腊的传说。有一个美丽的公主在河边洗澡，当她洗完后发现放在岸边的衣服被人偷了。关于这件事，受害者、旁观者、目击者和救助者各有说法。她们的说法如果是关于被害者的就是假的，如果是关于其他人的就是真的。请你根据她们的说法判定她们各自的身份。

　　　玛丽说："瑞利不是旁观者。"

　　　瑞利说："劳尔不是目击者。"

　　　露西说："玛丽不是救助者。"

　　　劳尔说："瑞利不是目击者。"

347．谁偷吃了糖果

　　　妈妈准备待客用的糖果被偷吃了，妈妈很生气，就盘问四个孩子，下面是他们的回答。

　　　A：是 B 吃的。

　　　B：是 D 吃的。

　　　C：我没有吃。

　　　D：B 在说谎。

　　　现在已知这 4 个人中只有一人说了实话，其他的三人都在说谎，那么偷吃糖果的人是他们中的谁呢？

348．丙会如何回答

　　　某地发生了一起银行抢劫案，警察抓到了三名犯罪嫌疑人。这三名犯罪嫌疑人之间非常清楚每个人做了什么，没有做什么。而且这三名犯罪嫌疑人里确实有人作了案，当然也可能有人没有作案。

在第一次审讯中，三个人都做了一些交代。接着，警察又一次向他们确认是否其中有人说谎。

现在我们知道，一个人如果说谎，那么他将会一直说谎；而一个人如果说实话，他就会一直说实话。

警察最后一次向他们求证时，他们作出了如下回答。

警察问甲："乙在说谎吗？"

甲回答说："不，乙没有说谎。"

警察问乙："丙在说谎吗？"

乙回答说："是的，丙在说谎。"

那么，如果警察问丙："甲在说谎吗？"

请问：丙会回答什么呢？

349．哪天说实话

在一个小岛上有个特殊的部落，这个部落的人都非常喜欢撒谎，以至于他们几乎忘记了如何才能说实话。

A 是这个部落的一个村民，他同样很爱撒谎，一周 7 天中有 6 天都在说谎，只有 1 天会说实话。

下面是他在连续 3 天里说的话。

第一天：我星期一、星期二撒谎。

第二天：今天是星期四、星期六或是星期日。

第三天：我星期三、星期五撒谎。

请问：A 在一周中的哪天会说实话呢？

350．今天是星期几

在非洲某地有两个奇怪的部落，一个部落的人在每周的一、三、五说谎，另一个部落的人在每周的二、四、六说谎，在其他日子他们都说实话。一天，一位探险家来到这里，见到两个人，向他们请教今天是星期几。两个人都没有明确告诉他，只是都说："前天是我说谎的日子。"如果这两个人分别来自两个部落，那么今天应该是星期几？

351．寻找八路军

抗日战争时期，华北平原上某县，日本鬼子把全县 2000 人赶到一个广场上让这些人交代八路军的下落，被逼之下，老百姓每人说了个八路军的藏身之处，2000人说辞各不相同。再进一步拷打，日本鬼子得到了以下信息。

第一个人：2000 人中有 1 个人在说谎。

第二个人：2000 人中有 2 个人在说谎。

第三个人：2000 人中有 3 个人在说谎。

……

第 n 个人：2000 人中有 n 个人在说谎。

……

第 1999 个人：2000 人中有 1999 个人在说谎。

第 2000 人：2000 人都在说谎。

你知道谁是汉奸，对日本鬼子说了实话吗？

352．假话与真话

小明、小丽、小花三人分别说了一句话。

问题一：下面三个人谁说得对？（　　　）

A．小明：有一个人说了假话。

B．小丽：有两个人说了假话。

C. 小花：有三个人说了假话。

问题二：下面三个人谁说得对？（　　）

A. 小明：有一个人说了真话。

B. 小丽：有两个人说了真话。

C. 小花：有三个人说了真话。

353. 四名证人

一位很有名望的教授被杀了，凶手在逃。经过几天的侦查，警察抓到了 A、B 两名嫌疑人，另外还有四名证人。

第一位证人张先生说："A 是清白的。"

第二位证人李先生说："B 为人光明磊落，他不可能杀人。"

第三位证人赵师傅说："前面两位证人的证词中，至少有一个是真的。"

最后一位证人王太太说："我可以肯定赵师傅的证词是假的。至于他有什么意图，我就不知道了。"

最后警察经过调查，证实王太太说了实话。

请问：凶手究竟是谁？

354. 四个人的口供

某珠宝店发生盗窃案，抓到了甲、乙、丙、丁四个犯罪嫌疑人。下面是四个人的口供。

甲说：是乙做的。

乙说：是甲做的。

丙说：反正不是我。

丁说：肯定是我们四个人中的某人做的。

事实证明，这四个人的口供中有且只有一句是真话，那么谁是作案者呢？

355. 四个男孩

有四个小男孩，在一起互相吹捧。

甲：四个人中，乙最帅。

乙：四个人中，丙最帅。

丙：我不是最帅的。

丁：甲比我帅，丙比甲帅。

已知，其中只有一个人在说假话。

请问：四个人中谁最帅？从最帅到最不帅的顺序怎么排？

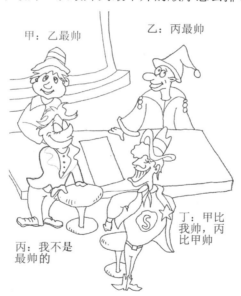

甲：乙最帅

乙：丙最帅

丙：我不是最帅的

丁：甲比我帅，丙比甲帅

356. 完美岛上的部落

完美岛上有两个部落，其中一个叫诚实部落(总讲真话)，另一个叫说谎部落(从不讲真话)。一个诚实部落的人同一个说谎部落的人结了婚，这段婚姻非常美满，夫妻双方在多年的生活中受到了对方性格的影响。诚实部落的人已习惯于每连续讲三句真话就要讲一句假话；而说谎部落的人，则已习惯于每连续讲三句假话就要讲

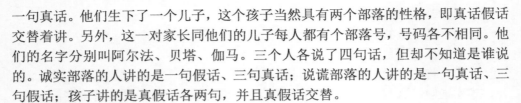

一句真话。他们生下了一个儿子，这个孩子当然具有两个部落的性格，即真话假话交替着讲。另外，这一对家长同他们的儿子每人都有个部落号，号码各不相同。他们的名字分别叫阿尔法、贝塔、伽马。三个人各说了四句话，但却不知道是谁说的。诚实部落的人讲的是一句假话、三句真话；说谎部落的人讲的是一句真话、三句假话；孩子讲的是真假话各两句，并且真假话交替。

他们讲的话如下。

A：

(1) 阿尔法的号码是三人中最大的；(2) 我过去是诚实部落的；

(3) B是我的妻子；(4) 我的部落号比B的大22。

B：

(1) A是我的儿子；(2) 我的名字是阿尔法；

(3) C的部落号是54或78或81；(4) C过去是说谎部落的。

C：

(1) 贝塔的部落号比伽马的大10；(2) A是我的父亲；

(3) A的部落号是66或68或103；(4) B过去是诚实部落的。

找出A、B、C三个人中谁是父亲，谁是母亲，谁是儿子，以及他们各自的名字以及他们的部落号。

357．说谎国与老实国

传说古代有一个"说谎国"和一个"老实国"，老实国的人总说真话，说谎国的人只说假话。

有一天，两个说谎国的人混在老实国人中间，想偷偷进入老实国。

他们俩和一个老实国的人进城的时候，哨兵喝问他们三人："你们是哪个国家的人？"

甲回答说："我是老实国人。"

乙的声音很轻，哨兵没有听清楚，于是指着乙问丙："他说他是哪一国人，你又是哪一国人？"

丙回答道："他说他是老实国人，我也是老实国人。"

哨兵知道三个人中间只有一个是老实国的人，可不知道是谁。面对这样的回答，哨兵应该如何作出分析呢？

358．君子小人村

有一个村子，村子里所有的村民要么只讲真话，要么只讲假话。我们把永远讲真话的人称作"君子"，把永远讲假话的人称作"小人"，村子里的村民不是君子就是小人。

一次，有甲、乙、丙三个村民一块站在路口聊天。有个路人经过，他问甲：
"你是君子还是小人？"甲答了话，但相当含糊，路人听不清他说了什么，就问乙：

"甲说什么？"乙答道："甲说他是小人。"丙当即说："别信乙说的，他在撒谎。"

请问：乙、丙各是何种人？

如果乙回答："甲说我们中间有一个君子。"然后丙说："别信乙的，他在撒谎。"

请问：乙、丙各是何种人？

359．谁是小人

有一个村子，村子里所有的村民要么只讲真话，要么只讲假话。我们把永远讲真话的人称作"君子"，把永远讲假话的人称作"小人"，村子里的村民不是君子就是小人。

现在只有两个村民甲和乙，甲说："我们当中至少有一个人是小人。"请问：甲、乙是何种人？

假定甲说："或者我是小人或者乙是君子。"请问：甲、乙是何种人？

如果甲说："我是小人，乙是君子。"请问：甲、乙是何种人？

360．三个村民

有一个村子，村子里所有的村民要么只讲真话，要么只讲假话。我们把永远讲真话的人称作"君子"，把永远讲假话的人称作"小人"，村子里的村民不是君子就是小人。

(1) 现在有三个村民甲、乙、丙。甲、乙作了如下的陈述。

甲：我们全是小人。

乙：我们当中恰好有一个是君子。

甲、乙、丙各是何种人？

(2) 假定甲、乙说了如下的话。

甲：我们全是小人。

乙：我们当中恰好有一个是小人。

甲、乙、丙各是何种人？

361．问的人是谁

有一个村子，村子里所有的村民要么只讲真话，要么只讲假话。我们把永远讲真话的人称作"君子"，把永远讲假话的人称作"小人"，村子里的村民不是君子就是小人。

有一个路人经过，碰到两个村民在树下休息。他问其中一个人："你们当中有君子吧？"路人听了回答后，就知道真正的答案了。

请问：这两个村民各是何种人？路人又是问的哪个人？

你们当中
有君子吧？

362．回答相同吗

路人继续往前走，迎面走来两个村民甲和乙。路人先问甲：乙是不是君子？
甲做了回答。路人再问乙：甲是不是君子？乙也做了回答。
请问：甲和乙的回答会相同吗？

363．谁是凡夫

路人继续往前走，来到了另一个村子。这个村子里除了永远讲真话的君子和永远撒谎的小人外，还有时而撒谎时而讲真话的凡夫。

路人在这个村子里遇到了甲、乙、丙三个人，其中有一个君子、一个小人和一个凡夫。他们作了如下的陈述。

甲：我是凡夫。

乙：甲说的是实话。

丙：我不是凡夫。

甲、乙、丙各是何种人？

364．等级关系

路人来到了另一个村子。这个村子里除了永远讲真话的君子和永远撒谎的小人外，还有时而撒谎时而讲真话的凡夫。

在这个村子里，小人等级最低，君子等级最高，凡夫的等级介于两者之间。

路人在这个村子里遇到了甲、乙两个人，他们作了如下陈述。

甲：我比乙等级低。

乙：这不是实话。

你能确定甲或乙的等级吗？能确定这两个人的陈述是真是假吗？

365．如何回答

路人在这个村子里遇到了甲、乙、丙三人，其中一个是君子，一个是小人，一个是凡夫。甲、乙作了如下陈述。

甲：乙比丙等级高。

乙：丙比甲等级高。

然后有人问丙："甲和乙哪一个等级高呢？"

请问：丙会怎么回答？

366．是同一类人吗

我们来到一个村子，村子里所有的村民要么只讲真话，要么只讲假话。我们把永远讲真话的人称作"君子"，把永远讲假话的人称作"小人"，村子里的村民不是君子就是小人。

X、Y 二人因涉嫌参与作盗受审。A、B 是证人，而且非君子即小人。证人们作了如下陈述。

A：如果 X 有罪，Y 也有罪。

B：或者 X 无罪或者 Y 有罪。

A 与 B 是同一类人吗？

367．接受采访

我们来到一个村子，村子里所有的村民要么只讲真话，要么只讲假话。我们把永远讲真话的人称作"君子"，把永远讲假话的人称作"小人"，而村子里的村民不是君子就是小人。

A、B、C 三个村民正接受采访。A 和 B 作了如下陈述。

A：B 是君子。

B：如果 A 是君子，C 也是。

能确定 A、B、C 是何种人吗？

368．埋藏的金子

传说在一个君子小人村里埋有金子。村子里所有的村民要么只讲真话，要么只讲假话。我们把永远讲真话的人称作"君子"，把永远讲假话的人称作"小人"，村子里的村民不是君子就是小人。

你到了这个村子后，问一个村民这里有没有金子。他答道："当且仅当我是君子的时候，这个村子里就有金子。"

你能确定这个村民是君子还是小人吗？你能确定村子里有没有金子吗？

369．哪个村子有金子

现在你终于打听出了三个相邻的村子 A、B、C 的情况。你知道其中至少有一个村子里埋有金子，但不知道是哪一个。幸运的是，你通过文献知道村子 A 里没有金子，而如果 A 村里有凡夫的话，那么有两个村子里埋有金子。A 村里肯定有君子和小人，但有没有凡夫就不知道了。正好当时你在 A 村，你能只问村民一个问题就知道哪个村子里肯定埋有金子吗？

370．是与不是

还有一次，你来到另一个有君子、小人和凡夫的村子，传说这个村子里也埋有金子。你遇到了三个村民 A、B、C，知道其中最多只有一个是凡夫。你能只用两个能用"是"或"不是"作答的问题来知道村子里有没有金子吗？

371．有没有金子

假设有两个相邻的村子，都只有君子和小人。你知道其中一个村子里君子成偶数，另一个村子里君子成奇数。你还知道君子成偶数的那个村子里埋有金子。

现在你从两个村子里随便挑了一个前去探访。所有村民都知道村子里住着多少君子、多少小人。你遇到了 A、B、C 三个村民，他们作了如下的陈述。

A：这个村子里有偶数个小人。

B：这个村子里的居民数是偶数。

C：我是君子当且仅当 A 和 B 是同类。

你能根据这三句陈述推理出村子里有没有金子吗？

372. 一对夫妻

路人继续往前走，来到了第三个村子。这个村子和第二个村子一样，村民分为君子、小人和凡夫三类。同时村里有一条严格的规矩：君子只能和小人结婚，小人只能和君子结婚，凡夫只能和凡夫结婚。

路人在这个村子里遇到了一对夫妻——甲先生和甲夫人。他们作了如下陈述。

甲先生：我妻子不是凡夫。

甲夫人：我丈夫也不是凡夫。

甲先生和甲夫人各是何种人？

如果他们作了如下陈述。

甲先生：我妻子是凡夫。

甲夫人：我丈夫是凡夫。

现在他俩各是何种人呢？

373. 两对夫妻

路人在这个村子里又遇到了两对夫妻，这两对夫妻里有三个人说了如下的话。

甲先生：乙先生是君子。

甲夫人：我丈夫说得对，乙先生是君子。

乙夫人：这话说得对，我丈夫的确是君子。

这四个人各是何种人？这三个陈述里哪几个是真的？

374．真话和谎话

老师找 5 名学生谈话，他们分别说了下面这些话，你来判断他们中有几个人撒了谎。

小江说："我上课从来不打瞌睡。"

小华说："小江撒谎了。"

小婧说："我考试时从来不作弊。"

小洁说："小婧在撒谎。"

小雷说："小婧和小洁都在撒谎。"

375．谁是肇事者

一辆汽车发生交通事故被警察拦了下来，车上下来三个人，警察没有看清谁是司机。甲说："我不是司机。"乙说："甲开的车。"丙说："反正我没开车。"

一个过路的人看到了这一幕，他知道是谁开的车，就说了句："你们仨只有一个人说了真话。"那么谁是肇事司机呢？（　　　）

A. 甲　B. 乙　C. 丙　D. 不知道

376．零用钱

悦悦每周会从妈妈那里拿到 10 元钱的零花钱，但是这周不到三天她就把自己的零花钱用完了，只好舣着脸跟妈妈要。妈妈说："你去隔壁屋里待五分钟再回来。"五分钟后，悦悦看到妈妈面前摆了三只碗，第一只碗上写着："这只碗里没有钱。"第二只碗上写着："钱在第一只碗里。"第三只碗上写着："反正我这里没钱。"妈妈说："我把钱放到其中一只碗里了，你只有一次掀开碗的机会，如果你正好掀开的是有钱的碗，那这些钱就是你的零花钱。提示你一下，我写的三句话中只有一句话是真的。"

如果你是悦悦，会掀开哪只碗呢？

377．勇士救公主

有个美丽的公主被巨龙困在远方的城堡里，你一路披荆斩棘，要去城堡把公主解救出来。

首先，你来到一个村子，想找个人做你的同伴。你知道这个村子里不是永远讲真话的君子便是永远讲假话的小人，另外，有部分村民其实是妖怪，他们也分为君子和小人。

你遇到了村民甲、乙、丙，这三人里边有一个其实是妖怪。他们三人各说了一句话。

甲：丙其实是妖怪。

乙：反正我不是妖怪。

丙：我们当中至少有两个是小人。

你想在这三个里头挑个旅伴，但你也不想半夜被妖怪吃掉，所以不管是不是君子，只要不是妖怪就好。你应该挑谁？

如果三个人说的是下面的话。

甲：我是妖怪。

乙：我是妖怪。

丙：我们当中最多有一个君子。

你能弄清楚他们谁是君子，谁是小人，哪个又是妖怪吗？

378．进入女儿国

离开妖怪村后继续前进，你来到了女儿国。女儿国的公主想让你留下来做她们的国王，但你是一个专情的人，只想去救出困在远方城堡里的美丽公主，你得想办法让女儿国的公主放你走。女儿国里民风淳朴，她们认为一个人要么是永远撒谎的小人，要么是永远说真话的君子。

现在你知道公主喜欢君子，不喜欢小人，而且她喜欢穷人，讨厌有钱人，你怎么能只说一句话就让她相信你是她最讨厌的富小人呢？

假设女儿国公主最讨厌的是有钱君子，你还能用一句话就让她相信你是富君子吗？

379．巧妙的提问

假设你意志不够坚定，被公主的美色和国王的权力吸引，犹豫要不要留下来。最后你决定如果女儿国的公主是君子就留下来，因为你不喜欢永远说假话的小人。女儿国有一条严格的规定，任何男性都不准主动和没有血缘关系的未婚女性交谈。所以你只能去问公主的母亲，也就是现任的女儿国国王。国王同意了你的请求，但只允许你提一个问题，而且她也只会用"是"或"不是"回答你。

为了知道女儿国的公主是君子还是小人，你该怎么问国王呢？

380．不要娶妖怪

现在假设女儿国里除了永远讲真话的君子和永远讲假话的小人外，还有时而撒谎时而讲真话的凡夫。公主也变成了三姐妹甲、乙、丙任你挑选。你知道三个公主中一个是君子，一个是小人，还有一个是凡夫。你还知道那个凡夫其实是妖怪。虽然说你不喜欢小人，但你更不想娶一个妖怪。现在允许你从三个公主里任选一个，向她提出一个问题，不过被挑选的公主必须只用"是"或"不是"作答。

你该怎么问才能避免娶一个妖怪？

381．替自己申辩

你终于摆脱了女儿国公主的纠缠，来到一个小岛上。这个小岛上的居民也分成永远说真话的君子、永远说假话的小人、有时说真话有时说假话的凡夫三种。

不巧的是，就在你来到岛上的第二天，岛上发生了一起离奇的凶杀案，警官来找你问话，他只允许你用一句话来替自己申辩。

假设警方已经知道凶手是小人，你该怎么说才能让警察相信你无罪呢？

382．如果你是凶手

不巧的是，就在你来到岛上的第二天，岛上发生了一起离奇的凶杀案，警官来找你问话，他只允许你用一句话来替自己申辩。

假设警方已经准确知道凶手是小人，其实凶手确实是你。你还能作什么陈述让他们相信你无罪吗？

现在假设警方知道那个凶手是君子，又假设你也是君子(警方还不知道这一点)，但在本案中无罪。你该作什么陈述？

383．说服巨龙

历经千辛万苦，你终于进入了公主被困的城堡，面对了守护着公主的巨龙。

巨龙并不想和你战斗，但是它提出了一个要求：只要你不是个凡夫就可以带走公主，因为凡夫反复无常，一点也靠不住。现在假设你事实上不是凡夫，你该怎样说服巨龙呢？

现在假设巨龙的条件反了过来，你必须是凡夫才能带走公主，你又该怎么说服巨龙呢？

假设巨龙仍然要求只有是凡夫才能带走公主，而你也确实是个凡夫。巨龙要求你只能说一句话来证明你是凡夫，而且不可能让巨龙推理出你的这句话是真话还是假话。你该怎么说？

384．分金方式

五个海盗抢到了 100 块金子，每一块大小都一样，并且价值连城。

他们决定这么分：

(1) 抽签决定自己的号码(1、2、3、4、5)。

(2) 由 5 号提出分配方案让大家表决，当且仅当半数或者超过半数的人同意时，按照他的方案进行分配，否则他将被扔进大海喂鲨鱼。

(3) 如果 5 号死了，就由 4 号提出分配方案，然后剩下的 4 人进行表决，当且仅当半数或者超过半数的人同意时，按照他的方案进行分配，否则他将被扔入大海喂鲨鱼。

(4) 依此类推，直至达成协议或人死光。

已知：每个海盗都是很聪明的人，都能很理智地判断，从而作出选择。

如果你是第一个海盗，你将提出怎样的分配方案，使自己的收益最大化？

385．世界真的存在吗

世界真的存在吗？还是一切都是虚幻？这个问题令所有哲学家大惑不解。

按哲学用语来说就是：何以有物而非无物呢？

有个人一生都在想这个问题，为了弄明白这个问题，他去寻找智者。智者在哪里？据说只有长老村的村长知道。长老村在哪里？他只能一个接一个村子地寻找。

有趣的是，这里的每个村子都是"君子小人村"，村民不是永远说真话的君子，就是永远说假话的小人。

他在第一个村子里遇到了两个村民，他们作了如下陈述。

甲：乙是君子并且这里是长老村。

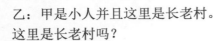

乙：甲是小人并且这里是长老村。

这里是长老村吗？

386．找到长老村

这里的每个村子都是"君子小人村"，村民不是永远说真话的君子，就是永远说假话的小人。

第六个村子里的两个村民甲、乙说了下面的话。

甲：或者乙是君子，或者这里是长老村。

乙：或者甲是小人，或者这里是长老村。

这里是长老村吗？

387．寻找智者村

那人终于找到长老村了，然而更艰难的挑战在等着他。这个村子有三个村长，姑且称作 X、Y、Z，只有其中的某村长知道智者村的位置。于是他在长老村里到处打听到底是哪个村长知道智者村的位置。一共有五个村民回答了他。

甲：X 村长知道。

乙：Y 村长知道。

丙：甲和乙不都是君子。

丁：或者甲是小人，或者乙是小人。

戊：或者我是小人，或者丙和丁是同一类人。

到底 X、Y、Z 三个长老村村长中谁知道智者村的位置呢？

388．来到智者村

那人终于来到了传说中的智者村，而且知道了这里的智者也分成君子和小人两种。更特别的是，有些村民其实是化为人形的妖精，这些妖精也分为君子和小人两种。他来到智者村的消息马上传遍了整个村子，于是很多村民过来故意考验他。

一个村民对他说："我或者是小人或者是妖精。"他到底是什么？

一个村民说："我既是小人又是妖精。"他到底是什么？

一个村民说："我并非既是妖精又是君子。"他又是什么？

389．哪个是村长家

那人的聪明获得了村民的认同，于是告诉他 A、B、C、D 四间屋子中至少有一间是村长家。八个村民作了如下的陈述。

甲：B 是村长家。

乙：C、D 之中至少有一家是村长家。

丙：甲和乙都是君子。

丁：B 和 C 都是村长家。

戊：B 和 D 都是村长家。

己：丁或戊是君子。

庚：如果丙是君子，己也是君子。

辛：如果庚和我都是君子，那么甲也是。

那人应该去拜访哪间屋子？

390. 两个村长

那人终于进入了智者村的村长家，他看到屋子里坐着两个人，当然，可能村长就是他们两个人中的一人，也可能这两个人都不是村长。这两个人分别说了一句话。

甲：我是小人并且我不是村长。

乙：我是君子并且我不是村长。

这两个人有一个是村长吗？

391. 解开谜底

终于找到智者村的村长了！那人小心翼翼地问出了困扰了他一生的问题："何以有物而非无物？"

村长回答道："有物而非无物。"

那人能得出什么结论呢？

392. 妖怪村子

有一些妖怪村子，村子里除了正常人外还有变幻成人形的妖怪，从外表是无法区分的。妖怪永远撒谎，人类永远讲真话。

咦咦啊啊村就是一个妖怪村子。更让人感到奇怪的地方是，这个村子里用"咦"和"啊"两个发音来表示肯定和否定，外人不知道这两个音到底哪个对应肯定，哪个对应否定。

现在你正好来到这个村子里游玩，遇到一个村民，你问他："'咦'指肯定吗？"他答道："咦。"

你能推出"咦"指什么吗？能推出他是人类还是妖怪吗？

你能只问一个问题就知道"咦"指什么吗？

393. 谁是妖怪

现在你正好来到这个村子里游玩，假设你不关心"咦"指什么，只关心说话者是不是妖怪。你能做到只用一个问题就查明真相吗？

394. 有没有金子

据传这个村子里埋有金子，你想知道这究竟是不是真的。当然村民们都是知道到底有没有金子的。你能随便找个村民只问一个问题就知道答案吗？

395. 混合村子

在另一个奇怪的咦咦啊啊村里，村民依然用"咦"和"啊"表示肯定或否定，但也有些村民会直接用"是"和"不"作答。这个村子里的一家人总是同类的，要么都是人类，要么都是妖怪。

有个案子的三个关键证人甲、乙、丙都是这个村子里的村民，警官对这三个人进行了讯问。

问甲：被告无罪吗？甲答：咦。

问乙："咦"指什么？乙答："咦"指肯定。

问丙：甲和乙是一家人吗？丙答：不是。

再问丙：被告无罪吗？丙答：是。

被告究竟有没有罪？你能确定甲和乙是不是同一类人吗？

396. 如何回答

另一个村子也很奇怪，那里的村民有的是人类，有的是妖怪，还有的是半妖怪。

这些半妖怪时而撒谎，时而讲真话。表示肯定和否定的土话仍是"咦"或"啊"，他们有时也直接用"是"和"不"回答问题。

你在那里遇见一个村民，向他提出如下问题："要是人家问你'咦'指不指肯定？你用土语作答，你是答'咦'吗？"

村民答了话，可是你却忘了村民答了什么，你只记得你能从答话推出那个村民是人类、妖怪还是半妖怪。你能推理出那个村民是怎么回答的吗？

397．怎么回答的

这个村子也很奇怪，那里的村民有的是人类，有的是妖怪，还有的是半妖怪。这些半妖怪时而撒谎，时而讲真话。表示肯定和否定的土话仍是"咦"或"啊"，他们有时也直接用"是"和"不"回答问题。

在这个村子里，你向另一个村民提出如下问题："要是人家问你一加一等不等于二，你用土语回答，你是答'咦'吗？"

你再次忘了村民是怎么回答的，但你记得当时能够推理出那个村民是人类、妖怪还是半妖怪。当时村民是怎么回答的？

398．最大的宝藏

传说在一个村子里埋藏着世界上最大的宝藏，而你正好在一张古老的藏宝图里找到了关键的线索，来到可能埋藏有这份宝藏的村子。

经过仔细的观察，你发现这个村子里的村民有一部分是永远说真话的人类，还有一部分是永远说假话的妖怪。让问题变复杂的是，有部分村民是疯子，凡是真的他们都认为是假的，凡是假的他们都认为是真的；剩下的村民则神志清醒。

所以这个村子里的村民其实有四种：

A. 清醒人；B. 疯人；C. 清醒妖；D. 疯妖。

清醒人说的自然都是真话；疯人说的却都是和事实不符的假话(虽然他自认为是在说真话)；同理，清醒妖说的都是假话；疯妖说的都是和事实相符的真话。

有一次你遇见一个村民。他说："我是人或者我清醒。"他到底属于哪一类？

如果他说："我不是清醒人。"他属于哪一类？

如果他说："我是疯人。"他跟刚才那个村民是同一类吗？

399．靠得住吗

让我们来下个定义：一个疯子村的村民，如果是清醒人或疯妖，就叫作"靠得住的"；如果是疯人或清醒妖，就叫作"靠不住的"。很明显，"靠得住的"是指说的都是符合事实的；"靠不住的"是指说的都是不符合事实的。

现在假设你问一个村民："你靠得住吗？"他以"是"或"不"作答。从他的回答，你能确定他是不是妖怪吗？你能确定他清醒不清醒吗？

假设你问他："你相信自己靠得住吗？"他以"是"或"不"作答。现在你能确定他是不是妖怪吗？能确定他清醒不清醒吗？

400．宝藏在这个村子吗

现在你自认为对村里的情况已经大体掌握了，开始想弄清楚宝藏究竟在不在这个村子里。

你向一个村民打听这件事，他说："如果我是人，那么宝藏在村子里。"能确定宝藏在不在村子里吗？

还有一个村民说："如果我是清醒人，那么宝藏在村子里。"能确定宝藏在不在村子里吗？

假设一个村民说："如果我是清醒人或疯妖，那么宝藏在村子里。"这时还能确定宝藏在不在村子里吗？

401．假的陈述

这个村子里的村民有一部分是永远说真话的人类，还有一部分是永远说假话的妖怪。让问题变复杂的是，有部分村民是疯子，凡是真的他们都认为是假的，凡是假的他们都认为是真的；剩下的村民则神志清醒。

所以这个村子里的村民其实有四种：

A．清醒人；B．疯人；C．清醒妖；D．疯妖。

清醒人说的自然都是真话，疯人说的都是和事实不符的假话(虽然他自认为是在说真话)；同理，清醒妖说的都是假话，疯妖说的都是和事实相符的真话。

一个疯子村的村民,如果是清醒人或疯妖,就叫作"靠得住的";如果是疯人或清醒妖,就叫作"靠不住的"。很明显,"靠得住的"是指说的都是符合事实的;"靠不住的"是指说的都是不符合事实的。

(1) 村民能不能只作一个陈述,就让你相信这个陈述是假的并且宝藏在村子里?

(2) 村民能不能只作一个陈述,就让你相信宝藏在村子里并且无法判断这个陈述是真是假?

(3) 假设有一个村民作了如下的两个陈述:

A. 我清醒。

B. 我相信宝藏不在村子里。

能推出宝藏在不在村子里吗?

(4) 假设一个村民作了如下的两个陈述:

A. 我是人。

B. 如果我是人那么宝藏在村子里。

能确定宝藏在不在村子里吗?

402．查明身份

这个村子里的村民有一部分是永远说真话的人类,还有一部分是永远说假话的妖怪。让问题变复杂的是,有部分村民是疯子,凡是真的他们都认为是假的,凡是假的他们都认为是真的;剩下的村民则神志清醒。

所以这个村子里的村民其实有四种:

A. 清醒人;B. 疯人;C. 清醒妖;D. 疯妖。

清醒人说的自然都是真话,疯人说的却都是和事实不符的假话(虽然他自认为是在说真话);同理,清醒妖说的都是假话,疯妖说的都是和事实相符的真话。

一个疯子村的村民,如果是清醒人或疯妖,就叫作"靠得住的";如果是疯人或清醒妖,就叫作"靠不住的"。很明显,"靠得住的"是指说的都是符合事实的;"靠不住的"是指说的都是不符合事实的。

(1) 你能只用一个问题就从村民口中查明他是不是妖怪吗?

(2) 你能只用一个问题就从村民口中查明他清醒不清醒吗?

(3) 你能设计一个问题,使得无论哪种村民都只能回答"是"吗?

(4) 你能只用一个问题,就从村民口中查明宝藏在不在村子里吗?

403．村长家的酒宴

在疯子村里逛了一会儿后,你决定去一下村长家,你觉得村长一定知道更多关于宝藏的信息。

刚踏进村长家院门,你发现这里正在举办一个酒宴,很多村民聚集在这里庆祝这个地区的一个节日。你刚想转身离开，一个村民把你拦了下来，解释道："我们这里有个风俗，来到酒宴后没有主人的允许是不能自己离开的。"你只好拜托这个村民去和村长说明一下，看能不能允许你离开这个酒宴。

村民去了一会儿后回来说道："村长在张罗酒宴，不能亲自来见你，但他说你是远方来的客人，自然要好好招待你。"没办法，你只好加入这个酒宴，再找机会去见村长。

过了一会儿，你发现了一件有趣的事，你所在的这张桌子上所有的村民都不用"是"和"不"这两个字，而是用"咦"和"啊"，就像咦咦啊啊村一样。

这可真让你头疼，这几个村民或是人或是妖，或清醒或疯癫，而且你还不知道他们的"咦"和"啊"到底是指肯定还是否定。

你能只用一个问题就从这张桌子上的村民口中知道他是不是妖怪吗？别忘了他只会用"咦"和"啊"回答你。

404．是不是清醒

你所在的这张桌子上所有的村民都不用"是"和"不"这两个字，而是用"咦"和"啊"，就像咦咦啊啊村一样。这可真让你头疼，这几个村民或是人或是妖，或清醒或疯癫，而且你还不知道他们的"咦"和"啊"到底是指肯定还是否定。

(1) 你能只用一个问题就弄清楚他清醒不清醒吗？

(2) 你能只用一个问题就知道"咦"指什么吗？

(3) 你能设计一个问题，使得桌子上的任何一个村民都只能回答"咦"吗？

(4) 你能只用一个问题就知道宝藏在不在村子里吗？

405．宝藏之所在

在酒宴上，你查明了村长是一个疯妖，因此，他作的每个陈述都是真的，而且宝藏就藏在村长的家里。当酒宴快结束的时候，一个仆人模样的村民过来告诉你村长要见你。你跟着他进了里屋，见到了疯子村的村长。

"听说你正在寻找宝藏？"村长开门见山地问道。

"是的。"

"传说告诉我们会有一个拥有大智慧的人来取走宝藏,我们已经等你很久了,"村长微笑地看着你说道,"那么,就让我看看你是不是真的有大智慧吧！"

村长又仔细地打量了你一阵子,说道:"你在酒宴上向我的客人提的问题都很巧妙,但是还不足以证明你拥有大智慧。你每想搞到一个情报,总得单独设计一个问题。可是实际上可以设计出一个句子 S,它具备某种近乎神奇的性质——不论你想要什么情报,比如你想弄清一个句子 X 是不是真的,你只需要问你那一桌上的任何一个村民:'S 当且仅当 X,对吗？'如果你听到他答'咦',X 就为真;如果你听到他答'啊',X 就为假。例如,假使你想查明说话者是不是妖怪,你就问:'S 当且仅当你是妖怪,对吗？'假使你想查明他清醒不清醒,你就问:'S 当且仅当你清醒,对吗？'为了查明宝藏在不在这个村子里,你可以问:'S 当且仅当宝藏在村子里,对吗？'依此类推。"

"真有这样的万能句子存在吗？"你好奇心大发。

"如果你真的拥有能拿走宝藏的智慧,这个问题对你来说自然是不难的。"

你苦苦地思索,开动了你所有的脑细胞全力寻找这个万能句子 S。过了半个小时,村长开口说道:"看来你并不是我们等待的那个拥有大智慧的人,你可以离开了。"

就在这时,你灵光一现:"等等,我知道了,万能句子 S 就是……"

当你说出 S 后,村长哈哈大笑,并把你领进了一个密室,把世界最大的宝藏交给了你。现在如果有人问起宝藏在不在疯子村,你可以据实地给予准确的回答:"咦。"

附加:这个故事里有一个小小的漏洞,你发现了吗？

406. 猎人的朋友

猎人住在森林里的时间长了,常常不知道当天是星期几。他在森林里有很多动物朋友,他有时会向它们询问日期。

狐狸每逢星期一、二、三说谎,其他的日子讲真话;灰熊和狐狸不同,每逢星期四、五、六说谎,别的日子讲真话。

有一天,猎人遇见狐狸和灰熊在树下休息。它们作了如下的陈述。

狐狸:昨天是我的撒谎日。

灰熊:昨天也是我的撒谎日。

通过这两个陈述,猎人能推出当天是星期几吗？

有一天,猎人跟狐狸单独相遇了。狐狸说了下面的两句话:

(甲)我昨天撒谎了。

(乙)我大后天还要撒谎。

当天是星期几？

407．狐狸说谎

已知狐狸每逢周一、二、三撒谎，其他日子讲真话，那么请问：

每周的哪几天狐狸有可能作如下两个陈述？

(甲)我昨天撒谎。

(乙)我明天还要撒谎。

每周的哪几天狐狸有可能作如下的单个陈述？

我昨天撒谎并且我明天还要撒谎。

要当心，答案跟前一问不一样。

408．巫婆和妖精

森林里住着一个巫婆和一个妖精。它俩一个像狐狸，星期一、二、三撒谎，别的日子讲真话；另一个像灰熊，星期四、五、六撒谎，别的日子讲真话。谁像狐狸，谁像灰熊，猎人不知道。更糟糕的是，巫婆平时总会把自己变成妖精的模样，让人无法分辨。

(1) 一天，猎人遇见巫婆和妖精在一块。它们作了如下陈述。

甲：我是巫婆。

乙：我是妖精。

究竟谁是巫婆，谁是妖精？这一天又是星期几？

(2) 同一周的另外一天，巫婆和妖精又作了如下陈述。

甲：我是巫婆。

乙：如果这是实话，我就是妖精啦！

哪个是巫婆？哪个是妖精？

409．得到什么回答

有一天，猎人遇见巫婆和妖精。巫婆和妖精它俩一个星期一、二、三撒谎，别的日子讲真话；另一个星期四、五、六撒谎，别的日子讲真话。巫婆平时总会把自己变成妖精的模样，让人无法分辨。

猎人问其中一个："你星期日撒谎吗？"

回答："是。"他又向另外那个提出同样的问题，会得到什么回答？

如果巫婆和妖精作了如下陈述，当天是星期几？

甲：

A．我星期六撒谎。

B．我星期日撒谎。

乙：我明天要撒谎。

410．说话的是谁

巫婆和妖精它俩一个星期一、二、三撒谎，别的日子讲真话；另一个星期四、五、六撒谎，别的日子讲真话。巫婆平时总会把自己变成妖精的模样，让人无法分辨。有一天，猎人只碰到巫婆和妖精中的一个，它作了如下陈述："我今天撒谎并且我是妖精。"说话的到底是谁？

如果它作了如下陈述："我今天撒谎或者我是妖精。"有可能确定它是谁吗？

411．一根魔法杖

巫婆和妖精它俩一个星期一、二、三撒谎，别的日子讲真话；另一个星期四、五、六撒谎，别的日子讲真话。巫婆平时总会把自己变成妖精的模样，让人无法分辨。一天猎人在森林里捡到了一根魔法杖，他想这根魔法杖肯定是巫婆或者妖精的，就出发去找它们。

猎人在小溪边找到了它俩，问这根魔法杖是谁的。甲答道："魔法杖是妖精的。"猎人想了一会儿，又问乙："你是谁？"乙答："我是妖精。"猎人只知道当天不是星期日，他该把魔法杖还给谁？

如果猎人在小溪边只找到了巫婆和妖精中的一位。猎人问道："这根魔法杖是谁的？"它回答说："魔法杖真正的主人今天讲真话。"魔法杖归说话人的概率是多少？

412．森林里的传言

巫婆和妖精它俩一个星期一、二、三撒谎，别的日子讲真话；另一个星期四、五、六撒谎，别的日子讲真话。巫婆平时总会把自己变成妖精的模样，让人无法分辨。最近森林里到处传言，说有个永远讲假话的魔法师搬了进来，并且说这个魔法师也喜欢把自己变成妖精的样子。猎人很想知道这件事是不是真的。

一天，猎人在森林里碰到了妖精，他不知道是真的妖精还是巫婆或者传言中的魔法师变的。猎人把最近森林里的传言说了一下，然后问它："你究竟是谁啊？"它答道："我是巫婆或妖精，并且今天是我的撒谎日。"

(1) 请问：传言是真的吗？

(2) 假如猎人碰到的是两个妖精，他问道："你们究竟是谁呢？"他听到如下回答。

甲：我是魔法师。

乙：是，它是的。

传言是不是真的？

(3) 假如猎人遇见的是两个妖精，那天又不是星期日。他问："魔法师真的来森林里了吗？"他得到如下的回答。

甲：魔法师真的来了。

乙：我真的来了。

你怎么看这一说法？

413．有趣的考试

一所学校开了一门逻辑课，期末的时候，教授想了一个有趣的考题来检测学生们的学习情况。他找了红、黄、蓝三个盒子，在其中一个盒子中放了一张红纸，然后在每个盒子上写了一句话。他把所有的学生叫过来，只要推理出哪个是红纸所在的盒子，就算他通过这门课的期末考试了。

三个盒子上的话如下。

红盒子上：红纸在这个盒子里。

黄盒子上：红纸不在这个盒子里。

蓝盒子上：红纸不在红盒子里。

教授告诉学生，这三个陈述中最多只有一句是真话。学生该选哪个盒子？

414．红纸在哪儿

第二个学期的时候，教授换了考试的内容。这次他在盒子上写了如下的三句话。

红盒子上：红纸不在黄盒子里。

黄盒子上：红纸不在这个盒子里。

蓝盒子上：红纸在这个盒子里。

教授告诉学生，这三个陈述中至少有一句是真话，至少有一句是假话。红纸藏在哪个盒子里？

415．效仿

教授的考试方法流传了出去，很多学校的教授觉得这种考试方法很有趣，纷纷效仿。有所学校的教授也找了三个盒子，把红纸放在其中一个盒子里，但是每个盒子上写了两句话。

红盒子上：

A. 红纸不在这里。

B. 红纸上画了一幅画。

黄盒子上：

A. 红纸不在红盒子里。

B. 红纸上什么都没有。

蓝盒子：

A. 红纸不在这里。

B. 红纸其实在黄盒子里。

教授告诉学生：每个盒子上都至少有一句话是真的。红纸藏在哪个盒子里呢？

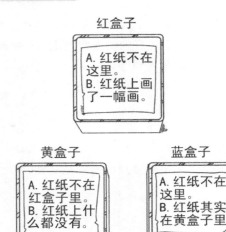

红盒子

> A. 红纸不在这里。
> B. 红纸上画了一幅画。

黄盒子

> A. 红纸不在红盒子里。
> B. 红纸上什么都没有。

蓝盒子

> A. 红纸不在这里。
> B. 红纸其实在黄盒子里。

416．盒子与真话假话

第二个学期这个教授又选了另外三个盒子，每个盒子上还是写有两句话。

红盒子上：

A. 红纸不在这个盒子里。

B. 它在黄盒子里。

黄盒子上：

A. 红纸不在红盒子里。

B. 它在蓝盒子里。

蓝盒子上：

A. 红纸不在这个盒子里。

B. 它在红盒子里。

教授告诉学生：有一个盒子上的两句陈述都是真话，有一个盒子上的两句都是假话，第三个盒子上是一真一假。红纸藏在哪个盒子里？

417．两个助教

这所学校的教授有男、女两个助教帮他写盒子上的句子，这个教授事先告诉学生：男助教总会写真话，女助教总会写假话。

这个教授也找了三个盒子，但是里面放的不是红纸，而是一张白纸。三个盒子里只有一个盒子里有白纸，学生只要挑出没有放白纸的盒子就算通过。三个盒子上写的话如下。

红盒子上：白纸在这个盒子里。

黄盒子上：这个盒子是空的。

蓝盒子上：这三个盒子上的话最多有一句是男助教写的。

教授什么也没说，学生该选哪个盒子呢？

418．男学生和女学生

教授在第一年的考试中让自己的助教在盒子上写纸条，男助教总是写真话，女助教总是写假话。这个传统后来保留了下来，只是因为不能保证每年都正好会有男助教和女助教，这个教授有时也会挑男学生和女学生来写，男学生永远写真话，女学生永远写假话。

有道题是这样的，盒子上写有如下的陈述：

这个盒子上的句子不是男助教写的。

这句话是谁写的呢？是男助教，女助教？还是男学生，女学生？

419．盒子上的语句

一次我看到这样一对盒子，我念了一个盒子上的语句，无法推理出其中是否至少有一个是男助教所写。我再看另一个盒子上的语句，没想到它居然跟第一个盒子上的句子是一样的。更神奇的是，这样我就能推理出这两个盒子必定都是男助教所写的了。

你能想出两个盒子上的语句是什么吗？

第七篇

智慧大推理

420．装睡技巧

小明每次装睡的时候都会被哥哥发现，小明觉得很奇怪，就问哥哥原因。

哥哥说："那是因为我有特异功能！"真的是这样吗？

421．火车上的座位

在一列国际列车的某节车厢内，有四名不同国籍的旅客，他们身穿不同颜色的大衣，坐在同一张桌子的两边，其中两人靠着窗户，两人靠着过道。

现在根据情报，我们已知，他们中身穿蓝色大衣的旅客是国际间谍，并且知道：

(1) 英国旅客坐在 B 先生的左侧；

(2) A 先生穿褐色大衣；

(3) 穿黑色大衣者坐在德国旅客的右侧；

(4) D 先生的对面坐着美国旅客；

(5) 俄国旅客身穿灰色大衣；

(6) 英国旅客靠着窗子，把头转向左边，望着窗外。

请找出谁是穿蓝色大衣的间谍。

422．五名狙击手

刑事局干事历经千辛万苦，总算取得有关 A、B、C、D、E 五名狙击手的部分情报，通过仔细分析，找出了 B 狙击手的绰号。其资料如下：

(1) 大牛的体型比 E 狙击手壮硕；

(2) D 狙击手虽然体型最小，却是白猴、黑狗的前辈；

(3) B 狙击手总是和白猴一起作案；

(4) 小马哥和大牛是 A 狙击手的徒弟；

(5) 白猴的枪法远比 A 狙击手、E 狙击手神准；

(6) 虎爷和小马哥都不曾动过 E 狙击手身边的女人。

请问：B 狙击手的绰号是什么？

423．大座钟报时

乖乖家买了一个大座钟，乖乖很喜欢座钟报时时所播的优美音乐，所以每当座钟报时的时候他都会走到钟前观看。

一天，乖乖爸突发奇想，问乖乖："儿子，爸爸来考考你。每次大座钟报时的时候，相邻两次的钟声间隔时间为 5 秒。如果大座钟连续敲 12 下，要花多少时间呢？"

乖乖挠挠头，不一会儿就说出了答案，爸爸听后开心地把乖乖抱起来转圈。

你知道乖乖说的答案是什么吗？

424. 被偷的答案

一天，在迪姆威特教授讲授的一节物理课上，他的物理测验的答案被人偷走了。有机会窃取这份答案的，只有阿莫斯、伯特和科布这三名学生。

(1) 那天，这个教室里总共上了五节物理课。

(2) 阿莫斯只上了其中的两节课。

(3) 伯特只上了其中的三节课。

(4) 科布只上了其中的四节课。

(5) 迪姆威特教授只讲授了其中的三节课。

(6) 这三名学生都只上了两节迪姆威特教授讲授的课。

(7) 这三名被怀疑的学生出现在这五节课的每节课上的组合各不相同。

(8) 在迪姆威特教授讲授的一节课上，这三名学生中有两名来上了，另一名没有来上。事实证明来上这节课的那两名学生没有偷取答案。

这三名学生中谁偷了答案？

425. 谁是凶手

阿伦的妹妹是贝蒂和克拉拉，他女友叫弗洛拉，弗洛拉的哥哥是杜安和埃德温。

他们的职业分别是：

阿伦　医生

杜安　医生

贝蒂　医生

埃德温　律师

克拉拉　律师

弗洛拉　律师

这 6 人中的一人杀了其余 5 人中的一人。

(1) 如果凶手与受害者有亲缘关系，则凶手是男性；

(2) 如果凶手与受害者没有亲缘关系，则凶手是个医生；

(3) 如果凶手与受害者职业相同，则受害者是男性；

(4) 如果凶手与受害者职业不同，则受害者是女性；

(5) 如果凶手与受害者性别相同，则凶手是个律师；

(6) 如果凶手与受害者性别不同，则受害者是个医生。

谁是凶手？

提示：根据陈述中的假设与结论，判定哪三个陈述组合在一起不会产生矛盾。

426．有罪的证明

某市公安局抓住了一个惯窃犯，在他的住所搜出大量现金及照相机等赃物。

讯问时，此惯犯很不老实，一口咬定现金是捡来的，照相机是几年前从旧货店买的。公安局决定以审讯照相机的来历为突破口，并由证人(照相机被窃者)出庭做证。下面是审讯时的一段记录。

审判长(问证人)："照相机有什么特征吗？"

证人："有，这个照相机与众不同，它有一个暗钮，不熟悉的人是找不到这个暗钮的，也就打不开照相机。"

审判长："被告，你把这架照相机打开。"

被告："审判长，假若我打不开，那就证明照相机不是我的；假若我能把它打开，那就证明照相机是我的。是吗？"

你知道这句话哪里有问题吗？

427．餐馆谋杀案

某餐馆发生一起谋杀案，经调查断定。

第一，谋杀用的或许是叉，或许是刀子，必为二者之一。

第二，谋杀时间或许在午夜 12 点，或许在凌晨 4 点。

第三，谋杀者或许是甲，或许是乙，必为二者之一。

如果以上断定是真的，那么以下哪项也一定是正确的？(　　)

(1) 死者不是甲用叉在午夜 12 点谋杀的，因此，死者是乙用刀子在凌晨 4 点谋杀的。

(2) 死者是甲用叉在凌晨 4 点谋杀的，因此，死者不是乙用叉在凌晨 4 点谋杀的。

(3) 谋杀的时间是午夜 12 点，但不是甲用叉子谋杀的，因此，一定是乙用刀子谋杀的。

　　A. 仅(1)

　　B. 仅(2)

　　C. 仅(3)

　　D. (1)(2)(3)

　　E. (2)(3)

428．午餐分钱

约克和汤姆结对旅游，他们一起吃午餐。约克带了 3 块饼，汤姆带了 5 块饼。

这时有一个路人路过，路人饿了，约克和汤姆邀请他一起吃饭。约克、汤姆和路人将 8 块饼全部吃完，吃完饭后，路人为感谢他们的午餐，给了他们 8 个金币。

约克和汤姆为这 8 个金币的分配展开了争执。汤姆说："我带了 5 块饼，理应我得 5 个金币，你得 3 个金币。"约克不同意："既然我们在一起吃这 8 块饼，理应平分这 8 个金币。"约克坚持认为每人各得 4 个金币。为此，约克找到公正的法官。

法官说："孩子，汤姆给你 3 个金币，因为你们是朋友，你应该接受它；如果你要公正的话，那么我告诉你，公正的分法是，你应当得到 1 个金币，而你的朋友汤姆应当得到 7 个金币。"

约克不理解。大家知道这是为什么吗？

429．谁杀害了医生

一名医生在家里被人杀害，抓到了四名犯罪嫌疑人。警方根据目击者的证词得知，在医生死亡那天，只有这四个病人单独去过一次医生的家。在传讯前，出于各种不同的原因，这四个病人商定，每人向警方作的供词都是谎言。

下面是每个病人所作的两条供词。

A 病人：(1)我们四个人谁也没有杀害医生。

　　　　(2)我离开医生家的时候，他还活着。

B 病人：(3)我是第二个去医生家的。

　　　　(4)我到达他家的时候，他已经死了。

C 病人：(5)我是第三个去医生家的。

　　　　(6)我离开他家的时候，他还活着。

D 病人：(7)凶手不是在我去医生家之后去的。

　　　　(8)我到达医生家的时候，他已经死了。

这四个病人中谁杀害了医生？

430．珠宝店盗窃案

美国一家珠宝店发生盗窃案，警察抓到三名犯罪嫌疑人。对三名犯罪嫌疑人来说，下列事实成立：

(1) A、B、C 三人中至少一人有罪；

(2) A 有罪时，B、C 与之同案；

(3) C 有罪时，A、B 与之同案；

(4) B 有罪时，没有同案者；

(5) A、C 中至少一人无罪。

请问：谁是罪犯？

431．统计员的难题

在美国，献血者所献血液中的 45% 是 O 型血，O 型血在紧急情况下是必不可少的，因为在紧急情况下根本没有时间去检验受血者的血型，而 O 型血可供任何人使用。O 型血的独特性在于：它和一切类型的血都相合，因而不论哪一种血型的人都可以接受它，但是正因为它的这种特性，O 型血长期短缺。由此可知(　　)

A. 血型为 O 型的献血者越来越受欢迎

B. O 型血的特殊用途在于它与大多数人的血型是一样的

C. 输非 O 型血给受血者必须知道受血者的血型

D. 在美国，45% 的人的血型为 O 型，O 型血是大多数人共同的血型

432．拿错了大衣和帽子

四兄弟一起喝酒，临走的时候每个人都拿错了大衣和帽子。老大拿走了一个家伙的大衣，那个家伙的帽子被老二拿走了；老二的大衣是被另一个人拿走的，那个人拿走了老大的帽子；老三把老四的帽子拿走了。

请问：老大和老二拿走了谁的大衣和帽子？

433．正确的假定

科拉死了，是中毒死的。为此，安娜和贝思受到了警察的传讯。

安娜：如果这是谋杀，那肯定是贝思干的。

贝思：如果这不是自杀，那就是谋杀。

警察作了如下的假定：

(1) 如果安娜和贝思都没有撒谎，那么这就是一次意外事故；

（2）如果安娜和贝思两人中有一人撒谎，那么这就不是一次意外事故。

事实表明，这些假定是正确的。

科拉的死究竟是意外事故，还是自杀，甚至是谋杀？

提示：根据安娜的供词是真是假，判定科拉之死的性质；然后判定警察的哪个假定能够适用。

434．密室盗宝

一个富翁收藏了一颗价值连城的钻石。有一天，著名的大盗给他寄了封信："今晚 12 点左右我要把你的钻石偷走。"富翁看到这封信很害怕，立刻报了警，警方决定在富翁家进行监视。富翁把钻石放到盒子里，然后把钻石和盒子一起放到自己家的一个密室里，这个密室除了一个石门外，没有其他路能进去。

警察就在石门外守着。等到钟声敲过 12 点，刚过 5 分钟，就有个信差送来一封信："我已经拿到想要的钻石了。"警察赶忙打开密室，发现盒子还在，钻石已经不翼而飞了。

这到底是怎么回事呢？

435．密室枪杀案

"他可真惨呀，"工藤望着尸体，"看来子弹穿过身体……"

"你来之前，没有人动过尸体。"一旁的警长答道。

"怪就怪在这里了——门是锁着的，窗开着，下面没有人能爬得上来，且距离窗户 1.5 米的地方有一根旗杆，一般人绝不可能跳过来；尸体是 11:30 被服务员发现的，经过法医验证，死亡时间是 11:00 左右；虽说子弹穿过胸部，不过在身后的爆竹却没有爆炸，四周无其他可疑物品；最值得注意的是没有发现子弹。"

"真是奇怪了，难道是自杀？"警长迷惑不解。

这时，警员已经询问完了有关人员。

"我叫 A，住在死者隔壁房间。11:00 左右嘛，我在房间里……对了，一个服务员可以做证。死者房间从 10:00 就黑着灯，也许是睡觉了吧。他房间钥匙？天知道，当然他自己有了；服务员应该也有；别人肯定不会再有了吧。"

"我是 B，是这间旅馆的服务员。我是……11:02 到的 A 先生房间，为他烧开水。"

"我是 C，从日本来的旅游者。11:00 左右……我在房间看电视……但没有人能证明。"

"我叫 D，是死者的商业伙伴。10:30 我和他去楼下吃夜宵了，11:20 左右才回来，饭店服务员可以做证。"

"对，我是饭店服务员，10:20 那位后来死去的先生先来的，过了 5 分钟 D 先生才来。11:00 那位先生回去了，而 D 先生 11:10 左右才回去，之后警察就来了。"

警员们勘查完现场，向警长报告说："在现场后院，发现了一条绳子，化验说明与现场的门把手上的物质相同。旗杆是很滑的，高度到窗户正中央。在走廊发现可疑脚印，无法确认是男的还是女的。在窗户底边缘上发现一颗向下很紧钉住的钉子。门钥匙在死者裤兜里找到，垃圾箱里发现钓鱼线和针，钥匙扣上有透明胶带。"

听完这些，工藤冲向现场，在正对着门的墙上发现了子弹痕迹。他指着 D 说："你还是认罪吧，要不要我们把你的手枪、子弹都搜出来？

D 只好认罪了。

请问：D 的作案手法是怎样的呢？

436．申请基金

八个学者赵教授、钱教授、孙教授、李教授、王所长、陈博士、周博士和沈局长在争取一项科研基金。按规定只有一人能获得该基金。由学校评委投票决定。已知：如果钱教授获得的票数比周博士多，那么李教授将获得该项基金；如果沈局长获得的票数比孙教授多，或者李教授获得的票数比王所长多，那么陈博士将获得该基金；如果孙教授获得的票数比沈局长多，同时周博士获得的票数比钱教授多，那么赵教授将获得该项基金。

问题 1. 如果陈博士获得了该项基金，那么下面哪个结论一定是正确的?(   )

A. 孙教授获得的票数比沈局长多   B. 沈局长获得的票数比孙教授多

C. 李教授获得的票数比王所长多   D. 钱教授获得的票数不比周博士多

问题 2. 如果周博士获得的票数比钱教授多，但赵教授没有获得该基金。那么下面哪一个结论必然正确?(   )

A. 李教授获得了该项基金   B. 陈博士获得了该项基金

C. 李教授获得的票数比王所长多   D. 孙教授获得的票数不比沈局长多

437．帽子的颜色

有 3 顶红帽子和 2 顶白帽子放在一起。将其中的 3 顶帽子分别戴在 A、B、C 三人头上。这三人每人都只能看见其他两人头上的帽子，但看不见自己头上戴的帽子，并且也不知道剩余的 2 顶帽子的颜色。

问 A："你戴的是什么颜色的帽子？"A 回答："不知道。"接着，又以同样的问题问 B。B 想了想之后，也回答："不知道。"最后问 C。C 回答："我知道我戴的帽子是什么颜色的了。"当然，C 是在听了 A、B 两人的回答之后才作出回答的。请问：C 戴的是什么颜色的帽子？

438. 选择接班人

有个商人想找一个接班人替他经商，他要求这个接班人必须十分聪明。最后选出了 A、B 两个候选人，商人为了试一试他们两人中哪一个更聪明些，就把他们带进一间伸手不见五指的黑房子。商人打开电灯说："这张桌子上有五顶帽子，两顶是红色的，三顶是黑色的。现在，我把灯关掉，并把帽子摆的位置搞乱，然后，我们三人每人摸一顶帽子戴在头上。当我把灯打开时，请你们尽快地说出自己头上戴的帽子是什么颜色。谁先说出来，我就选谁做接班人。"

说完之后，商人就把电灯关掉了，然后三个人都摸了一顶帽子戴在头上；同时，商人把余下的两顶帽子藏了起来。待这一切做完之后，商人把电灯打开。这时候，那两个人看到商人头上戴的是一顶红色的帽子。

过了一会儿，A 喊道："我戴的是黑帽子。"

A 是如何推理的？

439．猜帽子

有三顶白帽子和两顶红帽子，一个智者让三个聪明人分别戴一顶，其中每个人可以看到其他两个人的帽子，但是看不到自己的。智者让大家说出自己戴的是什么帽子，过了一会儿没人说，又过了一会儿，还是没人说，这时，大家都知道自己戴什么帽子了。

请问：这是为什么？

440．谁能猜出来

10个人站成一列纵队，从10顶黄帽子和9顶蓝帽子中取出10顶分别给每个人戴上。站在最后的第10个人说："我虽然看见了你们每个人头上的帽子，但不知道自己头上的帽子的颜色。你们呢？"第9个人说："我也不知道。"第8个人说："我也不知道。"第7个、第6个……直到第2个人，依次都说不知道自己头上所戴帽子的颜色。出乎意料的是，第1个人却说："我知道自己头上所戴帽子的颜色了。"

他为什么知道呢？

441．五顶帽子

有三顶红帽子和两顶白帽子。现在将其中三顶给排成一列纵队的三个人，每人戴上一顶，每个人都只能看到自己前面的人的帽子，看不到自己和自己后面的人的帽子；同时，三个人也不知道剩下的两顶帽子的颜色(但他们都知道他们三个人的帽子是从三项红帽子、两项白帽子中取出的)。

先问站在最后边的人："你知道你戴的帽子是什么颜色吗？"最后边的人回答："不知道。"接着又让中间的人说出自己戴的帽子的颜色。中间的人虽然听到了后边的人的回答，但仍然说不出自己戴的是什么颜色的帽子。

听了他们两人的回答后，最前面的人没等问，便答出了自己帽子的颜色。你知道为什么吗？他的帽子是什么颜色的？

442．谁被释放了

有一个牢房，有三个犯人关在其中，他们互相之间用玻璃隔开。因为玻璃很厚，所以三个人只能互相看见，而不能听到对方说话的声音。有一天，国王想了一个办法，给他们每个人头上都戴了一顶帽子，只叫他们知道帽子的颜色不是白的就是黑的，不叫他们知道自己所戴帽子是什么颜色的。在这种情况下，国王宣布两条规定如下：

(1) 谁能看到其他两个犯人戴的都是白帽子，就可以释放他。
(2) 谁知道自己戴的是黑帽子，就释放他。

其实，他们戴的都是黑帽子，但因为被绑，看不见自己帽子的颜色罢了。于是他们三个人互相盯着不说话。可是不久，较机灵的 A 用推理的方法，认定自己戴的是黑帽子。他是怎样推断的？

443．红色的还是白色的

有一群人围坐在一起，为了便于分析，假定只有 4 个人(这与人数多少无关，可作同样分析)。每个人头戴一顶帽子，帽子有红色和白色两种，每个人看不到自己帽子的颜色，但能看到别人帽子的颜色。因此，此时他不能判定出自己头上的帽子的颜色。

为了方便分析，我们假定这 4 个人均戴的是红色的帽子。这时候，一个局外人来到他们面前，对他们说："你们其中至少一位头戴的是红色的帽子。"当他说了这句话后，他问："你们知道你们头上的帽子的颜色吗？"4 个人都说"不知道"。这个局外人第二次问："你们知道你们头上的帽子的颜色吗？"4 个人又都说"不知道"。局外人第三次问："你们知道你们头上的帽子的颜色吗？"4 个人又都说"不知道"。局外人第四次问："你们知道你们头上的帽子的颜色吗？"这时 4 个人均说："知道了！"

你知道这是为什么吗？

444．大赛的冠军

某电视台举办"逻辑能力大赛"，到了决赛阶段，有三名参赛者的分数并列第一。冠军只能有一个，主持人决定加赛一题来打破这个均势。

主持人对三位选手说："你们三位闭上眼睛，然后，我在你们每个人头上戴一顶帽子。帽子的颜色可能是红色，也可能是蓝色。在我叫你们把眼睛睁开以前，都不许把眼睛睁开。"于是主持人在他们的头上各戴了一顶红帽子，然后说："现在请你们把眼睛都睁开吧，假如你看到你们三人中有人戴的是红帽子就举手。"三个人睁开眼睛后几乎同时举起了手。主持人接着说："现在谁第一个推断出自己所戴帽子的颜色，谁就是冠军！"过了一分钟左右，一位参赛者喊道："我知道我戴的帽子的颜色，它是红色的！"

主持人说："恭喜你，答对了！你就是这次大赛的冠军！"

请问：你知道他是怎样推论出来自己所戴帽子的颜色的吗？

445．纸片游戏

Q先生、S先生和P先生在一起做游戏。Q先生用两张小纸片各写一个数。这两个数都是正整数，差为1。他把一张纸片贴在S先生的额头上，另一张贴在P先生的额头上。于是，两个人只能看见对方额头上的数。

Q先生不断地问："你们谁能猜到自己额头上的数？"

S先生说："我猜不到。"

P先生说："我也猜不到。"

S先生又说："我还是猜不到。"

P先生又说："我也猜不到。"

S先生仍然猜不到；P先生也猜不到。

S先生和P先生都已经三次猜不到了。

到了第四次，S先生喊起来："我知道了！"

P先生也喊道："我也知道了！"

请问：S先生和P先生额头上各是什么数？

446．贴纸条猜数字

　　一位教逻辑学的教授有三个学生，都非常聪明。一天教授给他们出了一道题，教授在每个人脑门上贴了一张纸条并告诉他们，每个人的纸条上都写了一个正整数，且某两个数的和等于第三个数。(每个人可以看见另两个数，但看不见自己脑门上的数。)

　　教授问第一个学生："你能猜出自己的数吗？"回答："不能。"问第二个学生，回答："不能。"问第三个学生，还是回答："不能。"教授回头再问第一个学生，回答："不能。"第二个学生，回答："不能。"第三个学生，回答："我猜出来了，是144！"教授满意地笑了。

　　请问：你能猜出另外两个人头上贴的数是什么吗？请说出理由。

447．猜扑克牌

　　P 先生、Q 先生都具有足够的推理能力。这天，他们正在接受推理考试。"逻辑教授"在桌子上放了如下 16 张扑克牌：

红桃 A、Q、4

黑桃 J、8、3、2、7、4

草花 K、Q、5、4、6

方块 A、5

教授从这 16 张牌中挑出一张牌来，并把这张牌的点数告诉 P 先生，把这张牌的花色告诉 Q 先生。然后，教授问 P 先生和 Q 先生："你们能从已知的点数或花色中推知这是张什么牌吗？"

P 先生："我不知道这张牌。"

Q 先生："我知道你不知道这张牌。"

P 先生："现在我知道这张牌了。"

Q 先生："我也知道了。"

请问：这张牌是什么？

448．老师的生日

小明和小强都是张老师的学生，张老师的生日是 M 月 N 日，两人都不知道。张老师的生日是下列 10 组日期中的一天，他把 M 值告诉了小明，把 N 值告诉了小强，张老师问他们是否知道他的生日是哪一天。

小明说：如果我不知道的话，小强肯定也不知道。

小强说：本来我也不知道，但是现在我知道了。

小明说：哦，那我也知道了。

请根据以上对话推断出张老师的生日是哪一天。

3 月 4 日，3 月 5 日，3 月 8 日

6 月 4 日，6 月 7 日

9 月 1 日，9 月 5 日

12 月 1 日，12 月 2 日，12 月 8 日

449．取黑白球

甲盒中放有 P 个白球和 Q 个黑球，乙盒中放有足够的黑球。现每次从甲盒中任取两个球放在外面。当被取出的两球同色时，需从乙盒中取一个黑球放回甲盒；当取出的两球异色时，将取出的白球再放回甲盒。最后，甲盒中只剩两个球。

请问：剩下一黑一白的概率有多大？

450．抽卡片

有 24 张卡片，上面分别写着 1～24 这 24 个数。

有甲、乙二人，按以下规则选取卡片：轮流选取一张卡片，然后在数字前加一个正负号。卡片全部抽完后将这 24 个数相加会得到其和，设为 S。

甲先开始，他选取卡片和添加符号的目的是使 S 的绝对值尽量小；乙的目的则和他相反，是使 S 的绝对值尽量大。

假如二人足够聪明，那么最后得到的 S 其绝对值是多少呢？

451．被揭穿的谎言

这是一个气温超过 37℃的炎热夏天，一列火车刚刚到站。女侦探麦琪站在月台上，听到背后有人叫她："麦琪小姐，你要去旅行吗？"叫她的人是和她正在侦查的一件案子有关的梅丽莎。"不，我是来接人的。"麦琪回答。"真巧，我也是来接人的。"梅丽莎说。说着，她从手提包里掏出一块巧克力，掰了一半递给麦琪："还没吃午饭吧？来，吃点巧克力。"麦琪接过来放到嘴里。巧克力硬邦邦的，很好吃。这时，麦琪突然想到什么，厉声对梅丽莎说："你为什么要撒谎？你分明是刚刚从火车上出来，为什么要骗我说你也是来接人的？"梅丽莎被她这么一问，脸色变红了。她想抵赖，反问说："你怎么知道我刚下火车？你看见的？""不，我没看见，但我知道你在撒谎。"麦琪自信地说。

为什么麦琪断定梅丽莎在撒谎？

452．不可信的话

小王正在休假时，接到了单位的加班电话，单位想派他下下个礼拜日休假期间去外地出差。小王不想早早结束假期，于是他连忙说："下下个礼拜日我非常忙。上午要去体检，下午 1 点要去参加一个朋友的婚礼，接着 4 点要去参加一个朋友父亲的葬礼，随后还有岳父的八十寿辰。所以那天实在没有时间去加班。"

请仔细看，小王的话里有一句是不可信的。请问：是哪句话不可信？

453．做了手脚的时间表

妞妞是个聪明的孩子，但是却非常不喜欢学习。妈妈每天都要催促妞妞抓紧时间学习，妞妞却辩解说她很忙，几乎没有时间学习。妈妈很疑惑，问她都在忙什么。妞妞就给妈妈列出这样一个表：

(1) 睡觉(每天 8 小时)，合 122 天；

(2) 双休日 2×52=104 天；

(3) 暑假 60 天；

(4) 吃饭(每天 3 小时)，合 45 天；

(5) 娱乐(每天 2 小时)，合 30 天。

总计：122+104+60+45+30=361(天)。

一年中，只有 4 天的时间可以学习，这还没有把生病的时间算进去，所以她根本没有时间学习。妈妈看她这样计算觉得也有道理。事实上，妞妞是做了手脚。

你发现妞妞在哪里做了手脚吗？

454．做伪证的证人

在一个大雪纷飞的冬夜，花园路 48 号房间有一位单身女子被人杀害。警方一到现场便展开了深入的调查，发现现场的房间中，电热炉被火烘得红红的，屋子里的人热得直流汗，电灯依旧亮着，紧闭的窗子掩上半边窗帘。

这时，被害人住所附近的一个年轻人向警方提供目击证据说，在昨晚 11 点左右，他曾目击凶案发生，死者的屋子离他的房间大约 20 米，他发现凶手是一个白衣男子，戴着金丝框眼镜，蓄着胡子。

警方根据这位年轻人的叙述，逮捕了这名白衣男子。在法庭上，白衣男子的辩护律师开始询问这位目击证人："你是在案发当时偶然在窗子旁看到凶手的吗？"

年轻人回答："是的，因为对面窗户是透明的，而且那天晚上她的窗帘又是半掩的，所以我才能从 20 米远处看到凶手。"

这时，律师肯定地说："法官大人，这位年轻人所说的都是谎话，也就是犯了伪证罪。"

经过审查，证明了律师的判断是正确的。你知道律师是怎样判断的吗？

455．无法滚动的球

国王有一个长方形的箱子，里面紧紧塞着 20 个金球。每个球都被其他球卡住，所以无论箱子如何动，这些球都不会在箱子里滚动。

国王每天晚上都要晃动一下箱子，听里面是否有滚动的声音，来确定金球有没有丢失。

一天，一个聪明的仆人想偷走一些金球，他可以拿走哪几个球，还能保证剩下的球不会在箱子里滚动？（当然不能全部拿走，那样箱子重量变化太大容易被发现。）

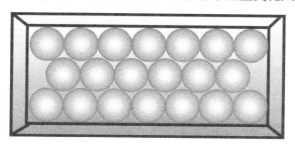

456．揭穿谎言

狂风大作，一艘客轮在海上航行。珠宝商王先生从甲板回到房间，发现一颗价值 10 万元人民币的钻石不翼而飞，于是报了警。警察开始对船舱逐一搜查。隔壁船舱里是一个自称大学教授的人，他的桌子上放着一沓稿纸。当警察询问他的时候，他自称一晚上都在写作。警察发现稿纸上的字写得整齐秀丽，便当众揭穿了他的谎言。经过搜查，果然找到了昂贵的钻石。这位自称大学教授的人就是窃贼。

请问：警察是根据什么确定"大学教授"说谎的呢？

457．识破小偷的伎俩

一对新婚夫妇在某市郊外买了一间房子，一层共有三户人家。一天，这对夫妇正在看电视，突然听见有人敲门。妻子打开门一看，是一个陌生男子。男子一看到她便说："对不起，对不起，我走错门了，我还以为是我的房间呢。"然后转身走了。这对夫妇回到房间一考虑，便确定那个男子是小偷。他们马上报告了小区的保安，保安很快就将男子抓获。后来经警方查证，该男子果然是个惯偷。

这对夫妇是如何知道陌生男子是小偷的呢？

458．老练的警长

　　7 月 14 日中午，巴黎四方旅馆住进了 4 名单身旅客。他们是：从耶路撒冷来的斯坦纳先生，经营水果生意；从伦敦来的勃兰克先生，行踪有些诡秘；从科隆来的企业家比尔曼，他是来同跨国公司洽谈一笔生意的；从里斯本来的曼纽尔，身份不明。

　　7 月 16 日上午，电影明星格兰特小姐发现金银珠宝不翼而飞，警方经过调查确信盗窃犯就在这 4 名旅客当中。于是，警方询问旅馆经理这三天 4 名旅客的活动情况。经理回忆道："斯坦纳每天总是要两张希伯来语报纸，坐在大厅门口，用一个放大镜从头读到尾；勃兰克每天上午 10 点左右离开旅馆，下午 5 点左右回旅馆，一架照相机总不离身；比尔曼总是在床上吃早饭，一个鸡蛋和一些鱼子酱，起床后总是在服务台最忙的时候来拿他的信件；曼纽尔是个左撇子，会讲六种语言。"

　　警方根据经理提供的线索，决定传讯这 4 名单身旅客。不料，勃兰克和曼纽尔都离开了旅馆，比尔曼也不知去向，只有斯坦纳坐在大厅门口看报纸，把放大镜从左到右一行一行往下移。老练的警长看着看着，突然眼睛一亮，立即招呼几个警察走上前去，给斯坦纳戴上了手铐。经审讯，斯坦纳对自己的盗窃行为供认不讳。

　　斯坦纳在什么地方露出了破绽？

459．鉴别逃犯的血迹

　　美国加州奥克兰市。一天下午，在当地两名警察的协助下，探长西科尔和助手丹顿小姐于森林公路中段截获了一辆走私微型冲锋枪的卡车。经过一场激烈的搏斗，四名黑社会成员有三名当场被擒获，而此次走私军火的首犯巴尔肯被丹顿小姐的手枪击中左腿肚后逃入密林深处。

　　西科尔探长立即命令两名地方警察押送被擒罪犯前往市警署，自己带领助手深入密林追捕首犯巴尔肯。

　　进入密林后，两人沿着点点血迹仔细搜捕。突然，从不远处传来一声沉闷的猎枪射击声和一阵忽隐忽现的动物奔跑声。看来，这只动物已经受了伤。果然，当西科尔和丹顿小姐持枪追赶到一个较宽敞的三岔路口时，一行血迹竟变成了两行近似交叉的血迹左右分道而去。显然，逃犯和动物不在同一条道上逃命。

　　怎么办？哪一行是逃犯的血迹呢？丹顿小姐看着，有些懊丧起来。探长西科尔用一个简单的方法，便鉴别出了逃犯血迹的去向，最终将其擒获。

　　请问：西科尔探长用什么方法鉴别出了逃犯的血迹？

460．助手的错误

　　清早起来，威廉姆斯公爵夫人用过早饭后照例到后花园里去散步，突然她惊叫起来，原来在院墙边的一棵大树下，赫然躺着一具男子的尸体。

侦探玻罗闻讯，带着助手迅速赶到现场。经检查后得知，死者致死的原因是头部受过撞击，既可能是他人持硬物所伤，也可能是自己从树上掉下来，头触硬物而亡。在大树底下，玻罗发现了死者生前用的塑料拖鞋，树上沾着一些血迹和人爬过的痕迹。在死者的脚底，有一些从脚趾到脚跟的直线形伤痕，似乎是被树皮一类的东西刮伤的。

助手推测说："死者大概是想爬树越过院墙，但被树皮刮伤脚部，疼痛难忍，失足坠地撞死。"玻罗则笑着摇了摇头。

助手判断的错误在哪里呢？

461．指认罪犯

警察叫 4 个男人排成一行，然后让一位目击者从这 4 个人中辨认出 1 个罪犯。目击者寻找的男人，长得不高、不白、不瘦，也不漂亮。在这一排人之中：

(1) 4 个男人每人身旁都至少站着一个高个子；

(2) 恰有 3 个男人每人身旁至少站着一个皮肤白皙的人；

(3) 恰有两个男人每人身旁至少站着一个骨瘦如柴的人；

(4) 恰有一个男人身旁至少站着一个长相漂亮的人。

在这四个男人中：

(5) 第一个皮肤白皙，第二个骨瘦如柴，第三个身高过人，第四个长相漂亮；

(6) 没有两个男人具有一个以上的共同特征(即高个、白皙、消瘦、漂亮)；

(7) 只有一个男人具有两个以上的寻找特征(即不高、不白、不瘦、不漂亮)，此人便是目击者指认的罪犯。

目击者指认的罪犯是哪一个人？

提示：首先，判定在 4 个人排成的一行中，高个、白皙、消瘦、漂亮者的可能位置。其次，判定每个男人的全部可能特征。最后，挑出只具备高个、白皙、消瘦、漂亮这四个特征中的一个男人。

462．骨灰盒里的钻石

1990 年 5 月 10 日上午 9 点 30 分。

豪华的"冰山"号大型游艇正在河上逆流而上，突然，身穿丧服的夏尔太太急匆匆地找到船长说："糟了，我带的一只骨灰盒不见了！"

船长听了夏尔太太的话，不以为意，他笑着对她说："太太，别着急，好好想想看。骨灰盒恐怕是没有人会偷的吧！"

"不，不！"夏尔太太额头冒汗，连连解释，"它里边不仅有我父亲的骨灰，还有 3 颗价值 3 万马克的钻石。"

第二次世界大战前，夏尔太太的父亲科伦教授应加拿大多伦多大学的聘请，前去执教。后来，战争爆发了，他出于对希特勒法西斯政权的不满，就留在加拿大。光阴荏苒，一晃就是几十年。开始，他只身在外，后来他的大女儿夏尔太太去加拿大照料他的生活。这一年春天，科伦教授突然得了重病，卧床不起。弥留之际，他嘱咐女儿务必把他的骨灰带回德国，并把自己多年的积蓄换成钻石分赠给在德国的3个女儿。

夏尔太太无比懊丧地对船长说："我一直把骨灰盒带在身边，我认为骨灰盒总不会有人偷的。没想到我人还未回到故乡，3个妹妹还未见到父亲的骨灰，今天却……"

船长听罢原委，立即对游艇上所有进过夏尔太太舱房的人进行调查，并记录了如下情况。

夏尔太太的女友弗路丝：9点左右进舱同夏尔太太聊天；9:05，因服务员安娜来整理舱房，两人到甲板上闲聊。

夏尔太太本人：9:10回舱房取照相机，发现服务员安娜正在翻动她的床头柜。夏尔太太恼怒地斥责了她几句，两个人争吵了10分钟，直到9:20；9:25，女友弗路丝又进舱房邀请夏尔太太去甲板上观赏两岸风光，夏尔太太因心绪不佳，没有答应。

9:30服务员离开后，夏尔太太发现骨灰盒不翼而飞……

如果夏尔太太陈述的是事实，那么盗贼肯定是安娜与弗路丝两个人中的一个，但是无法肯定是谁。正在为难之际，有个船员向船长报告说："我隐约地看见在船尾的波浪中有一只紫红色的小木盒在上下颠簸。"

船长赶到船尾一看，果然如船员所说。于是，他当机立断，下令返航寻找。此时是10:30。到11:45终于追上了那只正在河面上顺流而漂的小木盒，立即把它捞了上来。

经夏尔太太辨认，这个小木盒正是她父亲的骨灰盒，可是骨灰盒中的3颗钻石却不见了。

这时，船长拿出了笔记本，细细地分析刚刚记录下来的情况，终于断定撬开骨灰盒窃取了钻石，然后将骨灰盒抛入河中的人是谁。

破案的结果，同船长得出的结论完全一致。

你知道这些钻石是谁偷的吗？

463. 邻居和老师的年龄

甲、乙两位数学老师是好朋友，有一天，他们两个同路回家，在路上恰好遇到了甲老师的三个邻居。这时，甲老师开始和乙老师讨论数学问题。甲老师对乙老师说："我这三个邻居年龄的乘积是2450，他们的年龄之和是你的年龄的2倍。现在请你猜猜他们的年龄分别是多少？"乙老师思考了一阵说："不对，还差一个条件，现在这些条件是算不出来的。"

甲老师也思考了一阵，回答说："对，的确还差一个条件，这个条件就是他们的年龄都比我的年龄小。"

很快乙老师就算出了三个邻居的年龄。

请问：三个邻居和甲、乙两位老师这五个人的年龄分别是多少？

464．扑克的线索

在 X 楼里发现两具尸体，是一对夫妇，他们死在自己的家中，是先后死亡，丈夫 A 先生的死亡时间是下午 5:00，妻子 B 女士的死亡时间是 4:00。凶器是一把水果刀，刀上只有 B 女士的指纹。家里的东西都被翻乱了，家中的财物被洗劫一空。尸检报告是这样的：B 女士身中一刀致死；A 先生身中 6 刀致死，6 刀中有 1 刀的伤口是被处理过，止过血的。

死亡夫妇有两个孩子，一个是 6 岁大的儿子，一个是 15 岁大的女儿。当时那个 6 岁大的儿子躲在一边看到了整个案发经过，但是由于当时受到过度惊吓，不能开口说话了。

公安人员请来了专家，这位专家给那个小孩四张牌：一张 J、两张 Q 和一张 K。这个孩子将一张 J 和一张 Q 折了一下竖直地放在台上，令它们有站立的姿势；另一张 Q 被撕碎了一点，然后平放在台子上，令它有躺着的姿势；最后一张 K，那个孩子把他撕得粉碎。

公安人员根据这 4 张牌各自不同的姿势，再根据各种情况的调查，终于查出了事实的真相。

请问：这不同的 4 张牌分别代表什么意思？姿势又是怎么回事？事实的真相究竟是怎样的？

465．私杀耕牛

包拯在扬州天长县当县令时，曾办过这样一个案子：一个人前来告状，称自己家的耕牛被人割掉了舌头。包拯秘密告诉他，叫他回去，把牛杀了，然后公开叫卖牛肉。

当时，耕牛是非常重要的，私杀耕牛可是一项大罪。你知道包拯为什么叫他回去杀牛吗？

466．亲生子

美国有一个亿万富翁，他年事已高，弥留之际，他想找到自己失踪多年的儿子继承自己的财产。这时有人称自己是富翁的儿子，警察询问此人的血型，回答是 B

型。已知富翁和他的妻子都是 A 型血，这个男子可能是富翁的亲生儿子吗？

467．怪盗的指纹

怪盗从阳台钻进公寓的 208 室，盗走了主人的钻石项链。经过警察的现场勘查，发现了一枚清晰的指纹。从案发时间推断，嫌疑人一定是公寓的住客。可是警察提取了这栋公寓所有住客的指纹，却没有一个和现场留下的指纹吻合的。无意中，一名警察在管理员的屋子里发现了什么："原来罪犯在这儿！它的指纹忘记取了。"

你知道怪盗是什么人吗？

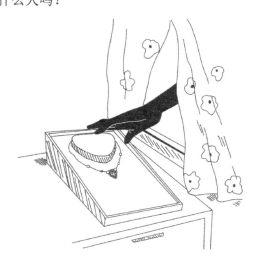

468．致命的位置

一天，120 接到电话称，一名女子被刺伤，生命垂危。因为是刑事案件，警察很快赶到了医院。只见一名年轻女子的左胸前心脏的位置插着一把尖刀，流了很多血。按理说，这个位置被刺伤早就应该死了，可这名女子除了有些虚弱外，似乎并不是很严重。

医生解释道："这是因为这名女子比较特殊，否则早就没命了。"

你知道为什么这名女子没有死吗？

469．两种血型

一天晚上，一名年轻男子在过马路的时候不小心被车撞到，肇事司机惊慌失措，逃离了现场。由于没有得到及时的救治，被撞的男子不久后死了。对于这起恶性交通事故，警察赶往现场调查。在现场，警察除了发现一具尸体外，还采集到了两种血型。一种是 A 型，一种是 O 型。难道是肇事司机的？或者撞到的人不止一人？

据目击者称，司机根本没有受伤，甚至都没有下车，被撞的人确实只有一人。

这到底是怎么回事呢？难道一个人会有两种不同的血型吗？

470. 辨别方向(1)

一名年轻的女地质队员在一片荒野中迷路了，这是一片茂密的草原，上面有一些纵横交错的羊肠小道。马上要下雨了，天空阴云密布。她只有一张地图，但是根本无法辨识方向，不知道该往哪个方向走。突然，她发现前方有个被雨水积满的小水坑，她笑了笑，立即取下自己头上的一枚小别针。

很快，她就搞清楚了东南西北，走出了这片荒野。

你知道她是如何做到的吗？

471. 辨别方向(2)

一天，几名地质队员在一片亚热带丛林中探测。其中一名队员由于受伤掉队了。走了很久，他发现自己迷路了，而他的指南针、地图等东西都在其他队员身上。他要赶上队伍，就必须知道方向，可是现在是阴天，根本无法根据太阳的位置分辨南北。周围到处都是高大的树木、低矮的灌木，还有被砍伐的树桩。这名经验丰富的队员马上找到了一种可以分辨南北的方法。

你知道他用的是什么方法吗？

472. 消失的子弹

冬天的一个早晨，警察在一个小巷子里发现了一具尸体。调查得知，死者是一名黑帮头目，被人枪杀。伤口在他的左胸心脏位置，大约10厘米深。奇怪的是没有发现子弹头。

调查发现，死者一直与敌对的另一个黑帮组织有很深的矛盾，一定是敌对的黑帮组织雇用职业杀手将其杀死的。

那个子弹头到底哪里去了呢？

473. 馆长之死

市天文馆的馆长死在了自己的办公室中，警察接到报案后马上来到现场调查。只见馆长伏在写字台上死去，背后被刺了一刀，流了很多血。发现尸体的时候是下午4点，死者手中夹着一根点燃的雪茄，前端的烟灰有1厘米多长。根据烟灰的长度判断，这根雪茄点燃的时间大约是10分钟前。

馆长的办公室位于这栋大楼的顶层，景观很好，窗口放着一架天体望远镜，正对着西南方向，很适合夜晚观察星空。馆长的写字台很整洁，上面除了一台电脑和一个烟灰缸外别无他物。

法医判断死者死亡时间大约是下午 1 点。也就是说，死者在下午 1 点左右被杀，15：50 左右，凶手点燃了死者手中的雪茄，然后才逃走。这可能吗？凶手为什么会停留这么久？如果不是凶手做的，那雪茄是谁点燃的呢？

474. 奇怪的火灾

一位花草爱好者在自家的院子里建了一个塑料大棚专门培植各种珍稀花草。在一个晴朗的冬天中午，大棚里突然发生了火灾，这些珍稀花草被付之一炬。

从火灾现场来看，是大棚内的枯草引起的火灾，可是大棚里面没有火源，枯草是怎么着起来的呢？难道是有人纵火？昨晚刚下过一场雨，外面湿漉漉的，如果有人进入大棚，应该会留下脚印。可周围一点痕迹都没有。

你知道这场火灾究竟是怎么引起的吗？

475. 计划失败

家住在东京的丰田居住在一栋老式的木制公寓中，楼上住着他的宿敌广本。丰田每天都在想着如何干掉这个敌人加对手。一次终于机会来了：丰田听说家用瓦斯比空气轻，于是他想出了一个绝妙的杀人计划——用家用瓦斯毒杀广本。

丰田先将自己家的天花板，也就是楼上广本家的地板弄几条缝隙。然后他将自己家的门窗封闭起来，打开瓦斯，让瓦斯释放出来。这样比空气轻的瓦斯就会上升，钻入广本家中，等到了一定的浓度，就会将其毒死。而且别人还不会知道是自己放的毒。

这天夜里，丰田真的展开行动了，他甚至还在幻想着广本死后的样子。可是没过多久，有人发现丰田死在了自己的家中，楼上的广本安然无恙。

这到底是怎么回事呢？

476．爆炸声

一艘豪华客轮在太平洋上航行，不幸触礁沉没，造成多人死亡。警察前来调查事件经过。一位幸存的游客向警察讲述说："轮船触礁后开始慢慢倾斜，我们随即登上一艘救生艇离开现场，开往安全区域。大概过了40分钟，突然'轰'的一声发生了爆炸，远远地可以看到客轮开始沉没。"

之后，警察又询问了好几位救生艇上的幸存者，他们对事件的描述差不多，听到一声爆炸声后，轮船开始沉没。

就在警察决定结束调查时，另外一位逃生的游客说了一番与众不同的话："轮船触礁后，开始倾斜。我看救生艇比较小，而我自己又善于游泳，便没有登上救生艇，而是一个人跳入水中游向安全区域。我一会儿仰泳，一会儿俯游，大概用了40分钟的时间，突然听到一声爆炸声。我赶紧钻出水面回头向轮船看去，没过几秒钟，又发生了一次爆炸……"

"你确定你听到两声爆炸声？"警察颇为怀疑地问。

"是的，我确定。那么大的声音，我相信其他人也应该听得到的。"游客如是说道。

请问：到底发生了几次爆炸呢？为什么有人听到一声爆炸声，有人听到两声爆炸声呢？

477．失恋者的报复

男孩为了金钱和地位，抛弃了相恋多年的女孩，投入了别的女人的怀抱。就在结婚的前一天中午时分，女孩来到独自居住的男孩家中："听说你明天就要结婚了，恭喜你！毕竟我们相恋一场，这是我送给你的最后一份礼物。"说着拿出了一个圆形的迷你金鱼缸，摆放在窗前的书桌上。

"我知道你喜欢金鱼，希望你看到它，还可以想起我。"女孩接着说，"另外，还有这些年你给我写的信，我也都带来了，放在我那也没什么用处，你自行处置吧！"说完将一摞信纸散落在书桌上。

男孩默默地点了点头。

"好了，我该走了，临走前我们喝一杯告别酒吧！"女孩指了指书桌上的两个杯子建议道。

男孩没有说话，默默地去酒柜拿来一瓶红酒，倒满了两个杯子。两人碰了一下杯，一饮而尽。喝完，女孩转身离开了。

女孩走后不久，男孩觉得有些困，就躺在沙发上睡着了。

一个多小时以后，男孩的房间突然起火，火越烧越大，等消防队员扑灭大火时，男孩已经被烧死了。警察在男孩体内发现了安眠药的成分。当然女孩的嫌疑最大，女孩到底是如何做到的呢？

478．杀人的真相

吉米是一名金牌推销员，这一次又为公司签成了一份高达数十万元的大单。公司为他开了一个庆功会，同时也是为了激励其他推销员。汤姆是吉米的同事加对手，看着吉米扬扬自得的样子很厌恶，但又不能表现得太过明显。

汤姆手里拿着一杯红酒走上前去，假意向吉米敬酒表示祝贺，手轻轻一抖，把大半杯红酒洒在了吉米的新领带上。"哦，实在对不起，不小心，来，我帮你洗洗，洗手间有洗洁剂。"

"算了，不用了，我自己来吧。"虽然有些生气，但吉米还是强装出笑脸，一个人走进了洗手间，拿起洗洁剂涂在了自己新买的领带上。"应该不会留下什么痕迹。"吉米心想着，马上返回了宴会，毕竟是给自己开的庆功会，自己不便离席太久。

一群人开始相互敬酒，大口大口地喝着威士忌，谈笑风生。突然，吉米身子晃了晃，倒在了地上。大家惊慌失措，马上叫来救护车送到医院。但为时已晚，医生诊断为酒精中毒死亡。

警察到现场调查后发现，这一切都是汤姆所为，于是马上逮捕了他。

你知道汤姆杀人的真相是什么吗？他是如何做到的？

479．开花的郁金香

一天夜里，怪盗潜入一个珠宝展示厅，趁乱偷走了展示的一条价值连城的钻石项链。得手之后，怪盗马上溜回了自己的住所，摘掉化妆的假发和胡须，换上睡衣，坐在沙发上。刚松了一口气，门铃就响了。

来人是侦探小五郎。"晚上好，抱歉这么晚还来打扰你！"

"别客气，我们是老朋友了，进来坐。"怪盗热情地把这位不速之客引入屋内。

只见沙发前的茶几上放着一盆含苞待放的郁金香，"你的花好漂亮啊！"小五郎称赞道。

"谢谢，郁金香是我最喜欢的花。"怪盗说道。

"怪盗先生，刚才你去珠宝展示厅了吧？"小五郎岔开话题，开门见山地问道。

"没有啊。今晚我一直待在家里。你来之前，我一直都在沙发上安静地看书。"怪盗说着，指了指身边扣着的一本厚厚的书。

小五郎拿起书，翻了几页，放在茶几上，这时，他突然发现刚才进来时还含苞待放的郁金香，竟然不知不觉中开花了。

小五郎盯着盛开的花瓣，微笑着说："别狡辩了，你还是招了吧。它已经出卖你了。快把你偷的钻石项链交出来吧！"

请问：小五郎先生是如何识破怪盗的谎言的呢？

480. 分辨凶器

一天夜里，一对年轻情侣在公园约会。说着说着，便吵了起来，男子一气之下拿起刚喝了几口的玻璃汽水瓶砸向了女友的脑袋。女友什么话也没说，就倒在了地上死了。男子很惊慌，不小心将汽水瓶里的汽水洒在了女友的衣服上。为了消灭证据，男子从旁边的垃圾堆里捡了一个汽水瓶扔到尸体旁边，然后带着这个作为凶器的汽水瓶偷偷逃走了。

不久，尸体被人发现并报了警。警察调查现场时发现，女子身上有一部分爬满了蚂蚁，断定是凶器汽水瓶中的汽水的甜味引来的。一名经验丰富的警察看了一眼尸体旁边的汽水瓶上的标签，断定："如果凶器真的是汽水瓶，那也不是这个。真正的凶器被凶手带走了。"

你知道警察为什么这么说吗？他的依据是什么？

481. 有贼闯入

一天晚上，有个小偷闯入了侦探小五郎的家中，想要偷取他放在保险箱中的一份重要资料。小偷先用万能钥匙轻松地打开房门，然后打开灯，四处寻找保险箱，终于在墙角一扇隐蔽的柜门后面发现了保险箱。正在他努力开保险箱的时候，突然听到有人开门的声音。小偷眼疾手快，关掉电灯，躲在了衣柜里，整个过程没有发出一点声音。

原来是小五郎回到了家中，只听小五郎打开灯，大声地说："出来吧，我知道你在里面。"

小偷一看事情败露，只好快快地走了出来，不免好奇地问："你是怎么知道我在里面的呢？我没有留下什么痕迹，也没有发出声响啊！"

"哈哈，是那个闹钟告诉我的！"说着用手指了指床头柜上的一只闹钟。小偷恍然大悟。

请问：你知道那个闹钟是如何告诉小五郎有贼闯入的吗？

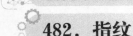
482．指纹

夏日的一天，有人报案称独居于中心公寓的琳达女士被发现死在了自己家中，是被子弹击中要害，当场毙命。

根据警方的调查发现，死者在当晚接触过的人有3名，分别是甲、乙、丙。甲是琳达的好朋友，两个人聊了很久，后来甲有急事先走了，其间琳达为甲倒了一杯冰镇果汁；乙是琳达的前男友，因为感情上的事争执了一番后，不欢而散，其间琳达为他倒了一杯白水；丙是琳达的同事，想向琳达借钱，没有借到，骂骂咧咧地离开了，其间琳达为他倒了一杯冰咖啡。

现场没有留下任何有价值的线索，就连那三个玻璃杯上也只有琳达一个人的清晰的指纹。显然凶手特意擦掉了自己的指纹，但是为什么另外两个不是凶手的人的指纹也消失了呢？难道也是凶手擦掉的吗？擦掉指纹的那个凶手是三个人中的哪个呢？

483．识破谎言

史蒂芬的公司经营不善，到了快关门的地步。这天中午，有人发现史蒂芬的公司突然冒起了黑烟，不久火越烧越旺，把整个公司都烧毁了，幸好没有人员伤亡。火灾过后，保险公司来人调查起火原因。史蒂芬说："今天中午，我正在办公室处理公务，突然电灯闪了两下，然后电线冒起了火花，引燃了我桌上的文件。我连忙用水把文件和电线上的火浇灭，然后跑了出来，打算去找修理工。哪承想等我回来，整个公司已经烧着了。一定是那些电线老化年久失修，在我离开以后又一次起了火。"

调查人员说："你确定你离开的时候用水扑灭了文件和电线上的火花？"

"是的，我确定。"史蒂芬回答道。

"对不起，史蒂芬先生，这场火灾属于你人为纵火，不在我们的赔偿范围之内。"保险公司的调查人员说。

请问：调查人员为什么说这场火灾属于人为纵火呢？

484．意外还是谋杀

在伦敦火车站，发生了一起火车撞死人的事故，警察马上前去调查。事情是这样的，一名年轻女子推着轮椅走进车站，轮椅上坐着一位老人。不一会儿火车进站了，女子推着老人向火车靠近，突然，女子向远离火车的方向倒了下去，同时手松开了，轮椅带着上面的老人向火车轨道滑去。火车还没停下就撞在了轮椅上，老人当场死亡。

年轻女子马上冲了过去，拉着老人大声痛哭。警察询问女子事件经过，女子哭着说："我带着父亲打算去巴黎治病。火车进站的时候，有一股强大的气流把我推开，我一失手松开了轮椅，父亲他就……"说到这里女子泣不成声。

警察在旁边听着，冷冷地说："我不知道原因是什么，但是你在撒谎，是你杀了你的父亲。"

请问：为什么警察会这么说呢？

485．消失的字迹

张三和李四是生意伙伴，一次两人合作做一场生意，张三带的钱不够，便向李四借了 20 万元。由于没有找到合适的稿纸，张三便拿出了一张自己的名片，用自己的钢笔写下了"张三从李四处借款人民币贰拾万元整"的字样，并签上了自己的名字和日期。过了一段时间，到了约定还钱的日子，张三迟迟不还钱，李四找张三来要。张三说："我向你借过钱吗？我怎么不记得呢？你有凭据吗？"

李四找出张三写为字据的名片，奇怪的是，上面竟然一个字都没有。

你知道张三是如何做到的吗？

486．曝光的底片

侦探小五郎派助手去跟踪一个毒品贩，拍摄下他们毒品交易的证据。经过十几天昼夜不断的努力，助手终于完成了任务。在返回的途中，在旅馆里，助手突然咳嗽起来，到了医院怀疑是肺结核，需要拍 X 光确认。没办法，助手只好去照 X 光。结果显示肺部没有什么问题，应该是普通的感冒。助手放下心来，马上赶回侦探事务所向小五郎交差。可是当小五郎拿到底片的时候，发现底片全部曝光了。

这到底是怎么回事呢？是助手拍摄的时候疏忽了，还是之后什么时候不小心把底片曝光了呢？

487．驯兽师之死

杰克是马戏团的一名驯兽师，他最擅长的表演是把自己的头放在狮子的口中。

这种既惊险又刺激的节目总是能吸引大量的观众。他们已经合作过很多次了，从没有失误过。

有一天，当杰克在表演这个节目的时候，狮子出乎意料，一口咬碎了他的头。

当然，在表演前，狮子已经吃了很多肉，不可能因为饥饿发生这种事情。

你知道到底是什么原因吗？

488．失踪的弟弟

某地有两个亲兄弟，素来不和。一天，哥哥被发现暴死街头，弟弟失踪了。警察在调查现场时发现，死者的血型是 B 型，现场遗留有另外一个人的 AB 型血。应该是凶手在与死者打斗时留下的。家人不知道弟弟的确切血型。后来调查得知，兄弟俩的父亲为 O 型血，母亲为 AB 型血。

请问：失踪的弟弟是凶手吗？

489．心虚的凶手

一天，有人报案称自己的丈夫开枪自杀了。警察马上赶到现场，发现一名男子右脑太阳穴的位置中了一枪，倒地死亡，右手握着一把手枪。报案人是死者的妻子，说自己正在厨房做晚饭，突然听到"砰"的一声枪响，跑出来一看，发现丈夫自杀死了。

警察一边在死者右手上涂石蜡，一边对死者的妻子说："等会儿我们就会知道你丈夫到底是不是自杀了。"

妻子一看，顿时心虚了起来，没多久就承认了杀死丈夫的真相。

你知道妻子为什么突然心虚了吗？

490. "杀人"的酬金

王先生是一家上市公司的老总。一天清晨，他一个人在公园锻炼身体，突然从路边的树丛中闪出一位妙龄女子，拦住他的去路。

"我们认识吗？"王先生纳闷地问道。

"我们不认识，不过我想××公司的张老板你应该认识吧。顺便告诉你，我是一名杀手！"女子冷笑了一声回答道。

张老板正是与他存在竞争关系的另一家公司的老总，两家可以算是死敌了。

"他雇你来杀我的？"王先生一惊，吓得退后了几步。

"别担心，王先生。我没打算对您动手。相反，我是来帮您的。要知道我们这行也都是为了钱。"女子说。

"帮我？怎么帮我？"王先生听对方如此说，稍微放下心来。

"我知道张老板是你的死对头，我可以帮你干掉他，只要你愿意付给我100万元。"女子说。

"干掉他？那我岂不是也会受牵连？"王先生说。

"这点你大可放心，我自有办法，不使用任何凶器，而是让他病死，一点痕迹都没有。"女子说。

"你开玩笑吧，天下哪有这种事情？"王先生有点儿不相信。

"这你就不用操心了。你给我3个月时间，如果我做到了，你再付款也不迟。"女子说。

王先生答应了。

过了大约两个月，果然，有消息称：××公司的张老板因病医治无效死亡。

又是一个清晨，还是在那个公园里，王先生再次遇到那位妙龄女子，他如数付了酬金。

女子到底是如何做到的呢？

491. 电梯

第二次世界大战期间，德国占领了法国巴黎，在一家旅馆内，四名客人乘坐同一部电梯。其中有一名身穿军服的纳粹军官、一名法国的爱国青年、一位漂亮的姑娘，还有一位老妇人。突然，电梯发生故障停了下来，灯也熄灭了。电梯里黑漆漆的什么都看不见。突然，听到一声亲吻声，紧接着是一巴掌打在人脸上的声音。过了一会儿电梯恢复了运行，灯也亮了。只见那名纳粹军官的脸上出现了一块明显的被打过的痕迹。

老妇人心想："真是活该，欺负女孩子就应该有这种报应。"

姑娘心想："这个人真奇怪，他没有吻我，想必吻的是那个老太太或者那个小伙子。"

纳粹军官心里却在想："怎么了？我什么都没做，可能那个小伙子亲了姑娘，而姑娘却错手打了我。"

只有那名法国青年对电梯里发生的一切了如指掌。你知道到底发生了什么吗？

492．潜泳谋杀

张三、李四、王五是好朋友，他们都是潜泳爱好者，经常一起相约去海中潜水。

这天，他们又一同出海潜泳，张三负责开船，李四负责准备食物，王五负责氧气筒的充氧和分发。

一行人到了海上的预定地点，约定两个小时后回到船上会合，分发完装备大家就分别下海潜水了。到了约定的时间，张三和王五先后回到船上，却迟迟不见李四回来。预计可能因为意外发生危险，二人选择报警。不久，警察在他们潜水的地方找到了李四的尸体，已经死亡多时了。

李四的死因是窒息，检查了一下他随身携带的氧气筒，里面的氧气很充足而且很纯正。警察很快就找出了李四死亡的真正原因，这是一起谋杀。

李四是潜水能手，为什么会窒息死亡呢？凶手是谁？

493．伪造的遗书

王大爷的老伴早就过世了，膝下无儿无女，只有一个远房的侄子。这个侄子最近生意失败，急需用钱，于是打起了王大爷遗产的主意。

这天，这个狠心的侄子把王大爷杀害，伪装成自杀的样子，然后找了一个朋友用钢笔写了一封遗书，说自己年老多病，厌世自杀。

熟悉王大爷的人都知道，尽管颇有家资，但王大爷生活很节俭，平日里的每笔开销都会记录在账本上。为了不在笔迹上被别人查出纰漏，侄子叫这个朋友把王大爷的账本从头到尾抄写了一遍。

这样，遗书和账本的笔迹便一模一样了。当警察检查了遗书和账本后，认定这些东西是伪造的。

你知道警察是怎么发现的吗？

494．过圣诞

圣诞节过后不久，小明请两位刚从海外归来的朋友来家中聚会。聊天中，小明问道："你们圣诞节过得可好？"

其中一位说："我圣诞节前从上海出发，向东航行，当我到达旧金山时，圣诞节已经过了几天了，所以我是在海上过的圣诞节。有趣的是，我竟然连续过了两个圣诞节，哈哈！"

另一位说："我也是圣诞节前出发的，但我的航行方向正好和他相反，我是在圣诞节后到达的上海。我竟然没有过到圣诞节！真倒霉！"

一个人说过了两个圣诞节，一个人却说没有过到圣诞节，这可能吗？

495．吃药

一个病房里住着四个人，得了同样的病。有一天，护士发放完药物后，由于走神，忘了谁吃了，谁没吃，就又回来问四个人，四人因为和护士关系不错，就想逗逗她，分别说了下面一句话：

A：所有的人都没吃药

B：D 没有吃药

C：不都没有吃药

D：有人没有吃药

如果四人中只有一个断定属实，则以下哪项是真的？（　　　）

A．A 断定属实，D 没有吃药

B．C 断定属实，D 吃了药

C．C 断定属实，但 D 没吃药

D．D 断定属实，D 没吃药

496．探险家的发现

两名探险家在一处海拔 4000 米高的岩洞中发现了几幅壁画。壁画颜色不是很鲜艳，但是却清晰可辨。第一幅画着一群奔跑的猛犸象，第二幅画着一只长毛犀牛，第三幅画着一群穿着树叶衣服的猎人在追杀一只恐龙。

探险家甲非常高兴，说："这下我们要出名了，竟然有了这么大的发现！"

探险家乙冷笑一声说道："别高兴得太早了，这些壁画是假的！"

你知道乙为什么这么说吗？

497．吹牛

小明养了一只漂亮的德国牧羊犬，一见到人就吹嘘这只狗有多聪明。

一天，他又在向朋友夸自己的狗聪明："这只狗名字叫米拉，它非常聪明，我让它躺下它就躺下，让它睡觉它就睡觉。神奇的是，它几乎可以听懂我说的每一句话，我让它拿来红色的球，它就会拿来红色的球；我让它拿来绿色的球，它就会拿来绿色的球……"

朋友笑了笑说："你在吹牛，这是不可能的！"

你知道朋友是怎么发现他吹牛的吗？

498．说谎

小丽喜欢到处旅游，经常会在朋友圈发各种旅游的照片。一天，她又发了一张照片，说自己是上周四在水城威尼斯旧城区拍下的。只见照片中有一条宽宽的运河，上面穿梭着几艘游览船。旁边的街道上停着几辆汽车，还有几个外国人。

小丽的一位朋友看了一眼照片就认定这不是威尼斯，并指出："虽然我从没去过威尼斯，但我可以确定这里不是。你应该是在某个有运河的街道上随便拍的。"

这张照片的问题出在了哪儿呢？

499．丢失的钻石

王丽是一个职业小三，经常会有男人送她一些贵重的首饰。王丽又很喜欢在朋友面前炫耀，所以激起了不少人的怨恨。

这天，王丽又收到了一份贵重的礼物——一颗 2 克拉的大钻石。她趁着聚会的时候，不失时机地拿出来炫耀。在场的客人无不对其露出羡慕的神色。展示完毕，王丽把钻石放在精美的首饰箱中，并用糨糊把首饰箱重新封好，放在了柜子里。

这天的聚会真是多事之秋，中途出了不少意外。先是一位客人被不知道什么虫子咬了一口，手指肿了起来，王丽拿出碘酒为其消毒伤口。慌乱中，打碎了一面穿衣镜，在收拾碎镜片的时候，另一位客人被划伤了手指，王丽赶紧为她包扎。还有一位客人手指被门夹了，虽然没有出血，但还是肿了，王丽给她涂了些云南白药。

一阵忙乱之后，终于恢复了平静，正当大家想喘口气的时候，突然有人发现，刚刚封好还没干的珠宝箱被打开了。王丽过去检查，发现里面的那颗大钻石不见了。

案情重大，王丽连忙报了警。不一会儿，警察来了，一番调查之后，锁定嫌疑人正是刚才受伤的三位客人之一。警察分别查看三个人的手指，有一些发现：被虫咬的客人，手指呈蓝黑色；划伤手指的客人，血从纱布上透了过来；被门夹了手指的客人，手指肿得更大了。

一番思考过后，警察认定了犯罪嫌疑人，从她身上搜出了钻石。

到底是谁趁乱偷了钻石呢？

500．怕麻烦的杀手

贝利是一名一流的杀手，成名之后，他不再像以前那样，为了钱可以冒很大的风险，现在他只接一些简单容易、没那么麻烦的任务。

一次，有三个人同时找到了他。

第一个任务是在纽约市第九大街的珠宝店门口，杀死珠宝店店主，伪装成抢劫杀人的样子。酬劳为 20 万美元。

第二个任务是把普林斯顿市的女市长在她家附近射杀，伪装成仇杀的样子。酬劳为 25 万美元。

第三个任务是把住在旧金山的一位女教师在她的住处枪杀，伪装成失踪的样子。酬劳为 40 万美元。

表面看上去，第三个任务最容易完成，而且酬劳最高。但贝利却拒绝了，只接了前两个任务。

你知道这是为什么吗？

附　录

问题参考答案

第一篇答案

1. 因为现场李四拿枪的抽屉是关着的，一个人在紧急情况下拿出枪后不可能关上抽屉再射击，肯定是有人布置的假象。

2. 是第三个人。因为彩虹的位置和太阳相反，所以看彩虹时绝不会觉得阳光刺眼。

3. 因为青铜是一种抗摩擦性很强的金属，和路面撞击不会擦出火花，所以张三在说谎。

4. 因为浴室的灯是关着的，人不可能关着灯洗澡。张三是在早上天亮的时候把李四运回家的，他忘记了开灯。

5. 在用钥匙开门和锁门时，我们会用大拇指和食指把住钥匙。食指用的不是指尖，而是关节旁边的部分。也就是说，钥匙上的指纹应该一面是大拇指完整的正面指纹，一面是食指侧面的不完整指纹。事件中的钥匙两面都有完整的螺旋形指纹，说明一定是凶手制造的假象。

6. 问题出在电脑的键盘上。如果丈夫是自杀的，打完遗嘱后按键上一定有他的指纹。

7. 用的是那块冻豆腐。冻豆腐刚从冰箱里拿出来，被冻得非常硬，足可用来当凶器。

8. 是第三个人。录音笔开始的 1 分钟多时间里没有其他声音，只有关门声。这说明那个人从安装录音笔到出门的这段时间都没有留下脚步声，只有穿运动鞋走路才会没有声音。用录音笔窃取情报，一定会来回收录音笔，因此，作案人不会特意放轻脚步。

9. 因为从泰国首都曼谷到北京有直达航班，没必要从菲律宾转一次飞机；就算是去菲律宾旅游，也不会只在菲律宾待几个小时马上又飞下一个地方。

10. 因为他为了烤火鸡点燃了壁炉，一栋没人住的房子烟囱冒烟，当然会引起巡警的注意。

11. 是 2 号病房的糖尿病患者，因为人在紧张时手心会出汗，而且糖尿病患者比正常人更容易出汗，且汗液中还含有糖分，所以用过的凶器会招来蚂蚁。

12. 小偷所在的位置恰好挡住了维特家的大座钟，本来维特听惯了座钟钟摆的"嘀嗒"声，现在听不到了，说明小偷就在大座钟前面，所以他向座钟的方向开了枪，就打中了小偷。

13. 因为张三的行李箱超大，必须托运，而托运的行李箱上写有"张三"的名字，再加上张三在门口张望，李四看了一眼张三的行李箱就可以确定了。

14. 因为小王是这里的片警，很熟悉附近的情况，他知道李利没有哥哥。李利说哥哥向他问好，他就明白了。

15. 因为死者的骨骼上有黑斑，这通常是硫化铅的痕迹，说明死者生前接触过大量铅尘。据此可以断定死者是重金属冶炼厂的工人或附近的居民。

16. 凶手利用底片反洗照片来做不在场的证据。其实拍照时间是当天上午 9 点，反洗照片后，看起来就像下午 3 点一样。细心的警察发现，照片上凶手穿的衣服纽扣是左右颠倒的，所以警察知道这张照片是伪证。

17. 劫匪是制作防盗玻璃柜的人。他在制作玻璃的时候留下了一小块瑕疵，也只有他自己知道这块玻璃的弱点在哪里。有了这个瑕疵，用锤子在那里一敲，玻璃就会破碎。

18. 怀特加了一夜的班，天亮才回到家。而他的妻子说自己是在前一天下午被喂了安眠药睡着的，所以她醒来后讲述案情时应该说今天下午 3 点左右，而不是昨天下午。显然她并没有真的睡着，知道已经过了一晚。而且酒窖没有窗子，不可能判断出当时的时间。

19. 凶手事先把 100 元钱扔在地上，等张三回来发现钱弯腰捡的时候，他从二楼窗口朝下射箭，杀死了张三。

20. 警察调查被烧毁的汽车就会知道，车掉下山谷时油箱里几乎没有油了，不可能被那么大的火烧成灰烬，所以 007 的失误在于不该淋上汽油点火。

21. 因为张小姐的头发是昨天晚上新修剪的，所以发梢很齐。死者手中的头发的发梢是圆的，也就是说，它们是修剪之前的头发，所以一定是有人嫁祸。

22. 用茶汁染黄的字据全是黄色的；时间久远的字据，叠起来保存的话，应该是外面发黄，里面还是白的。

23. 因为埃及没有双峰驼。

24. 因为冬天戴着眼镜的人如果从外面进入浴室，眼镜会结雾而看不清人。

25. 因为当时外面的气温达到零下 20 多摄氏度，事发地点又在离旅馆 2 千米外，就算跑回来，衣服也应该结了冰，而他却是浑身湿漉漉的。这说明他是在旅馆附近自己用水淋湿的。

26. 凶手是中村妙子。因为贺年片印有羊的图案，说明当时是羊年，计算一下，22 岁的中村妙子正好属鸡。

27. 警官看到那条狗跷起后腿撒尿，立刻识破了那个男子的谎言。

因为只有公狗才跷起后腿撒尿，母狗撒尿时是不跷腿的。那个男子却用"玛丽"这种女性的称谓叫那条公狗。如果他真是这家的主人，是不会不知道自己家所豢养的狗的性别的。

由于这条狗长得毛乎乎的，小偷从外表上看不出它的性别，便随口胡乱用了女性的名字叫它。

另外，这条狗之所以对小偷很温顺听话，是因为他进来时喂了它几片肉。

28. 因为两人都在一楼商场门口，基德上 3 楼，只要爬 2 层。而柯南下地下 3 层要下 3 层楼。柯南一定会输的。

29. 因为商人恶贯满盈，有人为了报仇就在他回家的路上立了一面与道路同样宽的大镜子。当他经过的时候，产生了错觉，将镜子里反射出的自己的车当作对面开来的车，慌忙中掉下悬崖摔死了。

30. 因为那条小路在两个悬崖中间的山谷里，没有任何危险，只要一步步走下去就可以了。

31. 罪犯提前在董事长的一个车胎里充入高压氰酸钾气体。早上，当董事长想开车时，发现一个轮胎的气太足，就想放出一些气。这样带有剧毒的氰酸钾气体喷出使其身亡。

32. 因为男子在钓鱼，不可能从水面看到后面的人影向他靠近。

33. 因为海拔 4000 米的高山上气压很低，易拉罐一打开，啤酒沫会冒出很多，而小明展示的照片中没有冒出啤酒沫。

34. 是犯罪团伙利用鸵鸟走私钻石。鸵鸟的胃很特殊，它会吞食小石子帮助消化。这些石子不会排泄掉，而是留在胃里。犯罪团伙利用这一点，让鸵鸟吞食钻石，走私回国，然后杀死鸵鸟，取回钻石。

35. 山本司机被副驾驶员杀害，尸体被投入蒸汽机车的锅炉里烧掉了。

36. 因为猫眼是用凸透镜制成的，会让人的脸看起来胖一些。

37. 首先，在一楼看不到三楼的人脚下的凳子；其次，妻子见到丈夫上吊的第一反应应该是把他放下来施救，而不是让他在那挂着。

38. 后面的车亮起刺眼的前灯，女子是不可能认出后面车里是谁的，所以他们一定是串通好的。

39. 因为这位律师是女的。

40. 凶手是女佣。她是在晚上 8 点之前杀死了王博士，然后放在外面，因为冬天外面很冷，从而影响了对死亡时间的判断。早上她将在外面放了一夜的尸体搬到床上，打开电热毯，使冻僵的尸体变软。这也是王博士被窝暖和的原因。

41. 因为如果真的停了一晚上的电，靠电加热的鱼缸里的热带鱼应该死掉才是。另外，他早上回来的时候不会没有注意到门被撬开了。

42. 在圣诞节的前一天，肯特是无法利用太阳光在北极圈内生火的。因为每年10 月到第二年 3 月这段时间，北极圈内是没有阳光的，即处于极夜状态。

43. 这是"死后僵硬"所引发的偶然事件。人的头部中弹后，会立刻发生全身僵硬现象。自杀者开枪射中自己头部后，握着枪的手僵硬收缩，压迫扳机而发射了第二枪。

44. 凶手用绳子系住滑雪杆，把绳子缠在手腕上，再将滑雪杆抛向女游客，刺中她的胸口，再用绳子拉回滑雪杆，所以找不到凶器。

45. 不是自卫，是谋杀。因为有两个疑点：第一，三处伤口排列得太整齐了，一个情急之下开枪的女人似乎不可能做到。第二，玻璃碎片在伤口之上覆盖着，说明玻璃是杰克逊死后才打破的。如果玻璃碎片是杰克逊在冲破玻璃时留下来的，那么子弹的冲击力也应该将碎片带进伤口里面去，但事实是碎片盖在伤口上面。

46. 用冰激凌把煤气的口堵住，冰激凌融化后煤气就泄漏了。

47. 警察苦思冥想，终于想出了一个好办法：掷骰子。他是这么定的：若掷到1～4点就去银行巡逻，若掷到5、6两点则去酒馆。这样一来，他就有2/3的机会去银行巡逻，1/3的机会去酒馆巡逻。

小偷自然也要选出一个策略来，最后居然也是选择了掷骰子的方法，只不过1～4点是去酒馆，5、6两点则去银行。那么，小偷有1/3的机会去银行，2/3的机会去酒馆。

48. 凶手先把男子用生牛皮绑住脖子，但不至于勒死，在太阳光的暴晒下，生牛皮会收缩，越勒越紧，就把人勒死了。

49. 首先，第二天，有4个人喊叫。一定是4个平民在喊叫，其中不可能有小偷。可得出下面3种可能的情况。已知有4个平民被盗，1个警察，且小偷一天偷一次。所以，第一种情况：4个小偷，4个平民，2个警察。第二种情况：4个小偷，5个平民，1个警察。第三种情况：5个小偷，4个平民，1个警察。

第一天，这几个小偷不约而同地偷了豪宅(除了10个房间以外的地方)里的东西。这也解释了为什么第二天被盗的4个人当中一定没有小偷。

分析第一种情况：因为4个平民都可以识别警察，而警察又有2个。并且第二天他们4个平民又互相知道了彼此的身份，所以他们每个人都很清楚剩下的4个人一定是小偷。因此，他们每个人都会写两封一样的匿名信，分别投进2个警察的信箱里。而题目中却是5封信，并且每封信里所包含的姓都不一样，所以第一种情况是不可能的。

第二种情况：4个小偷，5个平民，1个警察。

首先，当每个被盗的平民看到外面只有1个警察时，每个被盗的平民都不能确定剩下的5个人中到底是4个小偷和1个没有被盗的平民，还是这5个人都是小偷，所以他们无法写匿名检举信。换句话说，在5个平民中，只有那个没有被盗的平民知道外面有4个被盗平民、1个警察。从而推断出剩下的4个人一定是小偷，他只用写一封信就够了。其次，那4个小偷如果看到外面有5个平民，每个小偷都能推出那个没有被盗的平民一定会写一封信给警察。因此，他们就不约而同地做出了一件事。因为每个小偷都无法从除了自己、5个平民以外的4个人中推出谁是警察，所以他们每个人都写了4封信，而这4封信的特点是：每封信都不写自己、收信人和4个被盗的平民的姓，然后把这4封信分别投入对应的收信人的信箱。那么，总会有一封信被警察收到。因此，警察一共会收到5封信，这5封信的内容都不一样。

警察看完信，想了一会儿后马上冲出去。为什么警察要冲出去呢？他已经知道谁是小偷了。为什么这么急呢？怕小偷销毁证据。

警察只能推出5个嫌疑人中有4个是小偷，无法判断哪个是没有被盗的平民。

　　当那 4 个小偷看到有一个没有被盗的平民后，每个小偷都会知道这个平民一定会写给警察一封匿名检举信。所以这 4 个小偷都会写 4 封匿名诬告信。有一点你们都没有注意到：当小偷在写第一封信的时候，他的潜意识里已经有了 3 个人的姓。其中一个是自己的姓，另一个是收信人的姓。这两个人的姓都不能写在信里呀！对！还有一个人，小偷一定是第一个写这个人的姓。这个人就是没有被盗的平民。因为只有他在每个小偷的脑海里是有直观印象的，而其他 3 个人的姓只能靠推理，随机地推出一个写一个。因此，这个小偷在写每一封信的第一个姓的时候就不假思索地写下了没有被盗的平民的姓。其他的小偷都会这样想、这样做。因此，警察收到的 5 封信应该是：其中有 4 封信的第一个姓是一样的，只有一封信的第一个姓是不一样的；这封第一个姓不一样的信的写信人就是没有被盗的平民。

　　第三种情况下，5 个小偷都会写信给警察。

　　第一天，有 5 个小偷不约而同地偷了豪宅(除了 10 个房间以外的地方)里的东西。到了第二天，有两种可能。

　　第一种可能：5 个小偷都偷了 4 个平民，有 1 个平民被偷了两次。这 5 个小偷都认识外面的 4 个平民，每个小偷都会想：如果有 2 个警察，那么每个警察一定会收到 4 封信，每封信包含的姓是一样的。而且每个小偷都会想到警察会想到这些。在这种情况下，每个小偷都意识到包括自己在内的所有小偷都会被抓，所以他们就没有必要再去写匿名诬告信了。如果只有 1 个警察，那么就应该有 5 个小偷。每个小偷都知道那 4 个平民是不会给警察写信的。因为这时候每个被盗的平民都不能确定剩下的 5 个人中到底是 4 个小偷和 1 个没有被盗的平民，还是这 5 个人都是小偷，所以他们无法写匿名检举信。每个小偷都会想到这一点。因此，为了能让自己不被警察怀疑，每个小偷都会写信给警察。

　　第二种可能：第二天，4 个小偷不约而同地偷了 4 个平民，这个时候，有 1 个小偷偷的还是豪宅(除了 10 个房间以外的地方)里的东西，那么，偷平民的那 4 个小偷他们的想法和上面是一样的。那个偷豪宅的小偷，他会不会一定写匿名诬告信呢？

　　答案是：会的！

　　因为他能清清楚楚地推出：一定有 5 个小偷(包括自己)。他也能想到其他 4 个小偷会写包含自己的姓的匿名诬告信。如果自己不写信给警察，那么警察就会收到 4 封信，每封信的内容里都有自己的姓，这样很容易让警察怀疑自己。因此，每个小偷都会写匿名诬告信。

　　所以，最终的答案是：

　　1 个警察——陈。

　　4 个平民——张、王、李、徐。

　　5 个小偷——董、许、林、孔、赵。

　　50. 洗澡后镜子模糊，根本看不清人影。

51. 开着窗户那么长时间，房间里面是不会那么暖和的。

52. 因为即使是把油泼了上去，大量的冷油也会将火熄灭的。

53. 如果是自杀的话，死者肌肉松弛，是不可能握住药瓶的，一定会滑下来，药瓶明显是死后被人塞到手中去的。

54. 凶器是那名女大学生的头发。

55. 先考虑第三句话，如果乙有罪，那么既然他不会开卡车，他必定有搭档，也就是甲或丙也有罪；如果乙无罪，因为作案者在他们三人里边，所以甲或丙有罪。可见甲或丙至少有一个人是有罪的。如果丙无罪，有罪的只能是甲；如果丙有罪，根据第二句话，甲也有罪。因此，甲肯定是有罪的。

56. 丙既然已经确定无罪，就可以不考虑了。如果甲无罪，那么有罪的只能是乙；如果甲有罪，那么根据第二句话他必然有搭档，这个搭档只能是乙。总之，乙必然是有罪的。

57. 假设丙无罪，那么有罪的只能是甲或乙，甲和乙不会单独行动，只能是两人都有罪。已经知道双胞胎里有一个当时不在现场，所以矛盾。因此丙有罪。既然丙永远单干，那么双胞胎兄弟就是无罪的。

58. 我们先假设乙无罪，甲有罪，根据条件 A，丙也该有罪，可是这和条件 C有矛盾。因此乙无罪的话甲也肯定无罪，但这样一来，丙就成了唯一有罪的人了，和 B 矛盾，所以乙必然是有罪的。

　　也可以换一个思考角度，先假设甲有罪，这样根据条件 A，乙和丙至少有一个人是有罪的，又根据条件 C，这个搭档不会是丙，因此只能是乙，即如果甲有罪，乙也有罪；再假设丙有罪，根据条件 B 和 C，丙必然有个搭档，而且这个搭档不会是甲，只能是乙，即如果丙有罪，乙也有罪；如果甲和丙都没有罪，根据条件 D，乙肯定有罪。所以乙必然是有罪的。

59. 如果丙有罪，根据条件 C，就要有三个人有罪，由条件 A 知甲是无罪的，这样有罪的就是乙、丙、丁三人，但这和条件 B 矛盾，可见丙是无罪的。如果乙有罪的话，根据条件 B 可知丁也有罪；如果乙无罪，有罪的就只剩下丁了。总之，无论是哪种情况，丁都是有罪的。

60. 警官实际上说的是那人不曾单独偷过东西。那人马上否认这句话，等于是承认自己曾经单独偷过东西。

61. 根据条件 A，如果甲无罪，那么丙有罪；根据条件 B，如果甲无罪，那么丙也无罪。可见如果甲无罪，丙既有罪又无罪，矛盾。所以，甲肯定有罪。

62. 可以确定乙和丙两个人里至少有一个人是有罪的。因为假设甲无罪，根据条件 A，乙或丙必有罪；假设甲有罪，乙无罪，根据条件 B，丙必有罪；假设甲有罪，乙有罪，乙、丙之中至少一个人有罪还是成立。

63. 第一问，假设甲有罪，根据条件 B，乙和丙中至少有一个人有罪，如果乙无罪，有罪的只能是丙，如果乙有罪，则甲与乙都有罪，根据条件 A，丙也有罪。

这就证明了，如果甲有罪，则丙也有罪，同时根据条件 C，既然丙有罪，那么丁也有罪。这样就得到如果甲有罪，丁也有罪。

另外，根据条件 D，如果甲无罪，丁还是有罪。既然不管甲有罪无罪，丁都是有罪的，那么丁一定是有罪的。其余的人是否有罪无法确定。

第二问，这四个人都是有罪的。根据条件 C，如果丁无罪，那么甲有罪，再根据条件 D，如果丁有罪，那么甲还是有罪，可见甲必定有罪。因此根据条件 A，乙也有罪。再根据 B，既然已经知道甲无罪不成立了，所以丙也有罪。最后根据条件 C，如果丁无罪，丙也无罪，但是既然丙并非有罪，因此丁必定有罪。综上所述，他们四个全都有罪。

64. 因为假设这个人是君子，他说的话就是真的，偷东西的人应该是个小人，因此，这个人必定无罪。反之，假设这个人是小人，他说的话就是假的，偷东西的人应该是个君子，这个人还是无罪。

65. 第一问，我们先假设村长是小人。这时候，村长宣布的事项 A 和 B 都该是假的。既然事项 A 是假的，甲就是无罪的；既然事项 B 是假的，甲和乙就都有罪，因此甲有罪。这样就相互矛盾了，可见村长只能是君子。因此，甲确实是有罪的，根据事项 B，乙是无罪的。

第二问，假设村长是小人，那么两句话都不是真的，既然事项 A 是假的，甲和乙就都无罪，可是因为事项 B 也是假的，甲应该有罪，这就矛盾了。因此，村长是君子，甲无罪，乙有罪。

66. 首先可以确定的是甲不可能是君子，不然根据题意甲就是罪犯，可是作为君子甲又绝不会谎称自己无罪的；但甲也不可能是小人，不然他的陈述该是假的，反而成有罪了。所以，甲是凡夫，并且无罪。既然甲无罪，乙的陈述便是真的，所以，乙是君子或凡夫。假设乙是凡夫，丙的陈述就是假的，丙理应是小人或凡夫，这样三个人就都不是君子，和题意不符了。因此，乙不可能是凡夫，必定是君子，他是有罪的。

第二篇答案

67. 因为县官问"他们应该到了吧？"的时候，邻居回答"还到不了"，说明他知道那棵大树的地点，所以说年轻人说的是真实的，邻居在撒谎。

68. 杰克把凶器刀片用绳子绑在鸟的腿上，自杀后，小鸟从窗口飞走了，带走了凶器。

69. 因为他把箱子还给旅客的时候，没有着急去找自己的箱子，这说明他本来就没有箱子，这个箱子是他偷来的。

70. 因为死者身上和车上只有几片落叶，而周围的地上却被落叶铺满了，说明死者被移过来的时间不长。

71. 因为如果真的按男子所说的那样，来电之后，电视机应该继续播放节目，而不是"屋子里一片寂静，一点声音都没有"。这说明男子在撒谎。

72. 因为胡三娘是在四月被杀的，而且当时还是夜里下着小雨，天气一定不热，不需要用扇子，而且谁杀人的时候还会带着扇子呢？明显是凶手嫁祸于人。

73. 因为狗没叫，说明凶手必定是居住在附近的熟人。再加上此人背后有与姐姐厮打时造成的抓痕，就可以知道他是凶手。

74. 因为列车在停靠车站时，为了保证站内卫生，厕所一律锁门，禁止乘客使用，去长沙的乘客说他在上厕所，所以是在撒谎。

75. 因为刚偷吃完鸡蛋，一定有蛋黄塞在牙缝里。妈妈让三个孩子分别喝一口水，漱漱口，然后吐在盘子里。谁的漱口水中含有蛋黄沫子，就是谁偷吃了鸡蛋。

76. 头已经面目全非了，张三却知道是李四的，肯定是他把李四的头藏起来的。后来听说只有找到头才能定案，由于他急于与妇人成亲，所以才拿出了藏起来的李四的头。

77. 车主是劫案的同谋。他有两个同伙，并弄了两辆颜色和车牌完全相同的车。同伙抢劫完后，车主开着车在警察局外面，故意吸引警方的注意力，为同伙开脱。

78. 小明把围着的毛线围巾拆开，用长长的毛线穿过玻璃杯的柄，慢慢地把杯子从窗户放到地面，然后松开线的一头，拉另一头把毛线收回，装在口袋里。

79. 因为被害人被撞得仰面朝天，这时看到的车牌号是倒着的，所以真正的车牌号不是 8961，而是 1968。

80. 因为小明看到的是背影，所以右边的是警察。因为警察要保证自己的安全，所以会把自己的左手和小偷的右手铐在一起。即使小偷有反抗行为，警察也可以用空闲的右手拔出手枪来制伏对方。

81. 县令派人秘密监视二人，大儿子因受不过苦刑，抱怨父亲，于是便得到了供词。

82. 酋长出的谜语，谜底是青蛙；年轻人出的谜语，谜底是蛇。

83. 办案人员书面盘问结束后，淡淡地说了一句："没事了，你可以回去了。"

84. 是乙。

假设队员甲在接到手机呼叫后就被杀，时间为 9:15。

上游的丁返回接手机呼叫的时间为 9:50，也就是说，只有 35 分钟，少于 40 分钟，逆水而上时间不够。

对岸的丙返回接手机呼叫的时间为 9:45，也就是说，只有 30 分钟，对岸 30 分钟回不去，这不符合条件。

只有乙在甲下游，第一次接到手机呼叫时是 8:15，离 9:15 有 60 分钟，9:15 离他第二次接到手机呼叫时间 9:40 有 25 分钟，总计时间有 85 分钟。而且下游的他在 60 分钟内有足够的时间逆水到达队员甲的帐篷，在 25 分钟内有足够的时间顺水回到自己的帐篷接到手机呼叫。

85. 因为衣柜里放有樟脑丸，如果真像房主所说，已经有两年时间没有人在这里住了，那么哪来的樟脑丸呢？就算有也应该挥发掉了。

86. 因为药箱内的体温计也被烤热了，达到了 42℃。普通病人的体温无论如何都不能达到 42℃，加上外面的温度又很低，所以可以断定这里不是第一现场，一定是有人将他从热的地方搬过来的。

87. 死者是在汽车撞上山崖前飞出车子的，但是在车上却发现了血迹，说明死者上车前已经死了。死人是不会开车的，而 C 却看见死者正开着他的跑车离去，所以 C 在说谎。车里的石块是用来压住油门从而让车子行驶的，但由于车子没有直接冲出悬崖，而是撞上了围栏，使得车子成了破案的证据。

88. 绅士先在手枪柄上系上一条长长的纸带，把纸带的一头放到羊圈里，然后开枪自杀。因为羊喜欢吃纸，就在吃掉纸带的同时，一点一点地把枪拖到了羊圈里。

89. 大徒弟说了谎，是他偷走了夜明珠。老方丈是中秋时走的，出去了半个月，昨晚应是农历初一，没有月亮，哪能有月光呢？

90. 因为如果用圆珠笔仰面写字，会很快写不出来的，不可能写出完整的遗嘱。

91. 死者生前既然那么爱这条狗，自杀前她肯定会把狗放走，因为没有人照料这条狗的话，过不了几天它就会被活活饿死。

92. 窗口不可能出现影子。刘夏说"窗口有高举木棒的影子"，他在撒谎，因为桌上台灯的位置是在于老师和窗口之间，不可能把站在于老师背后凶手的影子照在窗子上。

93. 和警察一起跑进来的陌生人是真正的逃犯。他进诊所时，年轻人已经穿好了病号服，因此，他不应该知道年轻人是背部中弹的。

94. 放在窗台上的 9 朵玫瑰，在房间里搁了两个星期后早已枯萎凋谢，窗台、地板上肯定会有掉落的花瓣，不可能"只有一点灰尘"。据此，警长判断富翁系他杀。

95. 尸体手腕上戴的手表是全自动机芯手表。这种手表设置了循环发条，戴在手腕上，由于手臂的摆动，发条在齿轮的带动下会自动走动。如果被害人是在三四天前在山谷里被杀的话，尸体一动不动，手表照理是不会走动的。死后被人扔进山谷，手表受到震动，自然指针也就走动起来。

96. 探长并没有提到案发地点，王刚能拿回金笔，说明他知道案发地点不是花园街的小公寓，而是那家乡村旅馆。

97. 因为如果是自杀的话，伤口应该是外深里浅，从里面割下的。而从外面割的话，会形成里深外浅的伤口。

98. 凶手是黛妮的情人。因为黛妮是穿着睡衣被人杀死的。她家门上有个窥视窗，门铃响时，她会先看看来人是谁，如果是那个学生，她必定不会穿着睡衣迎客。

99. 因为王刚没有对加油员说过自己是什么车，加油员却准确地买来两个正确型号的轮胎，说明他之前见过王刚的车，所以那四个劫匪中肯定有这个加油员。

100. 拘捕的是甲。就一般人来说，只能看到老人开门或关门，而他却知道老人在锁门，说明他在仔细观察这位老人。

101. 如果凌晨 4 点钟警察收到电话就去查案，邮差和送奶工会知道人死了，也就不会留下东西了。可不巧的是，警察没有相信这事，邮差照常去了，而送奶工以为警察去查案了，所以没有去送奶。这可根据一个空奶瓶和两摞报纸推知，所以哈莱金怀疑的是送奶工。

102. 凶手：李谦。

第一次拨个"8"，"便挂断了"，代表八卦。

第二次拨的"121×111"在八卦中对应如下图形(1 表示一横，2 表示 2 横)：

离　　　　　乾

这两个图形在八卦中表示的字是"离"和"乾"。

由谐音找出凶手。

103. 罪犯是金发女郎。她自称血迹是"刚才在他身上蹭到的"，实际上那时彼特已死了 8 小时，他的血已结成冰，不可能蹭到她袖子上。

104. 在案发后 3 小时，不可能收到信件。这个时候，唯有真正的凶手才知道王小姐是被刺杀的。李先生过早地拿出这封信，恰好透露出自己是真凶。

105. 因为在死者身下压着的那张报纸是周日出版的。

106. 是 10AU81 号车，因为是在反光镜里看到的，所以号码是反的。

107. 他用木屐的带子拴住手枪，一起扔进了河里。枪被木屐拖着，顺着水流漂走了，当然不在警察搜索的范围内了。

108. 米西尔从电话里得知狄娜的消息后，再也没有和狄娜通过电话，而狄娜却知道他用新买的蓝色皮箱装钱给了威克思，显然她是从威克思处获悉的。结论非常清楚：狄娜与威克思合谋敲诈米西尔。

109. 病人上救护车的方向错了，应该头先进去，所以他们是假的。

110. 凶手是露西·普来斯，让奈的秘书。

鞋舌向里窝着——说明凶手的脚小于所穿的鞋；

白胶布接合断开的鞋带——说明凶手在很短的作案时间内，采用了职业习惯解决断带问题，即医生或护士习惯用胶布；

进入让奈的办公室并到他身后行凶而不被提防，只有他的秘书。

111. 试一下大家就会发现，小偷将一直领先一步，除非警察改变游戏的奇偶性。这点可以做到，只要警察走过三角形街区一次即可。因此，警察的策略是前三步绕过三角形的街区回到原来的出发点，然后再开始向小偷靠近，并根据小偷的具体走法，作相应调整，只要保证向小偷的方向接近即可，十步之内一定可以将小偷堵在某个角落里而抓住他。

112. 首先，如果死者的死亡时间是晚上 9:03 的话，那么录音带里应该有时钟报时的声音。其次，录音带不可能从头一天晚上的 9 点一直录到次日早上，磁带没有那么长。因此这肯定是凶手制造的假象。

113. 因为普通人翻东西的时候都是把抽屉从上到下依次拉开的。张家所有的抽屉都打开了，说明小偷是从下往上依次拉开所有的抽屉，这样前面拉出的抽屉不会妨碍查看后面拉出的抽屉，只有惯偷才懂得这样做。

114. 的确，理论上是万无一失的，但人这种动物在执行的时候总会出一些纰漏。这个小伙子在荒郊野地里找不到公用电话，只好用自己的手机与家长联系，其实就算拿手机联系了也不算什么，拿到钱直接把手机处理掉就是了，但是，小伙子拿到钱后得意忘形了，手机还在身上，结果被警察定了位，逮个正着。

115. 因为过隧道时太黑了，他以为眼睛又看不见了，受不住打击，所以自杀了。

116. 因为当年他跳入水里找女友的时候，自己的腿被一些东西缠住了。他以为那是水草，就拼命地蹬掉了。现在他终于明白，缠在自己腿上的东西不是水草，而是女友的头发。如果当时没有蹬掉，女友就不会死，所以他就后悔地自杀了。

117. 几个人乘热气球去旅行，路过沙漠时，气球突然出了故障，无法承载那么多重量，很危险。于是大家把行李都扔了下去。但还是不行，只好再扔下去一个人。大家决定拿几根火柴来抽签决定，谁抽到半根，就把谁丢下去。

118. 因为他的门开在悬崖边，那个人好不容易爬上来，他门一开，就被推下去了。如此几次，那人被摔死了。

119. 是夜里一点半。因为只有在十二点半、一点、一点半三个时刻，钟才是连续三次敲一下的。

120. 在水下通过一条 6 英尺长、口径为 1 英寸的胶管呼吸，吉恩将很快窒息，因为他吸入的正是他呼出的二氧化碳，而没有氧气。这么简单的医学常识多克当然懂得，他是借故除掉吉恩。

121. 是那位西装革履的男子。因为如果是另两个人的话，他们应该会连他最先偷的那个钱包一块偷走；就算不全偷，她们也不能确定哪个钱包是小李的。

122. 贩毒者是厨师。因为就算人再多，调料的需求量也不大，每天都买调料是不正常的举动。

123. 这是一个看起来复杂其实很简单的问题。作案时间是 12:05。计算方法很容易，从最快的手表(12:15)中减去最快的时间(10 分钟)就行了。或者将最慢的手表(11:40)加上最慢的时间(25 分钟)也可以得出相同的答案。

在分析问题的时候，最重要的是找到解决思路，把看似复杂的问题分解成简单的部分处理。

124. 我们把饼的两个面分别叫作正面和反面，这样用 30 分钟煎 3 张饼的方法如下：

第 1 个 10 分钟，煎第一张饼和第二张饼的正面。

第 2 个 10 分钟，先取出第二张饼，放入第三张饼。然后煎第一张饼的反面和第三张饼的正面。这样第一张饼煎熟，第二张饼和第三张饼都只煎了正面。

第 3 个 10 分钟，煎第二张饼和第三张饼的反面。

这样只用 30 分钟就把 3 张饼都煎好了。

125. 找一个长、宽、高都是 1 米的箱子，把钢管斜着放进去。因为 1 米见方的箱子的对角线正好超过 1.7 米。

126. 凶手是死者的侄子。因为如果是另外两个人杀死的，会将尸体投入大海毁灭证据。侄子为了得到遗产会刻意留下尸体，因为如果仅仅是失踪，那么他的财产无法被继承。

127. 因为当我们把手贴在玻璃上时，只有四个手指是正面贴着平面的，大拇指只有侧面是贴着平面的，这个手印五个手指都正面贴着玻璃，显然是伪造的。

128. 如果是被盗的话，小偷不会在费劲地撬开门之后只偷走其中一张最珍贵的邮票，而应该全部拿走，因为它们都很值钱。

129. 因为卧室里铺着羊毛地毯，所以他的妻子不可能从话筒里听到凶手逃跑时的脚步声。

130. 因为教授经常进行野外实地考察，很有经验，是不会把帐篷搭在大树底下的。否则，遇到雷雨天气容易遭到电击，所以现场一定是学生布置出来，迷惑警察用的。

131. 因为保安发现其他人的雨伞都是湿的，而这个人的雨伞却是干的，说明她不是早上进去的。

132. 因为我们都知道，夏天的中午是不能给植物浇水的，那样会造成植物死亡。这个常识园丁肯定是知道的，所以这个时候浇花的园丁一定是伪装的嫌疑人。

133. 因为保安说他拉上了窗帘，如果是这样的话，小偷从外面打碎玻璃时，碎玻璃就会被窗帘挡住绝大部分，不会落得满地都是了。

134. 第六个人。抢劫犯跑了很长一段路，肯定会像阿飞一样气喘吁吁的。只有第六个人在大口大口地喘气，并用跑步取暖来掩饰。

135. 因为在海上都有雷达监控着。箱子是铝合金的，会被雷达发现。警察根据雷达显示的情况找到了富翁藏匿赃款的地方。

136. 是那个玩滑板的孩子做的。他把自行车锁着的前轮放在滑板上固定好，靠后轮驱动着车子，把车子骑走了。

137. 因为他开了灯，邻居知道屋主不在家，突然开了灯一定是进了小偷，就报了警。

138. 是他的助理。原因是日本的国旗是看不出来反正的，所以他在说谎。

139. 因为如果是自杀，张三打开机舱后由于空气压强改变，遗书不可能还留在座椅上。明显是有人为了制造自杀的假象，后来才放上去的。

140. 冬天玻璃的外面不结冰，只有屋子里有热气，才会从内部结冰的。

141. 因为我们在写借据等有数字的凭据时，不可能用阿拉伯数字，都是用大写的数字，以免被人在前后加上别的数字，所以这个借据一定是假的。

142. 他把水管接在水龙头上，在农场里遍地洒水。因为埋箱子的深度比耕地的深度要大得多，所以渗水的速度也要快很多。通过观察哪里渗水速度快，就可以轻而易举地找到埋箱子的地点了。

第三篇答案

143. 取电文每个字的上半部分连成一句话："五人八日去九龙取金。"

144. 把这张纸条翻过来看，就是 liisbosshesellssoil

译为：李是老板，他卖毒品。

145. 警察与罪犯先过，警察回；

警察与儿子 1 过，警察与罪犯回；

爸爸与儿子 2 过，爸爸回；

爸爸与妈妈过，妈妈回；

警察与罪犯过，爸爸回；

爸爸与妈妈过，妈妈回；

妈妈与女儿 1 过，警察与罪犯回；

警察与女儿 2 过，警察回；

警察与罪犯过，成功。

146. 他是利用了毛玻璃的特性。我们知道毛玻璃一面光滑，一面不光滑。一般的玻璃门都是光滑的一面朝外，不光滑的一面朝内。只要在不光滑的一面加点水，使玻璃上面的细微凹凸变成水平，毛玻璃就变得透明了，可以清楚地看到房中发生的一切。

147. 答案为 B。

根据林肯所说的，骗子不可能在所有时刻欺骗所有的人，那就有可能在某个时刻有人不受骗，也就是说，存在某一个时刻，在这个时刻有人可能没有受骗。

148. 指针的位置作为数字，而不是时间。图 A 为 51+123=174，图 B 为 911+72=983，那么图 C 为 113-16=97。

149. 把短信每两个字拼成一个字，就可以组成下面的一句话："静佳楼玖號(9

号)取物。""玖"为数字9的中文大写，"號"是"号"的繁体。

150. 股票。

151. 是2314。

规律是同一行的前两位数乘以后两位数等于下一个数。

例如：55×67=3685，92×17=1564。

152. 基德将原来车身上的某个部件拆除，用黄金打造了新的车身并涂上涂料，警察当然没有注意到车上的部件是用黄金制成的。

153. 那这十两银子不是你的，等有人拾到十五两银子送来的时候我再通知你。

154. 陈婧在打电话时做了点手脚。在通话时，她一讲到无关紧要的话，就用手指按紧话筒，不让对方听到，而讲到关键的话时，就松开手。

这样，家人就收到了这么一段"间歇式"的报警电话："我是陈婧……现在……香格里拉大酒店……和坏人……在一起……请你……快……赶来……"

155. 题1：选D。在BOXER这个单词中已含有字母X和R，因此，在第一个和第三个单词中就不能含有这两个字母，而且这两个单词中肯定只能有1个字母T，否则便会违反已知条件(2)，由此看来，选项A、C、E都是错的。而选项B则违反已知条件。所以选D。

题2：选B。这三个单词之所以不符合XRT电脑文件名字的次序，是因为它们违反了已知条件(3)和(4)，所以要选B才能改正过来，这个文件名字的正确形式为：RAMVEXMOTHS。

题3：选D。根据已知条件(3)，最后一个单词一定要比第二个单词长，所以第二个单词只可能为3个或5个字母，不可能是7个字母。

156. 是一把带有扶手的椅子。

157. 挂钟的9点可以看成21点，所以密码应该是214827。

158. 选择B。

把图形的下半部分向上折叠，然后横向翻转。

159. 选择A。

最外圈的半圆上下变换，中间圈的半圆逆时针旋转90°，最里圈的半圆顺时针旋转90°。

160. 是第三排的第二个。

其他的都是同一个图形经过旋转或者翻转得到的。

161. 选择B。

规律为每个箭头每次都逆时针旋转90°。

162. 选择B。

只有图形B不是由三个三角形组成的。

163. 将每组中的前两个图形重叠，两个正方形重叠后会变成一个圆，两个圆重叠后会消失，没有重叠的部分会保留，所以问号处的图案应该如下图所示。

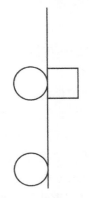

164. 选择 C，这样才能拼成完整的图形。

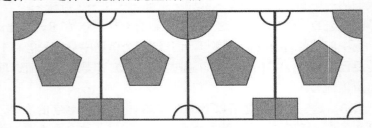

165. 选择 C。

只有 C 选项满足要求，大家可以自己折叠一下试试。

166. 选择 D。

其他的图形都可以折叠出来。

167. 只有第 3、5、7 个方格可以组成立方体。

168. 选择 E。

169. e。这是考察你的空间想象能力，b 的对面应该是 e。如果还不明白，你动手做一个骰子看看就知道了。

170. 仔细观察，你会发现图形 A 的形状与其他三个不同，图形 C 的颜色与其他三个不同，图形 D 的数字与其他三个不同。所以真正与众不同的是图形 B，只有它没有与其他三个图形都不一样的地方。

171. 选择 C。

其他的都是由完整的字母组成的，只有 C 不是。选项 A 中的图形由 N 和 M 组成；选项 B 中的图形由 W、V、X 组成；选项 D 中的图形由 E、F、H 组成；选项 E 中的图形由 K、L、M 组成。

172. 因为它们的齿数相同，所以转速也相同，跟中间连接的齿轮没有关系。

173. 应该定在五角星处，如下图所示。

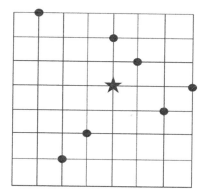

174. 从入口到出口一共有 252 条不同的路径可走。下图中已经标出了经过每个路口的路径数。

入口

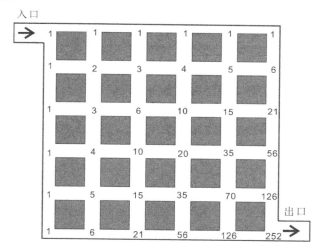

175. 选 C。

大家可以亲自试一下。

176. C 点和 D 点的距离保持不变。

177. 下图所示的切法即可满足要求(截面为四边形 ABCD)。

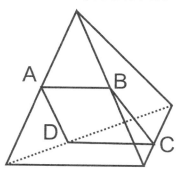

178. C 面的对面是 D 面。

179. 应该是 C。

180. 共有 28 个。小六边形有 20 个，别忘了还有 8 个大六边形。

181. 结果如下图所示。

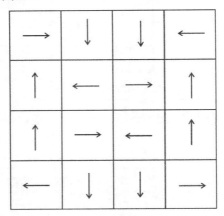

182. 一根都不用移动，只要把书倒过来，就会发现它是正确的。

183. 结果如下图所示。

184. 有两种可能的排法，分别如下图所示。

185. 把人放在五角星的位置即可(见下图)。

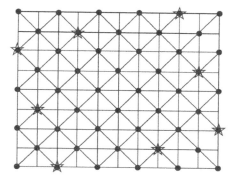

186. 是 C。观察三角形与小长方形的角度，只有选项 C 符合。

187. 你会发现无论建在 A、B 间的任何一点，距离都等于(200+300=)500 米。有没有更短的距离呢？有的。只要你在 A、B 间，建一座 200 米长、300 米宽的桥，然后就可以斜着直接从 A 走到 B 了，这时候距离最短。

188. 放在 1 号和 6 号仓库即可。

189. 选择三角形。因为只有它是左右对称，其他的既左右对称又中心对称。

190. 送货路线如下图所示即可。

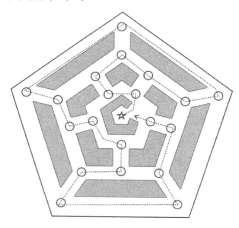

191. 一共有 18 条不同的路线(见下图)。每个节点处都标出了到达这里不同的路线数。

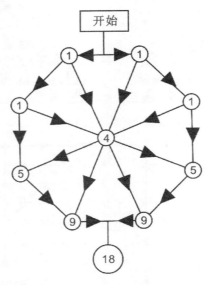

192. 设计的路线如下图所示。

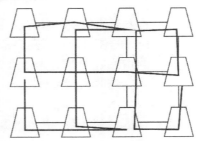

193. 设计的路线如下图所示。

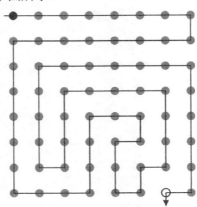

194. 迷宫中的路线如下图所示。

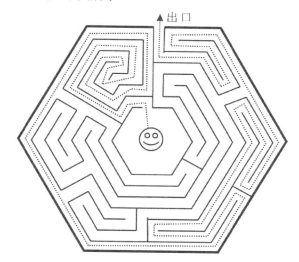

195. 先按最后一排倒数第二个键，也就是那个带有左箭头的 1 字键。

196. 如果你足够聪明的话，就会嘲笑所罗门国王的愚蠢，因为使用所罗门国王的这个方法不能识别出谁是真正的母亲。当所罗门国王提出将孩子一分为二时，真母亲当然不会同意，而宁愿将孩子让给对方。假母亲如果足够聪明，就能够猜测到这是所罗门国王的"苦肉计"，她完全也可以假装痛苦地表示宁愿将孩子"让"给对方。这种情况就变成了两个母亲都愿意将孩子判给对方，问题又回到了原点。不管所罗门国王杀孩子的恐吓是否可信，他现在都无法判断谁是孩子的真正母亲。

197. 因为酒杯上有杀手的指纹，如果小五郎死了，警察一定能够通过酒杯上的证据找到杀手，所以杀手不得不放弃了刺杀计划。

198. "朝"并不是人名，而是指早晨。而且把"朝"字拆开就是"十月十日"，这就是交易日期。

199. 他把装有苏打水的杯子放在办公桌上，然后推到一个合适的位置，把水杯当放大镜，就看到了材料上的内容。

200. 因为是过了元旦不久，所以当时是 1 月。把接头暗号中的"腊"字拆开，就是"月廿一日"，所以接头时间应该是 1 月 21 日酉时。

201. 因为这个算式是教授的暗示，101×5＝505，是"SOS"，"救命"的意思。所以警长就拨通电话报警了。

202. 他用脚趾夹住芯片递了过去。因为人的腿要比手臂长一些，可以伸得更远些。

203. 医生把他的听诊器贴在墙上，就听清楚了隔壁房间的说话声。

204. 县官大喝道："偷牛贼也敢起来走啊！"由于偷牛贼做贼心虚，惊恐之下露出了马脚。

205. 小偷走出邮局后，马上用事先准备好的信封把钱包装起来，投进了门口的邮筒中。过了几天，钱包就被邮局的工作人员寄送到了小偷的家中。

206. 警长说："你们头目的衣服怎么穿反了！"这些土匪听了后纷纷扭头向头目看去，警察就知道谁是土匪头子了。

第四篇答案

207. 最后，专家揭晓了答案："同学们，你们确实仔细思考了，找出了这个故事中不合理的细节，并且可以认真分析，从某种程度上来说，你们是优秀的。但是你们却有一个最大败笔，这是作为一名合格的刑侦人员的必备素质，那就是你们都忽略了最初的目标，也是一个十分重要的问题，即一开始的那只土拨鼠去哪里了？"

208. 按常理，如果贾斯没去上船，船夫应该直接喊："贾老板，你怎么还没上船啊？"只有在船夫知道贾斯不在家的时候，他敲门才会直接喊："大嫂，天不早了，贾老板怎么还不上船啊？"可见应该是船夫见财起意，把贾斯杀害了。

209. 冰块应该浮在水面上，矶川侦探看到梅姑杯子里只有两块冰块浮在水面上，另外两块冰块沉到了杯底，推测里面一定藏有钻石。

210. 应选择第三只碗。

如果第一只碗中的纸条是"活"，那么 2、3 两句提示都是对的，故不符合题意。

如果第二只碗中的纸条是"活"，那么 1、3 两句提示都是对的，故不符合题意。

如果第三只碗中的纸条是"活"，则只有第 1 句提示是对的，符合题意。所以要选择第三只碗。

211. 12 小时中有 11 次重合的机会。这些机会是均等的，所以每隔 12/11 小时就会出现一次。具体时刻大家可以自己推算出来。

212. 因为丙说："我不是魔鬼。"所以丙就是魔鬼。甲说："我不是天使。"他只能是人。而乙是天使。因此甲是人，乙是天使，丙是魔鬼。

213. 因为小明长大了，步子也变大了，所以走 10 步所到的位置不再是原来的位置了。

214. 他做了如下的分析推理：

(1) 制造和放置炸弹的大都是男人。

(2) 他怀疑爱迪生公司害他生病，属于偏执狂病人。这种病人一过 35 岁病情就加速、加重，所以 1940 年是他刚过 35 岁，现在是 1956 年，他应是 50 岁出头。

(3) 偏执狂总是归罪他人。因此，爱迪生公司可能曾对他处理不当，使他难以接受。

(4) 字迹清秀表明他受过中等教育。

(5) 约 85% 的偏执狂有运动员体型，所以 F.P 可能胖瘦适度，体型匀称。

(6) 字迹清秀、纸条干净，表明他工作认真，是一个兢兢业业的模范职工。

(7) 他用"卑鄙罪行"一词过于认真，"爱迪生"也用全称，不像美国人所为，所以他可能在外国人居住区。

(8) 他在爱迪生公司之外也乱放炸弹，显然有 F.P 自己也不知道的理由存在，这表明他有心理创伤，形成了反权威情绪，乱放炸弹就是在反抗社会权威。

(9) 他常年持续不断地乱放炸弹，证明他一直独身，没有人用友谊或爱情来愈合其心理创伤。

(10) 他虽无友谊，却重体面，一定是一个衣冠楚楚的人。

(11) 为了制造炸弹，他宁愿独居而不住公寓，以便隐藏和不妨碍邻居。

(12) 地中海各国恐怖分子爱用绳索勒杀别人，北欧诸国恐怖分子爱用匕首，斯拉夫国家恐怖分子爱用炸弹，所以他可能是斯拉夫后裔。

(13) 斯拉夫人多信天主教，他必然定时上教堂。

(14) 他的恐吓信多发自纽约和韦斯特切斯特。在这两个地区中，斯拉夫人最集中的居住区是布里奇波特，他很可能住在那里。

(15) 持续多年强调自己有病，必是慢性病。但癌症不能活 16 年，恐怕是肺病或心脏病，肺病现在容易治愈，所以他是心脏病患者。

使用这种层层剥笋的方式，博士最后得出结论：警方抓他时，他会穿着当时正流行的双排扣上衣，并将纽扣扣得整整齐齐。而且建议警方将上述 15 个可能性公诸报端。F.P 重视读报，又不肯承认自己的弱点。他一定会作出反应以表现他的高明，从而自己提供线索。

果不其然，1956 年圣诞节前夕，各报刊载这 15 个可能性后，F.P 从韦斯特切斯特又寄信给警方："报纸拜读，我非笨蛋，决不会上当自首，你们不如将爱迪生公司送上法庭。"

根据有关线索，警方立即查询了爱迪生公司人事档案，发现在 20 世纪 30 年代的档案中，有一个电机保养工乔治梅特斯基因公烧伤，曾上书公司诉说染上肺结核，要求领取终生残疾津贴，但被公司拒绝。数月后该员工离职。此人为波兰裔，当时 (1956 年) 为 56 岁，家住布里奇波特，父母早亡，与其姐同住一个独院。他身高为 1.75 米，体重为 74 公斤，平时对人彬彬有礼。1957 年 1 月 22 日，警方去他家调查，发现了制造炸弹的工作间，于是逮捕了他。当时他果然身着双排扣西服，而且整整齐齐地扣着扣子。

215. 日本人首先从中国画报刊登的铁人王进喜的大幅相片上推断出大庆油田在东北三省偏北处，因为相片上的王进喜身穿大棉袄，背景是遍地积雪。接着，他们又从另一幅肩扛人推的照片，推断出油田离铁路沿线不远。他们从《人民日报》的一篇报道中看到一段话，王进喜到了马家窑，说了一声："好大的油海啊，我们要把中国石油落后的帽子扔到太平洋里去！"据此，日本人判断，大庆油田的中心就在马家窑。

大庆油田什么时候产油了呢？日本人判断：1964 年。因为王进喜在这一年参加了第三届全国人民代表大会，如果不出油，王进喜是不会当选为人大代表的。

日本人还准确地推算出大庆油田油井的直径大小和大庆油田的产量，依据是《人民日报》刊登的一幅钻塔的照片和国务院政府工作报告：把当时公布的全国石油产量减去原来的石油产量，简单之至，连小学生都能算出来——日本人推算出大庆的石油年产量为 3000 万吨，与大庆油田的实际年产量几乎一致。

有了如此多的准确情报，日本人迅速设计出适合大庆油田用的石油开采设备。当我国政府向世界各国征求开采大庆油田的设计方案时，日本人一举中标。

216. 大家对费米的提问感到很奇怪，因为大家觉得这个问题无从下手。费米却不这样认为，他向大家解释道："假设芝加哥的人口有 300 万，每个家庭 4 口人，全市 1/3 的家庭有钢琴。那么芝加哥共有 25 万架钢琴。一般来说，每年需要调音的钢琴只有 1/5，那么，一年需要调音 5 万次。每个调音师每天能调好 4 架钢琴，一年工作 250 天，一共能调好 1000 架钢琴，是所需调音量的 1/50。由此可以推断，芝加哥一共需要 50 位调音师。"

费米一解释，大家都觉得这种推论方法是正确的。事实上，费米的这个推论是一个典型的"演绎法"。这种推论需要知道很多预备性的知识。比如，你应该知道芝加哥的总人口数，有钢琴的家庭所占的比例，每架钢琴一年要调音的次数，调音师的工作效率、工作时间等。如果你不知道这些知识，这个问题显然是无法回答的。

217. 德军依此判断：

(1) 这只猫不是野猫，野猫白天不出来，更不会在炮火隆隆的阵地上出没；

(2) 猫的栖身处就在土包附近，很可能是一个地下指挥部，因为周围没有人家；

(3) 根据仔细观察，这只猫是相当名贵的波斯品种，在打仗时还有兴趣玩这种猫的绝不会是普通的下级军官。

据此，他们判定那个掩蔽点一定是法军的高级指挥所。

218. 为了找出真相，我们可以提出这样四个问题来了解更多的信息：

(1) 最后一次看见这些人的是谁？在什么时间，什么地点？

(2) 直升机是否收到了这些人的求救信号？

(3) 这个事件是否仅仅是救护计划的失策，或者还是其他方面的失策？有没有一些小的过失？

(4) 这次救护计划的失策和过去的情况有没有类似的地方？

接着你得到了如下的回答：

(1) 最后一次人们看见他们的时候，他们正徒步翻越一座小山头，朝着后来发现他们尸体的那个山谷走去。

(2) 直升机的通话记录显示没有收到这个小组的呼救信号。后来在离这些人尸体不远的地方发现了步话机的残骸。

(3) 另一个小组被困在一个小土丘上，他们用步话机向直升机呼救，结果他们得救了。

(4) 在一场森林火灾中，有一队消防员被大火烧死。当时的直升机驾驶员报告说没有收到他们的呼救信号，他们的尸体是在两座山丘之间的一条干涸的小溪中发现的。

通过掌握的这些材料，这些人遇难的原因就呼之欲出了。可能性最大的是"步话机的信号被山体隔断了"，因而直升机没能接收到。这与从各方面掌握到的所有资料都相符。

219. 因为抢劫案是一年前发生的，所以罪犯的年龄当然是作案时的年龄，而现在贴出来的公告上的年龄比现在罪犯的年龄小了 1 岁，所以这个年龄信息是错误的，应该加 1 岁。

220. 那个女生正对着镜子，看到的是镜子里凶手衣服上印的学号，这个学号是反过来的，所以凶手是学号为"881101"的学生。

221. 林肯说："你的证人福尔逊先生口口声声说他在明亮的月光下清清楚楚地看到了阿姆斯特朗的脸。请不要忘记，10 月 18 日那一天是上弦月，在 11 点的时候，月亮早已下山了，福尔逊先生是如何看到明亮的月光和阿姆斯特朗的脸的呢？退一步来说，即使是福尔逊先生把时间记错了，月亮还在天上，但在那个时候，月亮是在西天上，月光是从西照射向东的，大树在西面，草堆在东面，被告阿姆斯特朗如果真的是在大树后面，面向草堆，他的脸上是不可能有月光的，福尔逊先生怎么能看到月光照在被告的脸上并认出被告呢？"

法庭内发出一片哄笑声，听众、陪审官员以及法官们都为林肯无懈可击的分析而折服了。

证人福尔逊狼狈不堪，他只好供认自己是被人收买来诬陷被告的，阿姆斯特朗被当庭宣告无罪释放。

222. 第二个 10 分钟里沙漏上面的沙还剩很多，而且很快就开始开第三个保险柜，那时候它的沙子还未完全掉到底下就被直接倒过来，所以那个沙漏不到 10 分钟沙子就完全掉到下面去了。

223. 因为死者横躺在过道中间，而汤姆从门口走到里面开灯时，却没有被尸体绊倒，说明他知道尸体的位置。

224. 这个新郎是船上的一名水手，他运用假名，专门结婚诈骗。汤姆带着莉亚到了一个他修改过房号的房间，然后骗走她的财产，躲到了驾驶舱内。因为水手们之间都认识，他们不会注意到一名上岸的水手是何时上船的，所以接待莉亚的两名水手才会说莉亚上船的时候身边没有其他乘客。

225. 因为如果凶手是死者的情人，叼着香烟来到死者家是很正常的事情。作为推销员，他们习惯于在拜访别人时在门口将香烟熄灭。

226. 是甲。因为左轮手枪的子弹壳会留在手枪里，而自动手枪的子弹壳会自动弹出来。

227. 因为窗台上有积雪融化形成的冰溜子，说明屋子里很暖和，将外面的积雪融化了，这在短时间内是不可能达到的，所以昨天晚上一定有人在家中取暖。

228. 因为如果是用普通小轿车运的尸体，人一定要下来才能搬下尸体抛弃，而厢式汽车就不用下车。现场没有发现脚印就说明了这一点。

229. 他的目标是这位侦探的事务所，他使的是调虎离山之计，可能要去侦探的事务所里偷些重要的资料。

230. 根据桌上剩余的半根蜡烛。如果作家真的是写作时突然被吓死，那么蜡烛应该一直点燃，或者烧尽了，而现在剩下半根，说明是有人谋杀。

231. 因为一个有心自杀的人是不会费尽心思擦掉封窗子胶带上的指纹的。

232. 因为年轻人说他们正准备吃烤好的兔子，朋友被人杀死了。警察来时，死者已经死亡一个小时了。在这么长的时间里，那只烤好的兔子竟然没有烤焦，而是油汪汪的，发出迷人的香气，说明年轻人在说谎。

233. 因为浴缸里满是肥皂泡。如果真如报案人所说，死者是在 9 点多洗澡的时候死的，那么到警察来这么长时间，肥皂泡早就破灭了，不可能还有那么多。

234. 因为英国人写日期的方式一般是先写日，再写月，最后写年，美国人习惯于先写月，后写日，最后写年。另外，死后去见上帝，也是美国人的习惯说法。

235. 因为是诬告，而且罪证很多，告状者在重新写状子的时候，两次必定会有很多出入。这两份状子就成了他诬告李靖的证据。

236. 因为这张假币与真币很接近，只是颜色和真币有区别。而且这个区别比较明显，连小明都可以轻易认出来，更别说是经常接触钱的妈妈。唯一的可能就是那个买水果的人用一张百元钞票，妈妈没有真币和它对照，才误收了假币。所以就是那个只用了一张百元钞票的小伙子给的假币。

237. 普通的机械手表是不防水的，泡在水里会停掉。法医看到手表停掉的时间是在 12 点半左右，而推断的死亡时间却是晚上 8 点，说明死者不是掉入海里淹死的，否则死亡时间应该与手表停止的时间一致才对。

238. 因为那截长长的烟灰。如果是按照女子所说，小五郎意图强奸女子，那么他不可能还悠闲地抽着雪茄，留下那么长的烟灰。而且只要他轻轻一动，烟灰就会散落，所以这一切肯定是女子自己做出来的，想讹诈小五郎。

239. 因为尸体边有斑斑血迹，如果是 1 天前抛尸的，血迹早就被湍急的水流冲光了。

240. 包拯令人张榜招贤，说包府招几个有文采的人帮助包拯处理公务。几天内，远近数十名书生慕名而来。包拯设的题目就是对对联，"等灯登阁各攻书"。结果只有一人对了出来，"移椅倚桐同赏月"。包拯立即把他拿下，调查发现他与新郎同在一家学馆读书。经过审问，得知就是他骗奸了新娘。

241. 住在 314 房间的乙可能是凶手。因为根据数学老师的死亡信息，手里攥着一张扑克牌，代表的是π，就是 3.14。所以住在 314 号房的乙有重大嫌疑。

242. 因为死者手里握着钢笔，那么他是用哪只手开枪自杀的呢？

243. 是那个女作家。首先，死者的牙齿颗粒不大，说明不是篮球运动员，因为篮球运动员一般体格较高、较强壮，所以牙齿颗粒会很大。其次，也不会是那个小男孩，因为死者牙齿保养得很好，而12岁的小男孩还没有换牙，不会如此保养。最后，牙齿有凹痕，说明不是牙科医生，而是作家，因为只有作家才有写作时咬笔杆的习惯。

244. 可以用现场的血迹与嫌疑人的子女进行DNA比对，即可确定嫌疑人是不是真凶。

245. 凶手应该是那个皮肤病患者。因为银发簪变黑，说明凶手接触过能使银变黑的物质，而治疗皮肤病的很多药膏中都含有硫，它可以使银变黑。

246. 因为作为一名恐高症患者，不可能一个人来到如此清澈见底的深湖中划船。

247. 犯罪嫌疑人先在张三的饮料里放入安眠药，不久张三熟睡过去。此时，嫌疑人将氰化物装在胶囊中，喂给张三服用。然后犯罪嫌疑人马上赶到朋友家。胶囊需要经过一段时间才能融化，为嫌疑人创造了不在场的证明。

248. 清晨的时候，在露天花圃中的玫瑰花会带有露水，而从饭店带出来的玫瑰花不会有露水。只要观察一下，看哪盆玫瑰花上没有露水，就知道了。

249. 因为他捏死的蚊子，已经吸了他的血，而蚊子的尸体都留在了高官家的院子里。警察只要对比一下血液里的DNA就有了这名间谍潜入高官家的证据。

250. 是那个新来的实习生。因为樵夫应该不会认识那个海洛因的化学式，所以分不清哪个是海洛因；地质学教授可能会知道，但是他摔断了腿，不可能被保安追的时候逃掉。

251. 凶手是那个英国杀手，代号CN12。

因为间谍是罗马人，写下的"Ⅹ"应该是罗马数字10。但是杀手中没有代号为10的人，所以只能是因为间谍没有写完就死了，也就是说，他本想写"Ⅻ"的。

252. 依据是尸体旁边的帽子。如果这里是案发现场，那么帽子早就应该被台风吹走了。

253. 因为上车时她说了目的地，司机果然把她带到了那里。

254. 是鸟从窗子飞进了公主的房间，吃掉钻石，然后鸟偶然间被蛇吃掉了。就这样，钻石跑到了蛇的肚子里。

255. 因为如果真的是大枣的话，放了三年早就腐烂了，而邻居重新装进去的大枣还是新鲜的。

256. 因为他说一点风都没有，那么他挂上去的白布上的字就不可能被别人看到了。

257. 他把邮票藏在电风扇的扇叶上了，风扇旋转起来，别人是看不出上面有邮票的。

258. 因为作为医生应该知道，服用安眠药的时候不能喝牛奶，否则会影响安眠药的药效。死亡现场显示，死者是用牛奶喝下的安眠药，显然不合常理。应该是死者被杀后，凶手故意布置的假现场，造成自杀的假象。

259. 凶手是 B。因为警察没有提过小狗也被杀了，只有 B 主动说出了小狗，显然她知道小狗也死了。

260. 因为晚上玩电脑，外面黑乎乎的，不可能通过光亮的电脑屏幕看到反射的黑影。

261. 因为警察只说你哥哥被人杀死了，没说是大哥，而香月一下子就可以知道是大哥死了，显然和她有关。

262. 在游街时，乾隆派出手下混入人群中跟随打探。知道内情的人纷纷道出了哑巴佣人的冤屈，从而了解到了案情真相。

263. 农夫做了几个捡鸡蛋的动作，故意让财主看见，又看不太清楚。财主以为自己家的鸡生的蛋被别人捡走了，很心疼，所以再也不放鸡了。

264. 小明喊："后门打开了，大家快从后门走！"其实后门没开，他只是骗大家让出一条路给服务员去开门而已。

265. 约翰对服务员讲明了情况，让他写一张纸条，贴在给警察的咖啡杯底下。上面写着："你旁边那个人是劫匪。"警察快喝完咖啡时看到了纸条上的字，就知道了他是劫匪，并抓住了他。

266. 他忘记了关灯。

267. 因为左轮手枪只可以装 6 发子弹，歹徒在林肯的帽子和大衣上分别开了三枪，枪里已经没有子弹了，所以林肯趁这个时间发动了反击。

268. 因为女孩当时正在上网聊天，开着视频，对面的人清楚地看到了这里发生的一切，并报了警。

269. 小偷闯进来的时候，女子正在打电话，而且一直没有挂断。她说的那句"等一下，我去开门"是对电话里的人说的。听到这边出了事，电话那边的人就报了警。

270. 他不断地开关冰箱门，用里面的灯光向外面发出了求救信号。

271. 整形医生按照另外一名通缉犯的样子给他整的容，警察以为他是另外一名通缉犯，就把他抓起来了。

272. 化学家的声明是这样写的："昨晚来我家中误喝了几口酒的朋友请注意，那瓶酒里有我最新研制的化学毒素，饮用后不出五天必死无疑。请这位朋友看到声明后马上来我家中服用解药。"

第五篇答案

273. 王老先生把普通的大邮票周围涂上胶水，中间盖住了自己那枚珍贵的邮票，粘在了明信片上，歹徒当然找不到了。

274. 那个邮票值上千万元，这就是老人的所有财产。

275. 绑匪是那个出租车司机。他只是花钱让那个拾荒者把垃圾桶旁的箱子带到超市而已，在车上就已经把钱拿了出来。

276. 在张三家的门铃上留下了李四的指纹。

277. 他走私的是宝马车。

278. 毒品就藏在下午 4 点钟时太阳照射松树顶端留下的影子处。

279. 是那两枚陈旧的邮票，它们非常少见，价值连城。

280. 凶手是利用电话来做放火的工具。他先让被害者服用安眠药，再在电话上做些手脚，让电话线短路，然后打开煤气的开关，逃离现场。过一段时间，预计房间已经充满了煤气，就用公用电话打被害人房间的电话，电话机有电流通过，由于短路产生火花，引燃煤气起火爆炸。

281. 车上没有，一定是被转移到了车外。火车唯一与外界连通的通道就是厕所的排污口。基德偷完彩蛋，从厕所的排污口扔出车外，让同伙在附近等着捡起来。

282. 有人说，B 是凶手，因为 C 并不是因为中毒而死的，而且即使 A 不下毒，C 也会因为 B 而送命。也有人说，A 才是真正的凶手，因为 B 的所作所为并不会影响结局，当 A 下毒以后，即使 B 不在水袋上钻孔，C 也会送命。你觉得哪种论证正确呢？

此题可能永远也不会有能让所有人都认同的答案了。我个人的意见是，如果要有一个人对 C 的死亡负责的话，应该是 A。因为无论是否出于本意，B 所做的是让 C 沾不到下了毒的水，这无论如何总不是在杀他，甚至可以说是延长了 C 的寿命。当然，反对我的人也可以这样反驳：事实上 C 始终没喝过一点点毒药，在这种情况下，怎么能说 A 犯有投毒杀人罪呢？

总之，这是个值得思考的问题，它牵涉到了道德、法律、因果逻辑等几个领域。从道德的角度出发，显然 A、B 两个人都有杀人的动机，但法律有时候是只看结果的。我想这道题足够大家好好思考一阵子了。

283. 凶手是 L 先生。他在节目间隙的 2～3 分钟离开拍摄现场，快速跑到 9 楼的台长所在的那间房间正上方的一间房间内，他用手机打电话给台长说："我现在要自杀，就从你上方的房间跳下去。"这时候，台长必然会从窗口探出头向上看，L 趁机将台长枪杀。台长死后，尸体滑下，蹲坐在墙边，造成了密室杀人的假象。

284. 因为有人将干冰放在了女子房间的冰箱里，干冰挥发后，产生了大量的二氧化碳，加上门窗都密封，所以导致女子窒息死亡。

285. 绑匪就是那个司机。他先准备一个和装钱的手提包一样的包，然后在警察的监视下，埋下空的手提包，而装有赎金的手提包还在他的车上。

286. 诈骗犯手指指纹部分涂上了透明的指甲油，所以没有留下指纹。

287. 绑匪是他家附近邮局的邮递员。

288. 因为浴缸是放满了水的，死者发病的时候应该会有所挣扎，浴缸周围应该有水溅出来，可探长看到周围并没有水，衣服也是干的，才怀疑死者是被人移尸。

289. 存放杂物的储藏室的壁板墙，全是从里侧用钉子钉上去的，其中二三张壁板是用强力胶粘上去的。罪犯是把这几张壁板取下来，走出房间后再在壁板上涂上强力胶，粘到原来位置。壁板上留有旧铁钉帽儿，所以从外面乍一看，这个房间四周的壁板墙似乎全用铁钉钉着，给人以完全封闭的错觉。

290. B的钢笔是最佳的盛毒液的容器。用毒液代替钢笔水，在停电时，罪犯迅速将毒液滴入杯中，这样做也无沾到手上的危险。A的感冒胶囊一来有外壳，不易马上发作，二来也容易在验尸时被查出来，更何况在仅两三分钟的时间中万一胶囊还未溶化，是非常容易被发现的。

291. 哥哥把毒药冻在了冰块中，哥哥喝的时候，冰块刚放进可乐，尚未融化，没有毒。而弟弟喝的时候，冰块全部融化了，弟弟就中毒了。

292. 原来那盏看似一直燃烧的灯的燃料里含有磷。墓穴被封闭后，耗尽了氧气的灯全部熄灭了。但是当墓门打开后，新鲜的空气进入墓里，那盏燃烧点很低的含磷灯就开始自燃了。也就是说，在打开墓门之前，那盏灯其实一直处于熄灭状态。

如果那位考古专家在那里等上一段时间或者过几天再来，就会看到灯熄灭了。因此，认为灯一直亮着，并被恐惧淹没的那位考古专家就这样与重大考古发现擦肩而过了。

293. 小野说太太提到了肚子饿，作为司机一定会因为这句话而加大油门，速度很快。之前提到了宝马车已经经过了一个下坡，小野说是在下坡的时候听见枪响的，等他刹车后回头看见宫田的妻子死了。还说现场他没有动过，这个地方就是漏洞。

如果真的是那个时候开枪的话，由于刹车后的惯性，宫田的太太根本没有理由还坐在座位上。

294. 凶手是老赵。他假装正午离开小屋，等1点30分老黄和老陈都离开后，再等张三与山庄老板通过电话，便进入小屋杀了他，凶器为登山用的攀岩锤。

老赵行凶之后离开小屋之时为2点10分，随即从东边往下跑，跑到半山腰，偷了老陈放在那儿的滑板，一口气滑向山庄，所以4点40分就到达了目的地，因此，1点30分出发的老陈5点到达半山腰时，找不到滑雪用具。

295. 凶手在让死者吃了安眠药之后，就在塑胶管上放了一大块冰块，然后再打开瓦斯。这样一来，由于冰块的重量将塑胶管堵住，瓦斯便出不来了。随着时间的推移，冰块也因融化而变轻，因此堵住塑胶管的力量也减轻，所以瓦斯便外泄出来了。凶手就利用这段时间，故意制造车祸让警察捉住，这样他就有不在场的证明了。管理员发现尸体时，冰块已经完全融化了，而地板上的水渍正是这个缘故。

296. 其中一名罪犯等在那里，另一名罪犯拿着对方的鞋子走向悬崖，然后换穿拿着的鞋子，退着走回来。最后两个人逃走了。

297. 因为在连续几天零下30℃的天气，一个废弃的、窗户上还有破洞的小木屋里的钢笔和墨水瓶里的墨水肯定都结了冰，不可能画出画来。

298. 是流浪汉甲做的。因为警察只是说发生了劫案，并没有说劫匪潜水从河中逃过对岸，而流浪汉甲却知道，说明就是他做的。

299. 如果是因迷路饿死的，那么最起码胃里应该有些野草、树叶、树皮、野果之类的东西，这是最基本的求生技能。而他的胃里空空如也，所以他一定是被人谋害而饿死，之后将其换上登山服弃尸深山的。

300. 是秒表。田径运动员在训练的时候自己随身携带了一块秒表，用来计算速度。在他被人杀死的时候，正好按下了秒表的计时按钮，所以将死亡时间记录了下来。

301. 因为这一切一定是汤姆教导的。首先，他一次次训练孩子以游戏的方式向人开枪，是有预谋的；其次，这次将玩具枪换成真枪，必定是他所为；最后，真枪都有保险，几岁的小孩子不可能知道如何打开保险，一定是汤姆事先准备好的。

302. 因为那个嫌疑人是男扮女装，跑到海水中人少的地方后潜入水中，脱掉泳衣，摘下假发，变回了男身，混入游泳的游客当中了。

303. 因为偷牛贼骑的也是一匹马，之所以会有牛蹄印，是因为偷牛贼把马蹄上的蹄铁做成了牛蹄的形状，用来混淆视听。

304. 因为传说中的鬼魂是没有脚印的，而这个鬼魂走后留下了几个血脚印，说明他是人扮的，目的是诬陷别人，并为真凶脱罪。

305. 凶手藏在死者家的楼顶，然后在晚上轻轻地叫死者的名字，死者从窗户探出头查看时，凶手从上面用绳子勒住她的脖子并借助窗框将其勒死，最后凶手松开绳子，尸体滑到屋子里，这就形成了密室。

306. 凶手趁张小姐不在的时候潜进公寓，先给猫喂些安眠药，等猫睡着以后，他接上塑料管，打开煤气阀，并用猫的尾巴堵住塑料管的出口。一段时间之后，张小姐回到公寓，开始睡觉。这时猫醒了过来，挣脱塑料管，煤气开始泄漏，毒死了张小姐和猫。

307. 他用一根水管接在拖把池的水龙头上，用水冲掉了自己的脚印。因为刚下过雨，冲过之后的地方看上去就什么都没有了，而且和周围一样。

308. 凶手将毒药涂在刀的一面，在切苹果的时候，毒药就粘在了一半苹果上。

309. 因为警察在现场只发现了一个红酒瓶，而瓶中的红酒加上酒杯里的比一整瓶要多，这说明少了的那个红酒瓶一定被在现场的另外一个人拿走了。

310. 凶手先潜进屋中把灯关掉，然后拧松白炽灯灯泡，之后躲在窗外的小树林中。受害人进屋后，打开开关发现灯没有亮，就来到灯下面检查灯泡，发现白炽灯松了，于是将其拧紧。这时灯亮了，同时枪也响了，子弹射向灯泡所在位置的正下方，就这样杀死了约翰博士。

311. 是别人偷偷卸下了他车的轮胎，装在自己的车上作的案，然后又将轮胎还了回来。

312. 凶手先在死者的饮料内加入安眠药，等死者睡熟以后，给他换上训练服，并把他搬到跳水台上。最后凶手调低下面水池中的水位后离开。在这段时间里，凶手故意酒后驾车被捉。等死者恢复意识后，因为跳台上位置狭小，加上他迷迷糊糊的状态，一下子从高台上摔了下去，摔死了。

313. 因为 A 在门口放了一面镜子，B 从窥视窗看到的并不是 A，而是镜子中自己的影子。在 B 大意之时，A 一枪杀死了 B。

314. 男士喝了加有安眠药的酒后，回到家中就犯困睡着了，他的女朋友将他放入浴缸，放入大量冷水，并加入冰块，很快男士因心脏停搏而死。然后他的女朋友又在浴缸中加入热水作为掩饰。

315. 凶器就是那个罐头盒，但是是吃之前的。那名男子用它砸死同伴以后，将其打开，吃光了里面的鱼。

316. 他是一直倒着开的，这样里程表就不会动。

317. 嫌疑人先将尸体搬到 B 市的一座火车经过的天桥上，然后在火车经过时将尸体扔到火车顶部。当火车行到 A 市的转弯处时，由于惯性尸体掉了下来。

318. 因为尸体在离墙脚 30 厘米的位置。如果真的是自杀，从 20 层高的楼上跳下来，不可能摔在离墙脚如此近的地方。

319. 凶器是墙上那个老式大钟的指针。凶手用它杀死死者后，又将其装了上去，所以大家都找不到。

320. 因为那是两辆车，碰巧两辆车外侧的车灯都坏掉了，年轻人以为是一辆在路中间行驶的汽车，所以在路边也被撞了。

321. 是维利普斯在遭遇劫匪的时候想保住钱财把保险柜的钥匙吞到了肚子里。劫匪为了得到钱财，当然要剖开他的肚子找出钥匙了。

322. 凶手把毒药涂在了他的酒杯口处，他在喝酒的时候嘴唇接触到了毒药，被毒死了。

323. 死者把凶手的姓写在了厕所的卫生纸上，然后又卷了起来，以防被闯入的凶手发现。

324. 因为在椅子上没有死者的脚印，这是凶手犯的最严重的错误。

325. 因为 21 个人，如果每个人分得的金币都是奇数，奇数个奇数相加，总和不可能为 200。

326. 土被他一点点用马桶冲走了。

327. 盗贼是这个小伙子的孪生兄弟。

328. 王五买了一双和李四一样的皮鞋，然后不时地偷偷换掉李四的皮鞋，让两双鞋新旧程度差不多，并且鞋底磨损情况也很类似。王五穿着皮鞋作案后，又偷偷地换给李四。

329. 凶手是那个公司的老板，他用的凶器是冰柱，他先在保温杯中放几根尖锐的冰柱，可以保持很久而不融化，杀了人之后将其扔进浴室的水中，很快就融化而消失不见。

330. 他把子弹里的火药塞进锁孔里，然后用打火机点燃，炸开了门锁，就这样他成功逃出了牢房。

331. 他操控自己的航模把刀带到楼顶，扔在平台上，再让航模飞回来。

第六篇答案

332. 分别假定陈述(1)、陈述(2)和陈述(3)为谎言，则达纳的死亡原因如下：

陈述(1)如果为谎言，则为谋杀，但不是比尔干的；

陈述(2)如果为谎言，则为比尔谋杀；

陈述(3)如果为谎言，则为意外事故。

以上显示，没有两个陈述能同时为谎言。因此，要么没有人说谎，要么只有一人说了谎。

根据陈述(4)，不能只是一个人说谎。因此，没有人说谎。

由于没有人说谎，所以既不是谋杀也不是意外事故。因此，达纳死于自杀。

注：虽然陈述(4)是真话，但陈述(1)和陈述(2)也都是真话，达纳居然是死于自杀，这似乎有点奇怪。存在这种情况的理由是，当一个陈述中的假设不成立的时候，不论其结论是正确还是错误的，这个陈述作为一个整体还是正确的。

333. 问题一选 A，问题二选 B。

334. 不管 A 是盗窃犯或不是盗窃犯，他都会说自己"不是盗窃犯"。

如果 A 是盗窃犯，那么 A 是说假话的，这样他必然说自己"不是盗窃犯"。

如果 A 不是盗窃犯，那么 A 是说真话的，这样他也必然说自己"不是盗窃犯"。

在这种情况下，B 如实地转述了 A 的话，所以 B 是说真话的，因而 B 不是盗窃犯。C 有意地错述了 A 的话，所以 C 是说假话的，因而 C 是盗窃犯。至于 A 是不是盗窃犯是不能确定的。

335. 聪明的俘虏回答：我来这里是为了被绞死。听了俘虏的回答，执法官顿时傻了眼，不知道如何是好。因为如果真的绞死这个俘虏，那么这个俘虏说的是真话，而说了真话是要被烧死的。如果把这个人烧死，那他答的就是假话，而说假话的是要被绞死的。执法官不好处理，只好上报国王裁决。国王冥思苦想了半天也没想出个办法，最后只好把这个俘虏放了。聪明的俘虏利用真话假话与绞死烧死之间的关系，救了自己一命。

336. 我们可以先看后面两句话，一个说大麻子说的是真的，一个说大麻子说的是假的，也就是说，他们两个之中必定一人说了真话，一人说了假话。如果大麻子说的是假话，也就是说小矮子杀了人。那么小矮子说的话应该是真话，这和大麻子的话矛盾。因此只能是大麻子说的是真话，那么小矮子没有杀人，凶手是大麻子。

337. 假设一：假设丙是小偷，即丙句句是假，则丙必定不是学生，因为乙说丙是学生，那么乙也说了假话，则甲句句为真。

当甲句句为真时：

甲说乙为司机，丙也说乙为司机，丙也说了真话，出现矛盾。

所以，丙不是小偷。

假设二：假设乙为小偷，即乙句句是假，因乙说丙是学生，那么丙一定不是学生；而丙自述自己是学生，那么丙说了假话，则甲句句为真。

当甲句句为真时：

甲自述是教师，乙说"他肯定说他是教师"，乙说了真话，出现矛盾。

所以，乙不是小偷。

假设三：假设甲为小偷，即甲句句是假。

当丙是好人时，即丙句句是真时，乙便是司机，甲也说乙是司机，甲说了真话，出现矛盾。

当乙是好人时，即乙句句是真时，则丙半真半假。

甲句句是假，甲自述是教师，故甲不是教师。

乙句句是真，乙说："……他肯定说他是教师。"甲的确说谎了，乙没说错，乙说了真话，而且句句是真。

结论是：甲是小偷，乙是好人，丙是从犯。

338. 如果说谎的是 B 的妻子，则右手边起顺序须为：A—C—D—B—A

如果说谎的是 C 的妻子，则右手边起顺序须为：A—C—B—D—A

如果 D 的妻子说谎，则 D 坐在 A 的对面，那么 B 的妻子也说谎了，不符合。D 的妻子没说谎，那么 D 要么坐在 A 的左边，要么坐在 A 的右边，不可能坐在 A 的对面，可以证明 B 的妻子不可能说谎。因此是 C 的妻子说谎了，凶手就是 C。

339. 酋长是骗子，整个部落共有 36 人。

整个部落的人都围在餐桌旁吃饭，并且都说左边的人是骗子。也就是说，骗子说自己左边的人是骗子，骗子的左边必为老实人；老实人说自己的左边是骗子，那么老实人的左边就是骗子。

因此一定是老实人和骗子交叉着坐的，那么部落里的人数应该是偶数。酋长老婆的话应该是对的，部落里共有 36 人，酋长是个骗子。

340. 小二和小四打碎的花瓶。

根据小四的话：反正不是我。所以肯定是小四打碎的花瓶。

根据小六的话：是我打碎的花瓶，小二是无辜的。所以小二打碎了花瓶。

341. 这八个人的谈话可以分成三组：第一组是 A、H 和 E、F。A、H 的说法一致，E、F 的说法和 A、H 矛盾。因此，要么 A、H 猜对，要么 E、F 猜对。第二组是 B、D。这两人的说法矛盾。因此，要么 B 猜对，要么 D 猜对，这组必有一人猜对。第三组是 C、G。G 的说法包含了 C。如果 C 击中，则两人都猜错；如果 G 击中，则两人都猜对；如果别人击中，则一对一错。有三人猜对，就说明第三组都猜错，也就是 C 击中。

342. 是丁。

具体推理如下。

(1) 如果甲说的是真话，小偷是乙，则乙说的是假话，那么丙、丁说的又成了真话。有三句真话，不符合题意，小偷不是乙。

(2) 如果乙说的是真话，丙是小偷，甲说的是假话，丙说的是假话，丁说的又成了真话。

有两句真话，不符合题意，小偷不是丙。

(3) 如果丙说的是真话，那小偷不是丙，但不一定是乙。

分两种情况：

乙不是小偷，这样一来甲说的是假话，乙说的是假话，而又只有一句真话，那丁说的也是假话，则小偷是丁。

乙是小偷，那是不成立的，因为这样甲又说真话了。

(4) 那只有丁说的是真话，那甲说了假话，乙说了假话，丙也说了假话，而乙、丙不能同时为假。这样又有矛盾了。

因此，答案是：丙说的是真话，小偷不是丙，乙不是小偷，这样一来甲说的是假话，乙说的是假话，而又只有一句真话，那丁说的也是假话，小偷是丁。

343. 乙是主犯。

因为甲和丁说得一致，而又只有一个人说了真话，也就是说，甲和丁说的都是假话。所以丙不是主犯，只有乙是主犯了。说了真话的只有丙，其他人说的都是假话。

344. C 说谎，A 和 C 都吃了一部分。因为如果 A 说谎，则 B 也说谎；若 B 说谎，则 A 也说谎，所以只能是 C 说谎。既然 C 是在说谎，那么只有 A 和 C 都吃了，才能成立。

345. 供词(2)和(4)之中至少有一条实话。如果供词(2)和(4)都是实话，那就是汤姆作的案；根据结论(7)，供词(5)和(6)都是假话。这不可能。

根据结论(8)，供词(1)、(3)和(5)中不可能只有一条是实话。而根据结论(7)，供词(1)、(3)和(5)中最多只能有一条是实话。因此，供词(1)、(3)和(5)都是假话，供词(6)是实话。由于汤姆没有作案，供词(3)是假话，即约翰不是电脑高手；供词(1)是假话，即吉姆是电脑高手。从而供词(4)是实话，供词(2)是假话，而结论是吉姆作的案。

346. 假设玛丽是受害者，那么露西的话虽然说的是受害者，却又是真的，所以玛丽不可能是受害者。

假设瑞利是受害者，那么玛丽和劳尔的发言虽然说的是被害者，却又是真的，所以瑞利不可能是受害者。

假设劳尔是受害者，那么瑞利的话说的是受害者，却又是真的，所以劳尔不可能是受害者。

综上可知，露西就是受害者。继而推出瑞利是救助者，劳尔是旁观者，玛丽是目击者。

347. 是 C 偷吃了糖果，只有 D 说了实话。用假设法，分别假设 A、B、C、D 说了实话，看是否与已知条件发生矛盾即可。

348. 首先，我们可以假设：甲是诚实的。

也就是说，甲的回答是正确的。甲回答说："不，乙没有说谎。"

那么，可以推出乙也是诚实的。

又因为乙的回答是："丙在说谎。"所以，丙确实是在说谎。

这样，说谎话的丙肯定会说谎话，即他会说："甲在说谎。"

相反，如果我们假设：甲是说谎者。

则甲所说的话都是谎言，甲回答说："不，乙没有说谎。"

这就说明乙在说谎。

因为乙回答说："丙在说谎。"所以丙就应该是诚实的。

而诚实的丙应该如实回答："甲在说谎。"

这样，综合前面两种假设，也就是说，无论在哪种情况下，丙都会回答："甲在说谎。"

349. 如果第二天说的是真话，那么第一天和第三天说的也都是真话了，矛盾，所以第二天说的肯定是谎话。

如果第一天说的是谎话，那么星期一和星期二两天里必然有一天是说真话的。

同理，如果第三天说的是谎话，星期三和星期五两天里也必然有一天说真话。

这样，第一天和第三天的两句话不可能都是谎话，说真话的那一天是第一天或第三天。

假设第一天是真话，因为第三天说的是谎话，所以第一天是星期三或星期五，第二天是星期四或星期六，这样就使得第二天说的也是真话了，矛盾。

所以第一天和第二天说的是谎话，第三天说的是真话。

因为第一天说的是谎话，所以说真话的第三天是星期一或星期二，又因为第二天不能是星期日，所以第三天只能是星期二，也就是第一天是星期日，第二天是星期一，第三天是星期二；A 在星期二说真话。

350. 设这两个人分别为 A、B，分为以下四种情况讨论。

(1) A、B 说的都是真话。A、B 在同一天说真话只能在星期日，但是星期日 B 成立，A 不成立，所以这种情况不可能。

(2) A、B 说的都是谎话。但是在一周内 A、B 不可能同一天说谎话，所以这种情况不可能。

(3) A 说的是真话，B 说的是谎话。A 在每周二、四、六、日说真话，B 在每周二、四、六说谎话。A 只有在周日说真话时，前天(周五)才是他说谎话的日子，但是这天 B 应该说真话，所以这种情况不可能。

(4) A 说的是谎话，B 说的是真话。A 在每周一、三、五说谎话，B 在每周一、

三、五、日说真话。在周三、五、日都不符合，因为在周三时 B 在说真话，而周三的前天(周一)在说真话，但是 B 对外地人用真话说自己周一说谎话，相互矛盾。同理，周五也矛盾，所以只有周一符合。周一时，B 用真话对外地人说自己前天(周六)说谎话，周六时 B 的确说的是谎话。A 用谎话对外地人说自己前天(周六)说谎话，其实周六时 A 在说真话，这时正是 A 在用谎话骗外地人说自己前天说谎话。

综上所述，这一天只能是周一。

351. 第 1999 个人。

352. 第一个题目选 B，第二个选 A。用假设法即可得出答案。

353. 因为王太太说了真话，由此可以推断赵师傅作了伪证，再进一步推断张先生和李先生说的都是假话，从而可以判断 A 和 B 都是凶手。

354. 分别假设作案者是其中一人，作出推论，看是否符合要求即可。

如果作案者是甲，那么乙、丙、丁说得都对。

如果作案者是乙，那么甲、丙、丁说得都对。

如果作案者是丙，那么只有丁说得对，符合要求。

如果作案者是丁，那么丙、丁说得都对。

因此作案者是丙，丁说的是真话。

355. 甲、乙两人的答案不同，所以一定有一个在说谎。也就是说，丙和丁说的都是实话。

因此，丙不是最帅的，也就是说，乙说的是假话。这样就可以得到从最帅到最不帅的顺序为：乙、丙、甲、丁。

356. A：妻子，诚实部落，阿尔法，部落号为 66；

B：丈夫，说谎部落，伽马，部落号为 44；

C：儿子，贝塔，部落号为 54。

首先确认 A 是丈夫还是妻子，是诚实还是说谎。

从 A 讲的话入手，A 可能是诚实丈夫、说谎丈夫、诚实妻子、说谎妻子和儿子。

如果 A 为诚实丈夫，那么 B、C 的组合必为“B：说谎妻子，C：儿子”或者“B：儿子，C：说谎妻子”。如果 B 是儿子，那么 B 的(1)、(4)两句话是假话，不符合儿子说话的特点。

如果 C 是儿子，那么(2)、(4)两句话又存在矛盾，所以这种情况是不可能的。

如果 A 为说谎丈夫，那么 B、C 的组合必为“B：诚实妻子，C：儿子”或者“B：儿子，C：诚实妻子”。如果 B 是诚实妻子，那么 B 的(1)、(4)两句话都是假话，与诚实妻子的性格不符。如果 B 是儿子，B 的(1)、(4)两句话也都是假话，与儿子的性格特点也不符，所以这种情况是不可能的。

如果 A 为说谎妻子，那么 B、C 的组合必为“B：诚实丈夫，C：儿子”或者“B：儿子，C：诚实丈夫”。如果 B 是诚实丈夫，那么 B 的(1)、(4)两句话都是假话，与 B 的性格不符。

如果 B 是儿子，那么 B 的(1)、(4)两句话也与儿子的性格不符。这种情况也不可能。

如果 A 为儿子，那么 A 的(2)、(3)两句话都是假话，不符合儿子的特点，仍然不合条件。

因此，A 只能是诚实妻子，而 B 是说谎丈夫，C 是儿子。

然后再根据每个人说话的特点，就可以得出几个人的名字和部落号了。

357. 其实只要看丙说的话和"只有一个老实国人"这一条件就可以得出答案了。因为不管是老实国的人还是说谎国的人，被人问起，必然回答自己是老实国的人，即丙的话是如实反映乙的话的，则丙必为老实国人。另外两个都是说谎国的人。

358. 第一问，一个村民无论是君子还是小人，都不可能说出"我是小人"这句话。因为君子不会谎称自己是小人，小人也不会承认自己是小人，所以甲永远不会自称小人，即乙说的"甲说他是小人"是在撒谎，因此，乙是小人，丙说了真话，是君子。

第二问，首先可以看得出一点：乙与甲既然出语矛盾，必定不是同一类人。这两个人，一个是君子，一个是小人。现在假设甲是君子，就有两个君子在场了，因此，甲是不会谎称只有一个的；反之，假使甲是小人，就真的是只有一个君子在场了，这时候甲身为小人，是不会说实话的。所以，甲怎么也不会说他们中间只有一个君子。这样看来，乙是在假传甲的陈述，可见乙是小人，丙则是君子。

359. 问题 1，我们先假设甲是小人。既然小人说假话，甲的陈述"我们当中至少有一个是小人"就是假的，因此他们理应都是君子，这是不可能的。所以甲并不是小人而是君子，他的陈述必定是真的，他们当中确实至少有一个是小人。既然甲是君子，那小人只能是乙。所以，甲是君子，乙是小人。

问题 2，甲作了一个陈述："或者我是小人或者乙是君子。"假定甲是小人，他这个陈述必定假。这意味着"甲是小人"和"乙是君子"都不真。如此说来，假设甲是小人，却推出他不是小人，这相互矛盾，所以甲只能是君子。

既然甲是君子，他的陈述就是真的，下面两种可能性中至少有一个成立：A.甲是小人；B.乙是君子。

由于甲是君子，A 的可能性成了泡影。既然如此，对的只能是 B，即乙是君子。因此，甲、乙都是君子。

问题 3，如果甲是君子，他的话中"我是小人"就是假话了，和他身份不符，所以甲是小人。既然甲的陈述是假的，而"我是小人"这部分是真的，那"乙是君子"这部分就是假的，也就是说，乙也是小人。

360.(1) 首先，甲肯定是小人，因为假设他是君子，他们三人就不全是小人了，和他说的话矛盾。因此，甲的陈述是假的，他们中间至少有一个是君子。

姑且假定乙也是小人，丙就必须是君子了。这意味着他们中间恰好有一个是君子，乙的陈述也就成了真的，和乙的小人身份不符，所以乙只能是君子。

现在已经知道甲是小人，乙是君子了。既然乙是君子，他的陈述就是真的，他们中间恰好有一个君子。因此，丙必定是小人。由此可见，甲是小人，乙是君子，丙是小人。

(2) 首先，由前一题的推理可以知道甲肯定是小人，因此，他们中间至少有一个君子。假设乙是小人，那只能丙是君子；假设乙是君子，他们当中就只能有一个是小人，而甲已经是小人了，丙就必须是君子了。

可见甲是小人，丙是君子，乙则无法确定。

361. 解这道题的关键信息是：路人听了回答后就知道真正的答案了。

我们把两个村民叫作甲和乙，并假定回答问题的人是甲。如果甲的回答为"是"，那么可能甲是君子而真心答"是"，也可能甲是小人而假意答"是"，这样路人是没办法知道正确答案的，所以甲的回答肯定是"否"。

假设甲是君子，他答"否"就不是真话了，所以甲是小人。既然他答的"否"是假话，那么至少有一个君子在场，因此，甲是小人，乙是君子。

362. 他俩的回答必然是相同的。如果他们都是君子，他们都要答"是"。如果他们都是小人，他们又都要答"是"。如果一个是君子，一个是小人，君子要答"不"，小人也要答"不"。

363. 首先，因为君子是从来不会自称凡夫的，甲不可能是君子，该是小人或凡夫。

姑且假定甲是凡夫，则乙的陈述便是真的，他该是君子或凡夫，但甲已经是凡夫了，乙只能是君子。剩下的丙只能当小人了，然而小人是不会自称不是凡夫的，矛盾。

因此，甲不可能是凡夫，只能是小人。乙的陈述为假，他必定是凡夫。由此可见甲是小人，乙是凡夫，因此丙是君子。

364. 首先，甲不可能是君子，因为说一个君子比别人等级低，这总不会是真话。现在，假定甲是小人，他的陈述便是假的，其实他并不比乙等级低。于是乙也只能是小人。如此说来，假使甲是小人，乙也是小人，但这是不可能的，原因在于甲、乙出语矛盾，而两个矛盾的论断不会都假。可见，假定甲是小人是要引起矛盾的，所以甲也不是小人，他只能是凡夫。

假使乙是君子的话，身为凡夫的甲就确实要比乙等级低了，甲的陈述就真了，乙的陈述就假了，这和乙的君子身份不符。可见，乙不是君子。假定乙是小人，甲的陈述就假了，乙的陈述就真了，和乙的小人身份不符。可见，乙也不会是小人。因此，乙也是凡夫。

因此答案是：甲、乙都是凡夫，甲的陈述是假的，乙的陈述是真的。

365. 如果甲是君子，乙就确实要比丙等级高，因此，乙必定是凡夫，丙必定是小人，可见，在这种情况下，丙不是凡夫；如果甲是小人，则乙其实不比丙等级高，反而比丙等级低，所以乙必定是凡夫，丙必定是君子，可见，在这种情况下，丙又不是凡夫；如果甲是凡夫，在这种情况下，丙一定不是凡夫，因为甲、乙、丙之中只有一个是凡夫。总之，丙不是凡夫。

同理，可以从乙的陈述推出甲不是凡夫。由此可见，甲和丙都不是凡夫。因此，乙才是凡夫。

既然丙不是凡夫，那么他或是君子或是小人。假定丙是君子，那么，由于乙是凡夫，甲便是小人。因此，乙比甲等级高。身为君子的丙会据实相答："乙等级较高。"反之，假定丙是小人，那么甲必定是君子，乙也就不比甲等级高了。这时身为小人的丙会谎称："乙比甲等级高。"

总之，不管丙是君子还是小人，他总会这样回答："乙比甲等级高。"

366. A 实际上是说并非 X 有罪而 Y 无罪。这不过是用另一种方式说或者 X 无罪或者 Y 有罪，因而 A 与 B 其实说的是一回事，措辞不同而已。所以他俩的陈述或者都真或者都假，可见 A 与 B 必定是同类。

367. 假设 A 是君子，B 也是，因为 A 说 B 是。于是，B 的陈述"如果 A 是君子，那么 C 也是"是真的。但根据假设，A 是君子，所以在 A 是君子的假设之下，C 是君子。

我们刚才已经证明了"如果 A 是君子，那么 C 也是"。B 正是这么说的，因此，B 是君子。

既然如此，A 的陈述"B 是君子"就是真的，可见 A 也是君子。我们又证明了"如果 A 是君子，那么 C 也是"，所以 C 也是君子。因此，三人都是君子。

368. 不能确定这人是君子还是小人，但能肯定村子里是有金子的。首先，如果一个人不是君子就是小人，那当他说"我是君子当且仅当 P"，那么 P 必定是真的。

现在令 K 是命题"说话人是君子"，说话人说 K 等值于 P。假设说话人的确是君子，则 K 确实等值于 P，而 K 也是真的。P 既等值于真陈述，P 必定是真的。反之，假设说话人是小人，则他的陈述假，P 并不等值于 K。他既是小人，K 是假的。由于 P 不等值于假命题 K，P 必定是真的(因为假设它是假的，它该等值于 K 了)。由此可见，不论说话人是君子还是小人，P 必定真。

假使一个君子或小人说"如果我是君子那么 P"，既能论定他是君子，又能论定 P 真。但是，假使一个君子或小人说"我是君子当且仅当 P"，只能论定 P 真，不能论定他是不是君子。

369. 解这道题要用到上一题里提到的原理。现在我们已经知道，A 村子里没有金子，也就是 B 村或 C 村里有金子，如果 A 村里有凡夫，那么 B 村和 C 村里都有金子。

现在你只需要找个 A 村的村民问他："当且仅当 B 村里埋有金子的时候你才是君子吗？"

假设他答"是"。如果他是君子或小人，根据前一题解中建立的基本原理，B 村里有金子。

如果他是凡夫，B 村和 C 村里都有金子。由此可见，答"是"意味着 B 村里肯定埋有金子。

假设他答"不是"。如果他是君子或小人，仍根据上一题的原理，B 村里没有金子，这意味着 C 村里必定有金子。反之，如果他是凡夫，则 B 村和 C 村里都有金子。由此可见，答"不是"意味着 C 村里有金子。

370. 解这道题还是要用到上面的原理。

你可以先问 A："你是君子当且仅当 B 是凡夫吗？"这样你可以先确定一个不是凡夫的人。

假设他答"是"。如果他是君子或小人，根据基本原理，B 必定是凡夫，这意味着 C 不是凡夫。

如果 A 是凡夫，C 又不会是凡夫，由此可见，答"是"意味着 C 不是凡夫。

假设 A 答"不是"。如果他是君子或小人，仍根据基本原理，B 不是凡夫。如果 A 既非君子又非小人，B 又不是凡夫，因此 A 才是。由此可见，答"不"意味着 B 不是凡夫。

总之，如果 A 答"是"，就挑 C 来问下一个问题；如果 A 答"不是"，就挑 B 来问下一个问题。

下一个问题是："当且仅当村子里有金子，你才是君子吗？"如果回答"是"就意味着村子里埋有金子，回答"不是"则意味着没有。

371. 根据上几题里的原理，从 C 的陈述能推出 A 和 B 确实是同类，他俩都是君子或者都是小人，因此，他俩的陈述都真或者都假。

假定 A、B 的两个陈述都真。按照 A 的陈述，村子里有偶数个小人。按照 B 的陈述，村子里的居民是偶数。偶数减偶数还是偶数，所以村子里应该有偶数个君子。可见，这种情况下这个村子里埋有金子。

反之，假设 A、B 的两个陈述都假。这意味着村子里的小人成奇数，居民总数也是奇数。

这时君子必定又成偶数，所以这个村子里还是埋有金子。

372. 第一问：甲先生不可能是小人，因为如果那样的话，他妻子该是君子，不是凡夫，甲先生的陈述反倒会成了真的。同样，甲夫人也不可能是小人，所以他俩也都不是君子。可见他俩都是凡夫，同时又都在撒谎。

第二问：和第一问完全一样的思路。甲先生不可能是君子，因为如果那样的话，他妻子该是小人，不是凡夫，甲先生的陈述反倒会成了假的。同样，甲夫人也不可能是君子，所以他俩也都不是小人。可见他俩都是凡夫，同时又都说了真话。

373. 假使乙夫人是君子，她丈夫该是小人，因此，她是不会谎称他是君子的。假使她是小人，她丈夫该是君子，这时她也是不会道破真情的。因此，乙夫人是凡夫，乙先生也是凡夫。这意味着甲先生和甲夫人都在撒谎，所以他俩都不是君子，又都不可能是小人，因此，甲先生和甲夫人都是凡夫。

所以四个人都是凡夫，三个陈述都是谎话。

374. 假如小江的话是真的，那么小华的话就是假的，相反，如果小江的话是假的，那么小华的话就是真话，据此推测，小江和小华之间必定有 1 人在撒谎。依此类推，5 人中应该有 3 人在撒谎。

375. 利用排除法可以知道选 C。

376. 可以用假设法。

如果第一只碗里有钱，那么第 2、3 只碗上的话就是真的，所以假设错误。

如果第二只碗里有钱，那么第 1、3 只碗上的话就是真的，也不对。

如果第三只碗里有钱，那么只有第一句话是对的，所以钱在第 3 只碗里。

377. 第一问，先假设丙是君子，他说的就是真话，他们三人里就有两个小人，只能是甲和乙。既然乙说自己不是妖怪，那么乙就是妖怪。

假设丙是小人，那么他们三人中最多只能有一个小人，甲和乙就只能是君子。既然甲是君子，而他说丙是妖怪，那么丙就确实是妖怪。

因此，甲肯定不是妖怪，你应该选他作旅伴。

第二问，假设丙是小人，他的陈述就该是假的，因此，三人中至少有两个君子，也就是甲和乙必须都是君子。甲和乙都是君子的话，他俩都说真话，就变成他俩都是妖怪了，这和题设只有一个妖怪矛盾。因此，丙是君子。

既然丙是君子说的是真话，甲和乙就只能是小人了。既然甲和乙都在说假话，他俩就都不是妖怪了，所以妖怪必定是丙。

由此可见，甲和乙是小人，丙是君子，妖怪是丙。

378. 第一问，你只要说"我是个没钱的小人"就够了。既然君子永远不会谎称自己是小人，她立刻就会认为你不是君子，只能是小人。因此，你的陈述在她看来也必然是假的，你并不是个穷小人，但你又是个小人，所以你肯定是个有钱的小人。

第二问，也可以，你只要说"我不是穷君子"。她会这样推理：假使你是小人，你就的确不是穷君子，你的陈述反而变成真的了，和你的小人身份不符。所以你是君子，你的陈述是真的，你确实不是穷君子，可是你是君子，因此，你必定是富君子。

379. 最简单的问题是："您和公主同是君子或同是小人吗？"如果国王回答"是"，公主就是君子；如果国王回答"不是"，公主就是小人。

假设国王回答"是"。如果国王是君子，他说公主和他同类是在说真话，因此，公主也是君子。

如果国王是小人，他的陈述是假的，他跟公主不同类，这意味着公主是君子。由此可见，如果国王答"是"，公主是君子。

假设国王回答"不是"。如果国王是君子，他在讲真话，他跟公主理应不同类，因此，公主必定是小人。如果他是小人，他的陈述是假的，公主其实是跟他同类的，因此，公主必定又是小人。

可见如果他答"不是"，则公主是小人。

380. 最简单的问法是，随便选一个人比如说甲，然后问她："乙说真话的比例比丙少吗？"

假设甲回答"是"，你就挑乙作妻子：假设甲是君子，则乙说真话的比例确实比丙少，因此乙是小人，丙是凡夫。在这种情况下，既然丙是妖怪，乙就不是了。假设甲是小人，则乙说真话的比例要比丙高，这意味着乙是君子，丙是凡夫，可乙又不是妖怪。如果甲是凡夫，那她就是妖怪，既然如此，乙肯定不是。由此可见，不管甲是君子、小人，还是凡夫，只要她用"是"答复你的问话，你就该挑乙作你的妻子。

假设甲回答"不是"，她无异于在断定丙说真话的比例比乙低，和上面同样的推理，挑丙作你的妻子。

381. 你只要承认"凶手是我"就能脱罪了。警方会这样推理：假使你其实是有罪的，你该是小人，但是这么一来，你这个小人就作起真陈述来了。由此可见，假设你有罪是要引起矛盾的，因此你无罪。

或者可以这样推理：如果你是小人，你的陈述假，你理应无罪；如果你不是小人，你肯定无罪，因为有罪的是小人。

382. 第一问，不可能有这样的陈述。既然你是凶手，你就是小人，你不可能像上一题那样承认"凶手是我"。

第二问中，你只需要说"我无罪"就够了。警方会这样推理：如果你是君子，你的陈述真，你理应无罪；如果你不是君子，因为知道有罪的是君子，所以你也无罪。

383. 第一问，无论你怎么费尽口舌，都不可能让巨龙相信你不是凡夫，因为你作任何一组陈述，凡夫都能作同样的陈述，凡夫是什么都可以说的。看来除了打倒巨龙外没有办法救出公主了。

第二问，只要说一句话就可以啦，比如"我不是君子"或者"我是小人"。

第三问，如果你说了上一题的第一个陈述，巨龙会知道，尽管你是凡夫，你是在作真陈述；如果你说了上一题的第二个陈述，巨龙会知道，尽管你是凡夫，你是在作假陈述。所以你必须想一个新的陈述。

你可以随便想个巨龙不知道真假的命题，例如"我爱上了女儿国的公主"，然后，你可以作这样一个陈述："或者我是凡夫而且我爱上了女儿国的公主，或者我是个小人。"小人是决不会作这个陈述的，因为对于小人来说这是句真话。同时君子也是不会作这个陈述的，因为对于君子来说这是句假话。因此，巨龙就知道你是个凡夫，但是巨龙并不知道你是不是真的爱上了女儿国的公主，也就无法知道你的陈述是真话还是假话了。

384. 分析所有这类策略游戏的奥妙就在于应当从结尾出发倒推回去。游戏结束时，你容易知道何种决策有利，何种决策不利。确定了这一点后，你就可以把它用到倒数第2次决策上，依此类推。如果从游戏的开头出发进行分析，那是走不了多远的。其原因在于，所有的战略决策都是要确定："如果我这样做，那么下一个人会怎样做？"

因此，在你之后的海盗所作的决定对你来说是重要的，而在你之前的海盗所作的决定并不重要，因为你已对这些决定无能为力了。

记住了这一点，就可以知道我们的出发点应当是游戏进行到只剩两名海盗(1号和2号)的时候。这时最厉害的海盗是2号，而他的最佳分配方案是一目了然的：100块金子全归他一人所有，1号海盗什么也得不到。由于他自己肯定为这个方案投赞成票，这样就占了总数的50%，因此，方案获得通过。

现在加上3号海盗。1号海盗知道，如果3号的方案被否决，那么最后将只剩2个海盗，而1号将肯定一无所获。此外，3号也明白1号了解这一形势。因此，只要3号的分配方案给1号一点甜头，使他不至于空手而归，那么不论3号提出什么样的分配方案，1号都将投赞成票，因而3号需要分出尽可能少的一点金子来贿赂1号海盗，这样就有了下面的分配方案：

3号海盗分得99块金子，2号海盗一无所获，1号海盗得1块金子。

4号海盗的策略也差不多。他需要有50%的支持票，因此，同3号一样，也需再找一人做同党。

他可以给同党的最低贿赂是1块金子，而他可以用这块金子来收买2号海盗。因为如果4号被否决而3号得以通过，则2号将一文不名。因此，4号的分配方案应是：99块金子归自己，3号一块也得不到，2号得1块金子，1号也是一块也得不到。

5号海盗的策略稍有不同。他需要收买另两名海盗，因此，至少得用2块金子来贿赂，才能使自己的方案得到采纳。他的分配方案应该是：98块金子归自己，1块金子给3号，1块金子给1号。

每个分配方案都是唯一确定的，它可以使提出该方案的海盗获得尽可能多的金子，同时又保证该方案肯定能通过。

385. 姑且假设乙是君子。于是，这里是长老村，而且甲是小人。甲的陈述理应是假，"乙是君子并且这里是长老村"并不是真。然而，按假设乙是君子，这个陈述的前一半理应是真，所以后一半是假，这里应不是长老村。这样看来，如果乙是君子，会推出这既是又不是长老村，所以乙只能是小人。

既然乙是小人，足见甲也是小人，因为甲声称乙是君子。既然乙是小人，他的陈述为假，"甲是小人并且这里是长老村"并不是真。但是，由于甲是小人，这个陈述的前一半是真，所以后一半是假，因此，这里不是长老村。

386. 假如甲是小人，他所说的两个分句都该是假，乙也就该是小人。这意味着乙所说的两个分句也都该是假，甲反倒该是君子了，产生矛盾，所以甲是君子。

既然如此，甲的陈述是真的：或者乙是君子，或者这里是长老村。如果后半句是真，当然这就是长老村了。假设前半句是真，即乙是君子，则乙的陈述是真：或者甲是小人，或者这里是长老村。但甲不是小人，前半句是假，所以后半句是真，这里是长老村。

重复论证一遍：我们可以先看出，或者乙是君子，或者这里是长老村。可是，我们又看出，如果乙是君子，这里仍然是长老村。所以，这里肯定是长老村了。那人很幸运地只找了六个村子就找到了长老村。

387. 假设戊是小人，"或者戊是小人或者丙和丁是同一类人"就成了真的，这不符合戊的小人身份，所以戊只能是君子。戊的陈述是真话，但他不是小人，因此丙和丁是同一类人。

姑且假设丙是小人，甲和乙就该都是小人。这时候丁的陈述成了真的，丁理应是君子。如此说来，丙是小人，而丁是君子，违反了丙和丁是同类的事实。所以，丙只能是君子，随之丁也是君子。既然丙是君子，那么甲和乙不都是小人，因此 X 或 Y 村长知道智者村的位置。

姑且假设 X 村长知道，甲便是君子，乙便是小人，这违反丁的真陈述：或者甲是小人或者乙是君子。可见 X 村长不知道，只能是 Y 村长知道智者村的位置。

388. 第一问，假设那村民是小人，那么他或是小人或是妖精，他的陈述反倒该真，违反他是小人这个假设。所以，他是君子。这意味着他的陈述是真的：他或是小人或是妖精。他不是小人，所以他是妖精。由此可见，他是妖精君子。

第二问，该村民分明不是君子，而是小人，他的陈述是假的，所以他或是君子或是人。

他不是君子，所以他是人。

第三问，姑且假设那村民是小人。这时候，"他并非既是妖精又是君子"成了真的，即他的陈述成了真的，我们就碰到了小人作真陈述这种事。那村民是君子。所以，他真的并非既是妖精又是君子。但是，假如他是妖精，他反倒既是妖精又是君子了。他理应是人。可见，他是人并且是君子。

389. 假设丙是君子，那么甲和乙都是君子。因此，B 是村长家，同时 C 或 D 也是村长家。

假设 C 是村长家，丁是君子。假设 D 是村长家，戊是君子。因此，丁、戊之中必定有一个是君子。也就是己的陈述是真的，他是君子。因此，"如果丙是君子则己也是君子"这个陈述是真的，所以庚是君子。

假设庚和辛都是君子，辛的陈述就是真的，可推出甲是君子。所以辛必定是君子，他这个陈述理应真。既然庚和辛都是君子，甲便是君子。

因此，B 确实是村长家，他该拜访 B 这个屋子。

390. 甲不可能是君子，必定是小人。他的陈述理应假，这意味着"他是小人并且他不是村长"并不是真的。但他是小人，这个陈述的前一半是真的，所以后一半是假的，其实他是村长。总之，甲是小人又是村长。

乙无法确定身份。他要么不是村长，要么是小人。无论如何，如果他是村长，他就也是小人。

391. 由上一题我们已经知道，智者村的村长肯定是小人。因此，村长的回答"有物而非无物"是假的，这意味着无物存在，一切是虚幻的。这样看来，那人一生探求的答案仿佛是其实根本没什么东西存在。然而，有件事讲不通：如果没什么东西存在，那作这个陈述的智者村村长又从何而来？

因此，真正能推出的结论是：我描述的那么一个智者村在逻辑上讲是不存在的。因为假使那么一个村子存在，因而我讲的故事可信的话，按照逻辑，就会推出没什么东西存在，因此，智者村也就不存在了，这是一个逻辑矛盾。

392. 不可能知道"咦"指什么，不过可以知道说话者必定是人类。

假设"咦"指肯定，问他"咦"指不指肯定的时候，属实的回答该是"咦"。可见，在这种情况下，说话者是人类。

假设"咦"指否定，问他"咦"指不指肯定的时候，属实的回答该是"咦"了。可见，说话者又是人类。总之，不管"咦"指肯定还是指否定，说话者总是人类。

你只需要问他是不是人类就够了。这个村子里的村民个个都要自称人类，所以，人类也罢，妖怪也罢，都会作肯定回答的。既然如此，如果他答"咦"，"咦"就指肯定：如果他答"啊"，"啊"就指肯定。

393. 你只要问他"咦"是不是指肯定就行了。如果"咦"指肯定，"咦"就是这问题的正确回答，因而人类会答"咦"，妖怪会答"啊"。如果"咦"不指肯定，"咦"又是这问题的正确回答，因而人类又会答"咦"，妖怪又会答"啊"。

394. 又有好几种问法能做到这一点。其中一种问法是："如果有人问你这个村子里有没有金子，你会答'咦'吗？"不管他是人类还是妖怪，也不管"咦"和"啊"究竟指什么，他回答"咦"就说明村子里有金子，如果他回答"啊"就说明村子里没有金子。

可以假设被问的对象分别是人类、妖怪，"咦"分别代表"是"或者"否"四种情况来讨论，如果村子里有金子，你总会听到答"咦"；如果村子里没有金子，你总会听到回答"啊"。

395. 假设丙是妖怪，这么一来，甲和乙必定是一家人，理应都是人类或者都是妖怪。

假设甲、乙都是人类。这时"咦"确实指肯定，因此，甲对被告是否无罪的问题实际上答了是，可见被告无罪。假设甲、乙都是妖怪。这时"咦"其实指否定。既然甲是妖怪，而他对被告是否无罪的问题又答了不，那么被告无罪。总之，如果丙是妖怪，被告就无罪，不管甲、乙都是人类还是都是妖怪。另外，如果丙是妖怪，被告又必定有罪，因为丙说他无罪，这是相互矛盾的。因此，丙不可能是妖怪，他其实是人类。既然丙说被告无罪，被告就确实无罪了。

　　既然丙是人类，甲、乙就不是一家人，但这不意味着他俩不是同类；他俩即使不是一家人，还可以是同类。而且可以推理出，他俩确实是同类，因为如果他俩不是同类的话，被告就非有罪不可。

　　396. 总共有四种可能的答法："咦""啊""是""不"。人类和妖怪都不会取的答法只有一种，就是"不"。说得更详细些，假设说话者是人类或妖怪，要是他用"是""不是"作答，他的回答只能是"是"；要是他用土语作答，如果"咦"指肯定则他要答"咦"，如果"咦"指否定则他要答"啊"，不管他是人类还是妖怪。所以，你听到了一个什么回答而又异于"不"，你是不会知道说话者属于哪一种的。但是你当时知道了，因此，你听到了对方答"不"，同时说话者是半妖怪。

　　397. 只有一种情况能让你知道那个村民属于哪一种，那就是听到他答"啊"。要是说话者用"是""不是"作答，你是不会知道的，因为人类也罢，妖怪也罢，如果"咦"指肯定，他总要答"是"；如果"咦"指否定，他总要答"不"。要是村民答"咦"，他可以是人类，可以是妖怪，也可以是半妖怪。

　　398. 第一问，他的陈述或真或假。假设他的陈述假，他就既不是人又不清醒，必定是疯妖了。但疯妖是只作真陈述的，出现矛盾。因此，他的陈述是真的。只有清醒人或疯妖才作真陈述。假若他是疯妖，他不会或者是人或者清醒，他的陈述反倒是假的。可是我们知道他的陈述是真的。因此，他只能是清醒人。

　　第二问，他只能是疯妖。

　　第三问，不同类，这次他是清醒妖了。

　　399. 第一问，如果你问一个村民："你靠得住吗？"什么也推不出来，因为对这个问题，村民都会回答"是"。

　　第二问，你问他："你相信自己靠得住吗？"虽然从答话仍然推不出那村民是人还是妖怪，但能推出他是否清醒。如果他清醒，他要答"是"；如果他疯癫，他要答"不"。

　　400. 第一问，不能确定。有可能他是清醒人，而宝藏在村子里，也有可能他是疯妖，而宝藏不在村子里(其实，如果他是疯妖的话，宝藏在不在村子里都说得过去)。

　　第二问，还是不能。比如他可能是疯妖，在这种情况下，宝藏可以在村子里，也可以不在村子里。

　　第三问，是，这次能推出宝藏在村子里了。把那个村民的陈述改写成"如果我靠得住，那么宝藏在村子里"。

　　我们曾经证明，只要君子小人村里的村民说"如果我是君子，那么如此如此"，说话人必定是君子，如此如此必定真。同样，只要疯子村的村民说"如果我靠得住，那么如此如此"，他必定靠得住，如此如此也必定真。证法其实是一样的，只要把

"是君子"换成"靠得住"就行了。

401. (1) 可以达到这个目的的一个陈述是："我靠不住并且宝藏不在村子里。"

(2) 可以达到这个目的的一句话是："我靠得住当且仅当宝藏在村子里。"

我们曾经证明，只要君子小人村子的村民说"我是君子当且仅当如此如此"，如此如此必定真，但不可能辨别说话者是君子还是小人。同样，只要疯子村的村民说"我靠得住当且仅当如此如此"，如此如此也必定真，不管说话者靠得住还是靠不住，证明方法是一样的。

其他可以达到这个目的的陈述有："我相信，宝藏在村子里当且仅当我是人。"或者复杂一点的："我相信，如果有人问我宝藏在不在村子里，我会答'在'。"

(3) 是，能推出宝藏不在村子里。

从 A 能推出说话者是人，因为清醒妖明知自己清醒，因此会说自己疯癫；疯妖相信自己清醒，偏要说自己疯癫，所以说话者肯定是人。

我们已经证明过：当一个人说他相信某件事的时候，这件事必定成立，不管这人是清醒还是疯癫。现在我们知道说话者是人，而他说自己相信宝藏不在村子里，所以宝藏肯定不在村子里。

(4) 从第一个陈述"我是人"能推出的并非他是人，而是他必定清醒。(疯人不认为自己是人，疯妖自以为是人却偏要说自己是妖怪)现在我们知道他清醒，要来证明他是人。姑且假设他是妖怪。"他是人"就成了假的。既然假陈述蕴含任何陈述，他的第二个陈述"如果我是人那么宝藏在村子里"就不得不是真的。可是，清醒妖不可能作真陈述，出现了矛盾。因此，他不可能是妖怪，必定是人。

现在我们知道了他是清醒的，他就是在作真陈述，他的第二个陈述"如果我是人那么宝藏在村子里"必定是真的。同时，他又是人，所以宝藏在村子里。

402. (1) 可以，只要问他清醒不清醒就行了。不论清醒不清醒，人总会答"是"，妖怪总会答"不"。

(2) 可以，只要问他是不是人就行了。不论是人还是妖怪，清醒的村民总会答"是"，疯癫的村民总会答"不"。

(3) 可以达到这个目的的一个问题是："你相信自己是人吗？"这么问，所有村民都必定会答"是"。或者这样的问题："你靠得住吗？"所有的村民也都会回答"是"。

(4) 下面这两个问题都能达到这个目的。

A. 你靠得住等值于宝藏在村子里，对吗？

B. 你相信"你是人等值于宝藏在村子里"，对吗？

403. 你可以这样问他："要是问你清醒不清醒，正确的回答是'咦'吗？"如果他答"咦"，他就是人；如果他答"啊"，他就是妖怪。

404. (1) 你可以问他："要是问你是不是人，正确的回答是'咦'吗？"如果他答"咦"，他就清醒；如果他答"啊"，他就疯癫。

(2) 你可以问他：“你相信自己是人吗？”不论他用哪个字作答，那个字总指肯定。同理可以问他：“你靠得住吗？”

(3) 你可以这样问：“要是问你靠得住还是靠不住，正确的回答是‘咦’吗？”或者问：“你靠得住当且仅当‘咦’指肯定，对吗？”这两个问题他们都只能回答“咦”。

(4) 下面两个问题都能达到目的。

A. 对于“宝藏在村子里”是否等值于“你是人”这个问题，你相信正确的回答是“咦”，对吗？

B. 对于“宝藏在村子里”是否等值于“你靠得住”这个问题，正确的回答是“咦”吗？

证明过程就留给读者思考啦。

405. 让我们先来下个定义。问你那一桌上的村民：“一加一等于二吗？”如果他回答“咦”，那么他属于甲型(这意味着，对其他任何问题，只要应该以“是”为正确回答的，甲型的村民就会回答“咦”)；如果他回答“啊”，他就属于乙型(这意味着，对任何一个真陈述 X，乙型总会回答“啊”)。

同时你并不知道“咦”和“啊”到底哪个指肯定哪个指否定，所以如果“咦”指肯定，甲型的就是靠得住的，乙型的就是靠不住的；如果“咦”指否定，甲型就是靠不住的，乙型是靠得住的。

那么那个万能的句子 S 就是“你属于甲型”(或者还原过来就是“要是问你一加一等不等于二，你回答‘咦’”)。这样任给一个陈述 X，要查明 X 真不真，你只要问桌上的一个村民：“X 当且仅当你属于甲型，对吗？”如果他答“咦”，那么X 必定是真的；如果他答“啊”，那么 X 必定是假的。

下面我们稍微证明一下。

情况一：“咦”指肯定。在这种情况下，有两件事是我们知道的：甲型等于靠得住；说话者既然说了“咦”，他就是在断定 S 等值于 X。

如果说话者属于甲型，这时他靠得住，他是在作真陈述。可见 S 确实等值于 X。既然说话者属于甲型，S 也是真的。因此，X 是真的。

如果说话者属于乙型，这时他靠不住，他是在作假陈述。既然他断定 S 等值于 X，那么其实 S 并不等值于 X。但是，既然说话者不属于甲型，S 是假的，而 X 又不等值于 S，可见 X 是真的。

情况二：“咦”指否定。在这种情况下，有两件事是我们知道的：甲型等于靠不住；说话者在断定 S 不等值于 X。

如果说话者属于甲型，这时他靠不住，他是在作假陈述。他断定 S 不等值于 X，因此，S 其实等值于 X。既然 S 是真的，X 就是真的。

如果说话者属于乙型，这时他靠得住，他是在作真陈述。既然他断定 S 不等值于 X，它们理应不等值，但 S 是假的，因此 X 是真的。

这样我们就证明了回答"咦"意味着 X 是真的。同理可以证明回答"啊"意味着 X 是假的，但我们也可以稍微取点巧。

用"啊"回答这个问题其实等于是用"咦"回答相反的问题："你属于甲型当且仅当非 X，对吗？"可见，倘若你问他："你属于甲型当且仅当非 X，对吗？"他是要答"咦"的。既然如此，根据前文的证明，可推出 X 其实是假的。

漏洞：当你刚发现村长家在举行酒宴准备离开的时候，有个村民把你拦下来并告诉你村里的风俗规定你必须有村长的许可才能离开，然后还给你传了村长的话。问题是，你并不知道这个村民属于哪一类，所以无法判断他说的是不是事实，既然你拥有能取走大宝藏的智慧，为什么就轻易相信这个村民的话了呢？

406. 第一问，狐狸能说"昨天我撒谎"的日子只有星期一、星期四。灰熊能说"昨天我撒谎"的日子只有星期四、星期日。因此，它们都能说这句话的日子只有星期四。

第二问，由狐狸的第一个陈述知道当天是星期一或星期四，由第二个陈述知道当天不是星期四。因此，当天是星期一。

407. 它只有星期一、星期四能作第一个陈述，只有星期三、星期日能作第二个陈述，所以没有一天能两句话都说。

如果你觉得这题和上一题一样，那就错了。这个例子很能说明，分别作两个陈述不同于合取两者作一个陈述。任给两个陈述 X、Y，如果陈述"X 并且 Y"是真的，当然能推出 X、Y 各自是真的；但是，如果"X 并且 Y"是假的，只能推出 X 和 Y 中至少有一个是假的。

"狐狸昨天撒谎并且明天还要撒谎"只有一天能够是真的，就是星期二。这样看来，狐狸哪天说了这句话，那天就不会是星期二，因为这个陈述在星期二是真的，但狐狸在星期二并不作真陈述，所以那天不是星期二。因此，狐狸的那个陈述总是假的，那天只能是星期一或星期三。

408. (1) 如果甲的陈述是真的，那么甲确实是巫婆，乙理应是妖精，乙的陈述也是真的。如果甲的陈述是假的，那么甲其实是妖精，乙则是巫婆，因而乙的陈述也是假的。所以，这两个陈述或者都是真的或者都是假的。它们不会都是假的，因为巫婆和妖精从不在同一天撒谎。因此，这两个陈述只能都是真的。这样看来，甲是巫婆，乙是妖精。而且这一天必定是星期日。

(2) 乙的陈述一定是真的。可是题目已经说了这跟前一问是在同一周而不在同一天，也就是说，那天不是星期日，所以这两个陈述不会都真，甲的陈述只能是假的。因此，甲是妖精，乙是巫婆。

409. 头一个人的回答明显是谎话，所以这件事必定不是星期日发生的。因此另外那个人必定据实回答说："不。"

甲的陈述 B 分明为假。同时说的陈述 A 也一定为假。因此，甲并非星期六撒谎，乙才是星期六撒谎。这一天既然甲在撒谎，乙就在讲真话，可见是星期一、二或三。这几天里，"乙明天要撒谎"只有在星期三才是真话。所以，当天是星期三。

410. 第一问，它的陈述一定是假的，因为假如这个陈述是真的，他今天就在撒谎了，这是一个矛盾。因此，两个分句"我今天撒谎"和"我是妖精"之中必有一个是假的。前一个分句"我今天撒谎"是真的，所以后一个分句必定是假的。可见，它是巫婆。

第二问，假如它今天在撒谎，前一个分句就成了真的，整个陈述也就成了真的，这相互矛盾。所以，它今天是在讲真话。既然如此，它的陈述就是真的：或者它今天撒谎，或者它是妖精。

由于它今天不撒谎，它应该是妖精。

411. 第一问，假定甲讲了真话，魔法杖该归妖精。既然当天不是星期日，乙必定是在撒谎，其实他并不是妖精，而是巫婆。因此甲才是妖精，它应当得到魔法杖。

假定甲撒了谎，魔法杖该归巫婆。同时，乙是在讲真话，它确实是妖精。于是魔法杖又是甲的。总之，无论哪种情况，魔法杖都归甲。

第二问，假定说话人在撒谎，那么魔法杖的主人今天不讲真话，而是在撒谎，它必定就是说话人；假定说话人在讲真话，那么魔法杖的主人今天的确是在讲真话。如果那天不是星期日，它必定就是魔法杖的主人。不过，如果那天是星期日，它俩那天都讲真话，双方都可能是魔法杖的主人。

总而言之，如果当天不是星期日，说话人一定就是魔法杖的主人。如果当天是星期日，它是与不是的机会均等。因此，它是魔法杖的主人的概率等于 13/14。

412. (1) 说话人的回答包含了下面两个陈述：

A. 它是巫婆或妖精。

B. 它今天撒谎。

假如它的回答是真的，A 和 B 都成了真的，因而 B 成了真的，相互矛盾。所以它的回答是假的，A 和 B 不会都是真的。可是，既然它这天的回答是假的，B 便是真的，不真的只能是 A。因此，它既非巫婆又非妖精，必定是传言中的魔法师。

(2) 既然魔法师永远撒谎，甲不会真的是魔法师，它该是巫婆或妖精，只不过在撒谎而已。这样看来，乙也在撒谎。假如乙是妖精或巫婆，巫婆跟妖精就要同天撒谎了，这不可能。

因此，乙必定就是魔法师。

(3) 不论乙是谁，它的陈述一定是真的。既然乙的陈述是真的而当天又不是星期日，甲的陈述必定是假的。可见，如果这一说法是对的，那么魔法师就不存在。

413. 红盒子与蓝盒子上的陈述正好相反，其中必定有一个是真。既然这三个陈述当中最多只有一个是真的，黄盒子上的陈述就是假的，可见红纸实际上是在黄盒子里。

当然这道题也可以用另一种方法来解。假如红纸在红盒子里，就会有两个真陈述(即红盒子与黄盒子上的陈述)，与预定条件相反。假如红纸在蓝盒子里，又会有两个真陈述(这次是蓝盒子与黄盒子上的)。因此，红纸只能在黄盒子里。

这两种方法都正确，可见在很多问题上可以使用几种正确的办法得出同一结论。

414. 假如红纸在蓝盒子里，三个陈述统统是真的，与预定条件相反；假如红纸在黄盒子里，三个陈述统统是假的，又与预定条件相反。因此，红纸只能在红盒子里。(因此前两个陈述是真的，第三个陈述是假的，这与预定条件是一致的。)

415. 蓝盒子可以立即排除，因为假如红纸在它里头，它上面的两个陈述就都成了假的。

这样看来，红纸或者在红盒子里或者在黄盒子里。可是，红盒子与黄盒子上的陈述 A 是一回事，或者都是真的，或者都是假的。如果都是假的，相应的两个陈述 B 理应都是真的，但它们却不可能都是真的，因为它们是互相矛盾的，所以，这两个陈述 A 都是真的，红纸不在红盒子里。这证明红纸在黄盒子里。

416. 如果红纸在红盒子里，红盒子与黄盒子上就各有两个假陈述。如果它在黄盒子里，黄盒子与蓝盒子上就各有一真陈述又各有一假陈述。因此，红纸是在蓝盒子里。(因此黄盒子上有两个真陈述，蓝盒子上有两个假陈述，红盒子上的陈述一真一假。)

417. 假定蓝盒子上的句子是男助教写的，也就是真话，另外两只盒子就只能是假话。

这意味着黄盒子上的陈述是假的，白纸该在黄盒子里。可见，如果蓝盒子上的话出自男助教之手，白纸是藏在黄盒子里的。

假定蓝盒子上的句子是女助教写的，也就是假话，理应至少有两只盒子上写的是真话。这意味着红盒子与黄盒子都是真话(因为蓝盒子是女助教写的)。既然如此，白纸是在红盒子里。

无论哪种情况，白纸总不会在蓝盒子里，所以学生该选蓝盒子。

418. 它是男助教写的。假如它是男学生写的，此陈述该是假的，不可能。假如它是女助教或女学生写的，此陈述该是真的，也不可能。

419. 该题可能有很多解，这里只给出其中的一种。此题的一种解是两个盒子上都有如下语句："或者这两个盒子上的语句都是男助教写的，或者至少有一个是女学生写的。"

这样两个盒子上哪一个也不会是女学生写的，否则这陈述就是真的了。如此看来，这两个盒子上的语句都是男学生写的，所以这个陈述是真的：或者两个盒子上的语句都是男助教写的，或者至少有一个是女学生写的。前半句话是真的，可见两个盒子上的语句都是男助教写的。

第七篇答案

420. 不是的，哥哥没有特异功能。

哥哥每次见到弟弟在睡觉的时候都会说："你在装睡！"弟弟真的装睡的话，就会听见；当弟弟真的睡觉的时候，他不会知道哥哥在说话。

421. 是 D 先生。

四个人的座次如下图所示。

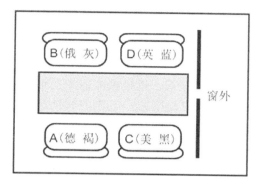

首先由条件(6)可知：右上角的位置是英国旅客；

再由条件(1)，推出：左上角是 B 先生；

由条件(3)，可得：左下角是德国人，右下角的人穿黑色大衣；

由条件(5)，可知：左上角的 B 先生为俄国人，穿灰色大衣；

再由条件(4)，可知：只能右上角是 D 先生，右下角是美国人；

最后由条件(2)，可知：左下角为 A 先生，穿褐色大衣。

综上所述，只有右上角的旅客为 D 先生，穿蓝色大衣。

422. 分析：综合所有情报，我们知道五个人的外号分别是大牛、白猴、黑狗、小马哥和虎爷。其中，A 狙击手不叫小马哥、大牛和白猴，B 狙击手不叫白猴，D 狙击手不叫白猴和黑狗，E 狙击手不叫大牛、白猴、虎爷和小马哥。

因此 E 狙击手只能叫黑狗，从而得出 A 狙击手叫虎爷，C 狙击手叫白猴，D 狙击手叫小马哥，B 狙击手叫大牛。

423. 55 秒。虽然钟敲了 12 下，但中间的时间间隔只有 11 下，所以是 55 秒。

424. 将阿莫斯、伯特和科布三人分别设为 A、B、C。将迪威特教授简称为 D 教授。

A、B、C 共上了 9 节课，其中，B 一节、C 二节不是在 D 教授那儿上的，因此，必然有一个 C、BC 组合，还剩下 6 个组合 A、B、ABC、AB、AC、空(其中空不可能出现)，另外，从中选出三个组合，并要总节数达到 6 节，ABC 显然是必选的，从余下的 AB、AC 中挑一个，那么 A 组合不可能再出现，因此，这 5 种组合是 C、BC、ABC、B、AC，所以偷答案的是 B(即伯特)。

425. 根据陈述中的假设，(1)和(2)中只有一个能适用于实际情况。同样，(3)和(4)，(5)和(6)，也是两个陈述中只有一个能适用于实际情况。

根据陈述中的结论，(2)和(5)不可能都适用于实际情况。因此，能适用于实际情况的陈述组合是下列组合中的一组或几组：

A. (1)、(4)和(5)

B. (1)、(3)和(5)

C. (1)、(4)和(6)

D. (1)、(3)和(6)

E. (2)、(4)和(6)

F. (2)、(3)和(6)

如果组合 A 能适用于实际情况，则根据陈述(1)的结论，凶手是男性；根据陈述(4)的结论，受害者是女性；可是根据陈述(5)的假设，凶手与受害者性别相同。因此，组合 A 不适用。

如果组合 B 能适用于实际情况，则根据有关的假设，凶手与受害者有亲缘关系，而且职业相同，性别相同。这与各个家庭的组成情况有矛盾，因此，组合 B 不适用。

如果组合 C 能适用于实际情况，则根据有关的结论，凶手是男性，受害者是个女性医生。接着根据陈述(1)和(4)的假设，凶手是律师，凶手与受害者有亲缘关系。这与各个家庭的组成情况有矛盾，因此，组合 C 不适用。

如果组合 D 能适用于实际情况，则根据陈述(1)的结论，凶手是男性；根据陈述(3)的结论，受害者也是男性；可是根据陈述(6)的假设，凶手与受害者性别不同。因此，组合 D 不适用。

如果组合 E 能适用于实际情况，则根据陈述(2)的结论，凶手是医生；根据陈述(6)的结论，受害者也是医生；可是根据陈述(4)的假设，凶手与受害者职业不同。因此，组合 E 不适用。

因此，只有组合 F 能适用于实际情况。根据有关的结论，凶手是医生，受害者是男性医生。于是根据陈述(6)的假设，凶手是女性。接着，根据各个家庭的组成情况，凶手只能是贝蒂。陈述(2)的假设则表明，受害者是杜安；而且陈述(3)的假设和陈述(2)、(6)的结论相符。

426. 这句话是不对的。打开了，并不能证明它一定是他的；但是如果不能打开，那就证明一定不是他的。

427. 选 B。

428. 因为 3 人吃了 8 块饼，其中，约克带了 3 块饼，汤姆带了 5 块饼。假设 3 人吃的饼是一样多的，约克吃了其中的 1/3，即 8/3 块，路人吃了约克带的饼中的 3-8/3=1/3；汤姆也吃了 8/3，路人吃了他带的饼中的 5-8/3=7/3。这样，路人所吃的 8/3 块饼中，有约克的 1/3，汤姆的 7/3。路人所吃的饼中，属于汤姆的饼是属于约

克的饼的 7 倍。因此，对于这 8 个金币，公平的分法是：约克得 1 个金币，汤姆得
7 个金币。

429. 四个人的话显示，A、C 病人离开时医生已死，B、D 病人到达时医生还
活着，所以 B、D 病人应该比 A、C 病人先去的医生家。由 B 病人不是第二个、C
病人不是第三个可以知道四个人到医生家的顺序是 B、D、A、C，而从 D 病人的
第一句话知道他不是凶手，所以凶手是 C 病人。

430. 由事实(2)、(3)、(5)知道，A、C 都不能有罪。

由事实(1)知道，A、B、C 至少有 1 个人有罪，那么 B 肯定有罪。

由事实(4)知道，只有 B 一人有罪。

431. 选 C。A 答案的错误在于无法从题干中推出 O 型血是否越来越受欢迎；B
答案的错误在于 O 型血的特殊用途不是"它与大多数人的血型是一样的"，而是
"O 型血可供任何人使用"；D 答案的错误在于在美国 O 型血的人数只占 45%，
不足 50%，无法推出"O 型血是大多数人共同的血型"。

432. 老大拿了老二的帽子，老二拿了老三的帽子，老三拿了老四的帽子，老
四拿了老大的帽子。

老大拿了老三的大衣，老三拿了老四的大衣，老四拿了老二的大衣，老二拿了
老大的大衣。

433. 根据安娜和贝思的供词的真伪，可以把科拉的死因列表如下。

如果安娜的供词是真的，那么：被贝思所杀害或自杀或意外事故；

如果贝思的供词是真的，那么：被谋杀或自杀；

如果安娜的供词是假的，那么：被谋杀但非贝思所为；

如果贝思的供词是假的，那么：意外事故。

由于无论这两位女士的供词是真是假，警察的两个假定覆盖了一切可能的情
况，又由于两个假定不能同时适用，因此只有一个假定是适用的。

假定(1)不能适用，因为如果这个假定能适用，则贝思的供词就不是实话，所
以只有假定(2)是适用的。

既然假定(2)是适用的，那贝思的供词就不能是虚假的，所以只有安娜的供词
是虚假的。

于是，科拉必定是死于被谋杀。

434. 是富翁自己偷了自己的钻石。他先准备两个一模一样的盒子，把钻石放
到一个盒子里，再把另一个盒子放到密室中。那个著名的大盗和这件事没有关系。

435. D 在吃饭之前布置好了机关：D 先将无声手枪固定在窗户的钉子上，用
绳子系住门把手，另一头绕过旗杆，系在手枪扳机上。等死者开门时，绳子绷紧，
使手枪开火，便杀人成功。

随后回来的 D 粗心地把尸体抛在爆竹堆上，把带有针的钓鱼线穿过死者裤兜，
再把两头从窗子扔出窗外，锁上门，到窗外找到钓鱼线，用透明胶带把线固定在钥

匙上，拉另一头使钥匙回到死者裤兜里，从而造成密室。

436.（1）答案 D。根据"如果钱教授获得的票数比周博士多，那么李教授将获得该项基金"，而事实为陈博士获得了该项基金，因为只有一个人能获该项基金，所以李教授未获得该项基金，根据充分条件假设命题的推理规则，"否定后件则否定前件"，可得钱教授获得的票数不比周博士多。

（2）答案 D。根据"赵教授没有获得该基金"这一事实，对"如果孙教授获得的票数比沈局长多，同时周博士获得的票数比钱教授多，那么赵教授将获得该项基金"这一命题进行推理，可知，孙教授获得的票数不比沈局长多或者周博士获得的票数不比钱教授多。又根据已知，周博士获得的票数比钱教授多，得出孙教授获得的票数不比沈局长多。

437. 假设 1：如果 C 看到 A、B 戴的都是白帽子，那么就不用想了，他戴的肯定是红帽子。但是大家要注意的是，他是听了 A、B 的答案后才回答的，所以他不可能看到两个白帽子。假设 1 被排除。

假设 2：如果 C 看到一红一白，若他头上戴的是白帽子的话，那么一共是两顶白帽子，A 和 B 肯定有一人能答出正确答案了，所以 C 能确定他头上的帽子是红色的。

假设 3：如果 C 看到两顶红帽子，那么他一样可以确定他头上的不是白帽子，因为如果他头上戴的是白帽子的话，那么 A 回答完"不知道"后，B 就可以答出自己的帽子是红色的，因为假设中已经提到 A 戴的帽子是红色的，C 戴的帽子是白色的，排除了其他可能。

所以综合三个假设可以得出 C 戴的帽子肯定是红色的。

438. 既然商人戴了红帽子，如果 A 自己也戴的是红帽子，B 就马上可以猜到自己戴的是黑帽子(因为红帽子只有两顶)；既然 B 没说，那就是说自己戴的是红色帽子。

B 也是一样的，但是 B 却没说，可见，B 的反应太慢了。结果 A 做了接班人。

439. 聪明人甲、乙、丙三个人头上戴的都是白帽子，即甲、乙、丙睁开眼睛时看到另外两个人头上戴着的是白帽子，因为有三顶白帽子、两顶红帽子，他们无法看到自己头上戴着什么帽子。

我们以甲为中心来进行推论。

甲想：假设我头上戴的是红帽子，那么乙会如此推测："甲头上戴的是红帽子，如果我头上戴的也是红帽子，那么丙立刻就会说出他头上戴的是白帽子。现在丙没有说他戴的是白帽子，则说明我头上戴的不是红帽子，即我头上戴的是白帽子。"

那么乙很快就会说出他戴的是白帽子。但是乙并没有说，说明甲头上戴的不是红帽子。

乙、丙的想法与甲相同，所以最终的结果是三个人异口同声地说：我头上戴的是白帽子。

440. 第 10 个人开始说："不知道自己头上的帽子的颜色。"这说明前面的 9 个人中有人戴黄帽子，否则，他马上可以知道自己头上是黄帽子了。

第 9 个人知道了 9 个人中有人戴黄帽子，但不能断定自己帽子的颜色，这说明他看到前面的 8 个人中有人戴黄帽子。

依此类推，每个人都不知道自己帽子的颜色，说明每个人前面都有人戴黄帽子。

因此，第 1 个人断定自己戴的是黄帽子。

441. 从前到后分别为甲、乙、丙三人，丙看了甲、乙戴的帽子说不知道，说明甲、乙戴的并不都是白帽子。而乙又说不知道，说明甲戴的不是白帽子，也就是红帽子了。因此，甲就知道自己戴的是红帽子了。

442. 把三个人标记成 A、B、C。当 A 看到另外两个人戴的都是黑帽子的时候，A 会想到如果自己戴的是白帽子，而另一个犯人 B 就会看到一个白的和一个黑的帽子，而犯人 B 就会想：如果自己戴的是白帽子，那么 C 就会看到两个戴白帽子的，那么他就会马上说出结果，但是 C 没有马上说出结果，也就是说，他没有看到两顶白帽子，那么自己头上戴的一定是黑帽子，这样一来 B 就会被释放，但是 B 没有被释放。同理 C 也是这样，所以 A 可以断定自己戴的是黑帽子。

443. 当局外人未宣布"至少一个人戴的是红帽子"时，这个事实其实每个人都知道了，因为每个人看到其他 3 个人的帽子都是红色的，但每个人不知道其他人是否知道这个事实，即这个事实没有成为公共知识。而当这个局外人宣布了之后，"至少一个人帽子是红色的"便成了公共知识。此时不仅每个人知道"至少一个人的帽子是红色的"，每个人还知道其他人知道他知道这个事实……

局外人第一次问时，由于每个人面对的其他 3 个人都是红色的帽子，每个人当然不能肯定自己头上的帽子是什么颜色，于是均回答"不知道"。此时，如果只有 1 个人戴红色的帽子，那么这个人因面对 3 个白色的帽子，他肯定知道自己的帽子颜色。因此，当 4 个人均回答"不知道"时，意味着"至少有 2 人戴的是红色的帽子"，而且这也是公共知识。

当局外人第二次问时，如果只有 2 人戴的是红色的帽子，这 2 人就会回答"知道"——因为他们各自面对的是 1 个戴红色帽子的人。由于每个人面对的是不止一个戴红色帽子的人，因此，当局外人第二次问时，他们只能回答"不知道"——此时的"不知道"，意味着"至少 3 个人戴红色的帽子"，并且它成为公共知识。

同样，局外人第三次问时，他们均回答"不知道"，意味着 4 个人均戴的是红色的帽子。因此，当局外人第四次问时，他们就知道每个人头上均戴的是红色的帽子，于是，他们回答"知道"。

在这个过程中，当局外人首先宣布"其中至少一个人的帽子是红色的"，以及第二、第三、第四次回答的时候，无论是回答"知道"，还是"不知道"——它们构成公共知识——构成所有人推理的前提，在这个过程中，每个人均在推理。这就是"帽子的颜色问题"。

444. 他是这样推论的：设另外两个人分别为甲和乙。

甲举手了，这说明我和乙两人中，至少有一个人是戴红帽子的。

同样，乙举手了，这说明我和甲两人中，至少有一个人是戴红帽子的。

如果我头上戴的不是红帽子，那么，乙一定会想："甲举了手，说明乙和我至少有一个人头上戴了红帽子，现在乙明明看到我不戴红帽子，所以乙一定戴红帽子。"在这种情况下，乙一定会知道并说出自己戴红帽子。可是，他并没有说自己戴红帽子。可见，我头上戴的是红帽子。

同理，如果我戴的不是红帽子，甲的想法也会和乙一样："乙举了手，这说明甲和我两人中至少有一个人头上戴的是红帽子。现在，甲明明看到我头上没戴红帽子，所以甲一定戴了红帽子。"在这种情况下，甲一定会知道自己戴了红帽子，可是，甲并没有这样说，所以我头上戴的是红帽子。

445. 第一次，S 说不知道，说明 P 额头上的数字肯定不是 1，P 也说不知道，说明 S 额头上的数字不是 2。为什么？因为如果 P 额头上的数字是 1，S 马上就知道自己额头上的数字是 2 了。他说不知道，P 就知道自己额头上的数字肯定不是 1，如果这个时候 S 额头上的数字是 2 的话，P 就能肯定自己额头上的数字应该是 3 了，所以 S 额头上的数字不是 2。

第二次，S 说不知道，说明 P 额头上的数字不是 3，因为前一次 S 说不知道，P 知道自己额头上的数字肯定不是 2，如果 S 额头上的数字是 3 的话，P 马上就知道自己额头上的数字是 4 了，所以 S 额头上的数字不是 3，而 P 又说不知道，说明 S 额头上的数字不是 4，因为 S 从 P 又说不知道，得知自己额头上的数字不是 3，如果 S 额头上的数字是 4，P 马上就能知道自己额头上的数字应该是 5 了，所以 S 额头上的数字也不是 4。

第三次，S 又说不知道，说明 P 额头上的数字不是 5，因为第二次最后 P 说不知道，S 就知道自己额头上的数字不是 4 了，如果 P 额头上的数字是 5，S 马上知道自己额头上的数字是 6，同样，S 额头上的数字不是 6，因为 P 从 S 说不知道，得知自己额头上的数字不是 5，如果 S 额头上的数字是 6 的话，P 就马上知道自己额头上的数字应该是 7 了，所以 P 还是不知道。最后，S 说他知道了。因为他从 P 不知道中得知自己额头上的数字不是 6，而他看到 P 额头上的数字是 7，他就知道，自己额头上的数字是 8。P 听到 S 说知道了，就判断出 S 额头上的数字是 8，所以 P 马上知道自己额头上的数字是 7。

446. 答案是 36 和 108。

首先，说出此数的人应该是两数之和的人，因为另外两个加数的人所获得的信息应该是均等的，在同等条件下，若一个推不出，另一个也应该推不出(当然，这里只是说这种可能性比较大，因为毕竟还有个回答的先后次序，在一定程度上存在信息不平衡)。

另外，只有在第三个人看到另外两个人的数一样时，才可以立刻说出自己的数。

以上两点是根据题意可以推出的已知条件。

如果只问了一轮，第三个人就说出 144，那么根据推理，可以很容易得出另外两个是 48 和 96，怎样才能让老师问了两轮才得出答案，这就需要进一步考虑：

A：36(36/152)　　B：108(108/180)　　C：144(144/72)

括号内是该同学看到另外两个数后，猜测自己头上可能出现的数。现推理如下。

A、B 先说不知道，理所当然，C 在说不知道的情况下，可以假设如果自己是 72 的话，B 在已知 36 和 72 的条件下，会这样推理："我的数应该是 36 或 108，但如果是 36 的话，C 应该可以立刻说出自己的数，而 C 并没说，所以应该是 108！"在下一轮，B 还是不知道，所以，C 可以判断出自己的假设是错的，自己的数只能是 144。

447. 这张牌是方块 5。

Q 先生的推理过程如下。

P 先生知道这张牌的点数，而判断不出这是张什么牌，显然这张牌的点数不可能是 J、8、2、7、3、K、6。因为 J、8、2、7、3、K、6 这 7 种点数的牌，在 16 张扑克牌中都只有一张。如果这张牌的点数是以上 7 种点数中的一种，那么，具有足够推理能力的 P 先生立即就可以断定这是张什么牌了。例如，如果教授告诉 P 先生：这张牌的点数是 J，那么，P 先生马上就知道这张牌是黑桃 J 了。由此可知，这张牌的点数只能是 4 或 5 或 A 或 Q。

接下来，P 先生分析了 Q 先生所说的"我知道你不知道这张牌"这句话。

Q 先生知道这张牌的花色，同时又作出"我知道你不知道这张牌"的断定，显然这张牌不可能是黑桃和草花。为什么？因为如果这张牌是黑桃或草花，Q 先生就不会作出"我知道你不知道这张牌"的断定。

P 先生是这样分析的：如果这张牌是黑桃，而且如果这张牌的点数是 J、8、2、7、3，P 先生是能够知道这张是什么牌的；假设这张牌是草花，同理，Q 先生也不能作出这样的断定，因为假如点数为 K、6，P 先生能马上知道这张牌是什么牌，在这种情况下，Q 先生当然也不能作出"我知道你不知道这张牌"的断定。因此，P 先生从这里可以推知这张牌的花色或者是红桃，或者是方块。

具有足够推理能力的 P 先生听到 Q 先生的这句话，当然也能够和 Q 先生得出同样的结论。也就是说，Q 先生的"我知道你不知道这张牌"这一断定，在客观上已经把这张牌的花色暗示给 P 先生了。

得到 Q 先生的暗示，P 先生作出"现在我知道这张牌了"的结论。从这个结论中，具有足够推理能力的 Q 先生必然能推知这张牌肯定不是 A。为什么？Q 先生这样想：如果是 A，仅仅知道点数和花色范围(红桃、方块)的 P 先生还不能作出"现在我知道这张牌了"的结论，因为它可能是红桃 A，也可能是方块 A。既然 P 先生说"现在我知道这张牌了"，可见，这张牌不可能是 A。排除 A 之后，这张牌只有 3 种可能：红桃 Q、红桃 4、方块 5。这样一来范围就很小了。P 先生这一断定，当然把这些信息暗示给了 Q 先生。

得到 P 先生第二次提供的暗示之后，Q 先生作了"我也知道了"的结论。从 Q 先生的结论中，P 先生推知，这张牌一定是方块 5。为什么？P 先生可以用一个非常简单的反证法论证。因为如果不是方块 5，Q 先生是不可能作出"我也知道了"的结论的(因为红桃有两张，仅仅知道花色的 Q 先生，不能确定是红桃 Q 还是红桃 4)。现在 Q 先生作出了"我也知道了"的结论，这张牌当然是方块 5。

448. 由 10 组数据 3 月 4 日，3 月 5 日，3 月 8 日，6 月 4 日，6 月 7 日，9 月 1 日，9 月 5 日，12 月 1 日，12 月 2 日，12 月 8 日可知：4 日、8 日、5 日、1 日分别有两组，2 日和 7 日只有一组。如果生日是 6 月 7 日或 12 月 2 日，小强一定知道(例如：老师告诉小强 N=7，则小强就知道生日一定为 6 月 7 日；如果老师告诉小强 N=4，则生日是 3 月 4 日还是 6 月 4 日，小强就无法确定了)，所以首先排除了 6 月 7 日和 12 月 2 日。

(1) "小明说：如果我不知道的话，小强肯定也不知道。"——老师告诉小明的是月份 M 值，若 M=6 或 12，则小强有可能知道(6 月 7 日或 12 月 2 日)，这与"小强肯定也不知道"相矛盾，所以不可能为 6 月和 12 月。从而老师的生日只可能是 3 月 4 日、3 月 5 日、3 月 8 日、9 月 1 日、9 月 5 日中的一个。

(2) "小强说：本来我也不知道，但是现在我知道了。"——若老师告诉小强 N=5，那么小强无法知道是 3 月 5 日还是 9 月 5 日，这与"现在我知道了"相矛盾，所以 N 不等于 5。则生日只能为 3 月 4 日、3 月 8 日、9 月 1 日中的一个。

(3) "小明说：哦，那我也知道了。"——若老师告诉小明 M=3，则小明就不知道是 3 月 4 日还是 3 月 8 日。这与"那我也知道了"相矛盾。所以 M 不等于 3，即生日不是 3 月 4 日或 3 月 8 日。

综上所述，老师的生日只能是 9 月 1 日。

449. 每一次往外拿出来两个球后，甲盒里的白球会只有两种结果：

(1) 少两个；

(2) 一个不少。

甲盒里的黑球也只有两种结果：

(1) 少一个；

(2) 多一个。

根据以上可得知：如果一开始甲盒中的白球数量为单数，那么最后一个白球是永远拿不出去的，最后两球一黑一白的概率为 100%。

如果白球为双数：那么白球就会剩两个或一个不剩，最后两球一黑一白的概率为 0%。

450. 很显然最后一个是乙选的，那么他想把大的留在后面(比如 24 最后的话，结果一定大于 24，是绝对值)，所以甲希望大的先出，乙相反。

乙采取这样的策略：

(1) 如果甲把 2k-1(k 不等于 12)置+(-)号，他就把 2k 置-(+)号；

(2) 如果甲把 2k(k 不等于 12)置+(-)号，他就把 2k-1 置-(+)号；

(3) 如果甲把 24 置+(-)号，他就把 23 置+(-)号；

(4) 如果甲把 23 置+(-)号，他就把 24 置+(-)号。

结果是 36，也就是说至少 36。

对于甲：

如果甲第一次选 1，后来甲根据乙的选择来定，总选择和乙相差 1 的数，并符号始终相反，则甲、乙各选了 11 次后，最多是 12，那么即使最后是 24，最多就为 36。也就是说至多 36。

结果就是 36。

451. 气温超过 37℃的炎热夏天，巧克力不会是硬邦邦的，只有在有空调的火车上，巧克力才不会变软。

452. 小王说去参加朋友父亲的葬礼是谎言。他不可能提前 14 天知道朋友父亲的葬礼。

453. 妞妞把时间进行了重复计算。举一个很简单的例子，在暑假的 60 天里，她把用餐和睡觉的时间既计入了暑假的时间，又分别计入了全年的用餐和睡眠的时间。

454. 因为当日大雪纷飞，而室内电热炉又很温暖，玻璃应该是模糊的，不可能清楚地看到凶手的样子。

455. 要想拿走球而不被发现，只有拿那些缺少了它，别的球仍然不会移动位置的球。

比如下图中的空白区域，把这几个球拿走的话，由于其他球的支撑，其余的球都不会发生滚动。

所以最多可以取走 6 个球，取法如下图所示。

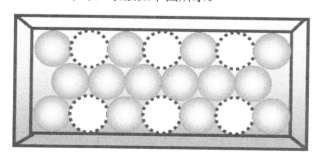

456. 因为在狂风大作的海上航行，是不可能写出"整齐秀丽"的字的。他却说自己一晚上都在写作，一定是假话。

457. 因为如果真的是走错房间，那么他最开始的时候就不会敲门了。有谁进自己的房间还要敲门呢？

458. 希伯来文与阿拉伯文一样，是从右向左书写的，而斯坦纳看希伯来文日报是从左到右一行一行地往下移，这是常识错误。

459. 人体血液中盐的含量远远超过动物血液中盐的含量，西科尔以他敏感的舌尖品味一下两行血迹即可鉴别出来。

460. 任何人爬树都不会用脚底板向上爬。脚被大树刮破，伤痕应该是横纹，而不是直线形的。

461. 用 u 代表不能确定的人。

根据陈述(1)，高个男人必定站成下列形式之一(t 代表高个男人)：tttt 或 tttu 或 uttt 或 uttu；

根据陈述(2)，白皙男人必定站成下列形式之一(f 代表白皙男人)：ffuu 或 uuff 或 fuff 或 ffuf；

根据陈述(3)，消瘦男人必定站成下列形式之一(s 代表消瘦男人)：suus 或 susu 或 usus 或 usuu 或 uusu；

根据陈述(4)，漂亮男人必定站成下列形式之一(g 代表漂亮男人)：guuu 或 uuug；

根据陈述(5)，并根据陈述(1)，上述特征中的一部分可以给这四个男人分派如下。

第一个男人	第二个男人	第三个男人	第四个男人
白皙	消瘦	高个	漂亮
	高个		

接着，根据陈述(2)，部分特征的分布必定是下列三种情况之一。

Ⅰ

第一个男人	第二个男人	第三个男人	第四个男人
白皙	消瘦	高个	漂亮
	高个		
	白皙		

Ⅱ

第一个男人	第二个男人	第三个男人	第四个男人
白皙	消瘦	高个	漂亮
	高个		白皙
	白皙		

Ⅲ

第一个男人	第二个男人	第三个男人	第四个男人
白皙	消瘦	高个	漂亮
	高个	白皙	白皙

然后，根据陈述(3)和(6)，只有在Ⅰ和Ⅲ中，第四个男人可能还是消瘦的；而

且在 I 、 II 和III中，不会再有其他男人是消瘦的。再根据陈述(1)和(6)，只有在 I 中，第四个男人可能还是高个子，而且只有当第四个男人不是消瘦的时候这种情况才能发生；而且在 I 、 II 和III中，不会再有其他男人是高个子。此外，根据陈述(4)，不会再有其他男人是漂亮的。

因此，完整的特征分布必定是下列情况之一。

I a

白皙	消瘦	高个	漂亮
	高个		
	白皙		

I b

白皙	消瘦	高个	漂亮
	高个		消瘦
	白皙		

I c

白皙	消瘦	高个	漂亮
	高个		高个
	白皙		

II

白皙	消瘦	高个	漂亮
	高个		白皙
	白皙		

IIIa

白皙	消瘦	高个	漂亮
	高个	白皙	白皙

IIIb

白皙	消瘦	高个	漂亮
	高个	白皙	白皙
			消瘦

根据陈述(7)，可排除 I a、 I b、 I c 和 II 。

根据IIIa 和IIIb 显示：目击者指认第一个男人是罪犯。

462. 钻石是夏尔太太的女友弗路丝偷的。

要知道是谁作的案，就必须推断出谁有时间，有条件作案。

我们不妨这样来推算：

设水流速度为 u，船在静水中的速度为 v，那么船顺流时速度为 $v+u$，逆流时的速度为 $v-u$。再设投下骨灰盒的时间为 t_1。因为小木盒漂流的路程加上船逆流赶上小木盒所走的路程，等于船在 10 点 30 分到 11 点 45 分这段时间内顺流所走的路程，即

$$(v-u)(10{:}30-t_1)+(11{:}45-t_1)u=(u+v)(11{:}45-10{:}30)$$

解此方程得 t_1=9:15，因此，投下骨灰盒的时间是 9 点 15 分，而此时安娜正在与夏尔太太争吵，她不可能作案，因此作案的是弗路丝。

463. 这三位邻居年龄的乘积是 2450。

$x×y×z$=2450

因为 2450=2×5×5×7×7

所以三个邻居的年龄可以得出以下 7 组数：

10+35+7=52

10+5+49=64

2+25+49=76

14+35+5=54

14+25+7=46

2+35+35=72

50+7+7=64

这中间只有 10、5、49 和 50、7、7 这两组得数一样，这样才符合第二个老师说的"还差一个条件"，否则一下即可知答案。

所以第二个老师为 64/2=32 岁。

如果第一个老师大于 50 岁的话，那他补充了条件也猜不出邻居的数，所以他应该刚好 50 岁。

所以甲为 50 岁，乙为 32 岁，邻居分别为 10 岁、5 岁、49 岁。

464. K 是 A 先生，一张 Q 是 B 女士，另一张 Q 和 J 代表姐弟。A 先生对姐弟俩不是很好，当时姐姐忍受不了捅了 A 先生一刀随即离开，A 先生自己包扎了伤口，接着 B 女士回来，看到 A 先生受伤知道他又欺负孩子了，不想让孩子再受到伤害，捅了 A 先生 5 刀，随后为了不让家丑外扬而作出劫杀的假象，自己也自杀，刀上就只有 B 女士的指纹了。

465. 因为牛的舌头被割掉就无法吃草，迟早要被饿死。包拯索性偷偷授权他杀掉耕牛。而割掉牛舌头的人肯定与其有较大矛盾，在发现他杀掉耕牛的时候，一定会回来检举他私杀耕牛之罪。果然，没多久，就有人前来检举说他私杀耕牛，一经审问，割掉牛舌头的人正是他。

466. 不可能。因为父母都是 A 型血，是不可能生出 B 型血的儿子的。

467. 是管理员养的猴子。动物中有指纹的除了人以外，还有猴子和袋熊。

468. 因为我们普通人，也是绝大多数人的心脏长在左胸的位置，但是有极少数人的心脏长在右胸的位置。这位女子就是这样，所以她才逃过了一劫。

469. 可能。一个人确实可能有两种血型，这是一种特殊的案例，在医学上称为血型嵌合。

470. 她把别针在身上的真丝衣服上蹭了几下，使它变成一个小磁铁，然后在鼻子和额头沾一点油，将其放入小水坑里。由于别针上有油，会浮在水面上，就形成了一个自制的小指南针。有了方向，就可以走出去了。

471. 他观察了一下那些被砍伐的树桩。通过树木的年轮是可以区分出东南西北的。

472. 杀手的子弹头是特制的，用冰制成。这样就可以在人体内慢慢化掉，在杀人之后不留下任何痕迹。

473. 雪茄不是凶手亲自点燃的，而是凶手利用天体望远镜镜筒中的凸透镜，通过窗口射进来的阳光定时点燃了雪茄，用来为自己制造不在场的证明。

474. 是大棚顶上积了一小洼雨水，形成了一个凸透镜，中午的阳光通过凸透镜照射到枯草上，点燃了枯草，酿成了火灾。

475. 家用瓦斯虽然比空气轻，但是它不会在空气中直线上升并分层，而是随着空气的运动和对流很好地与空气混合在一起。所以在楼下的丰田比楼上的广本更容易中毒身亡。

476. 只发生了一次爆炸。那位游泳逃生的游客之所以听到两声，是因为他第一声是在水里听到的。声音在水中传播的速度要比在空气中传播得快，所以第一声是由水传播过来的。当他钻出水面后，又听到了一声由空气传播过来的爆炸声。

477. 是女孩送的礼物金鱼缸引发了火灾。圆形的金鱼缸和里面的水形成了一个凸透镜，在中午阳光的照射下，引燃了女孩特意放置的那沓信纸。另外，女孩趁男孩去拿酒的时候，把安眠药粉末放入男孩的杯子中。等男孩睡着后，大火烧死了男孩。

478. 因为洗脸间里的那瓶洗洁剂是汤姆特意准备的，主要成分是四氯化碳。四氯化碳是一种无色味香的液体，被用于衣服的干洗。撒上红酒根本没有必要用洗洁剂，但汤姆却误导吉米，在污迹上涂了很多洗洁剂，致使吉米吸入了大量挥发的四氯化碳有毒气体。当一个人饮酒过度时，加上这种气体会导致死亡，而症状和酒精中毒十分相似。

479. 因为郁金香这种花很特别，一到夜里花就会合上，灯光照射十五六分钟后会自然张开。小五郎进屋时花瓣是闭着的，说明屋子里一直是黑暗状态。也就是说怪盗才回来不久，根本不是他所说的一直在家待着看书。

480. 因为这个汽水瓶标签上标明的成分中写着加有人工甜味剂，而能吸引蚂蚁的只有砂糖或者糖果那样的天然甜味剂。也就是说，只有含有天然甜味剂的汽水才能引来蚂蚁，含有人工甜味剂的汽水是引不来蚂蚁的。

481. 因为他的闹钟是夜光的。也就是说，这个闹钟在受到光照后在一段时间内会发光。小五郎进屋后，在没有开灯的情况下发现闹钟发光了，说明屋子里的灯是有人刚关掉的。这就说明有人听到他开门的声音关掉了灯，藏了起来。

482. 凶手是琳达的前男友。因为当时是夏天，甲和丙都喝的是冰镇饮料，所以会因为结霜而使上边的指纹变模糊。而琳达的前男友喝的是白水，理应留下清晰的指纹，但却没有，说明他是凶手，他特意擦掉了指纹。

483. 因为如果真的是电线老化起火，是不能用水浇灭的。电线起火需要用含有二氧化碳的灭火器或者干粉灭火器扑灭，否则只会越烧越大。这是常识。一定是史蒂芬生意失败，想用火灾来骗取保险。

484. 因为火车高速驶过的时候，会产生一股向内的气流，也就是会把人向靠近火车的方向推，而不是推离火车。所以女子说的是假话。这也是为什么很多火车站不让乘客在火车进站的时候站得离铁轨太近。

485. 张三先在自己的名片上用淀粉液或者米汤抹了一遍，等干后是发现不出来的。然后将钢笔中装满碘酒，这样碘酒遇到淀粉会显出蓝色的字迹。随着时间的推移，这些字迹会消失。

486. 是在医院照 X 光将助手口袋里的底片曝光了。

487. 杰克是被人害死的。凶手的手法是在杰克的头上偷偷撒了胡椒粉。狮子闻到胡椒粉的味道开始打喷嚏，一下子咬碎了杰克的脑袋。

488. 不是。因为父亲为 O 型血，母亲为 AB 型血，不可能生出 AB 型血的孩子。

489. 因为如果是开枪自杀的，他的手上会有弹药残留，用石蜡可以测出"硝化反应"；如果是被别人杀死的，那么死者的手上就测不出"硝化反应"。

490. 其实女子是一家医院的护士，她在得知张老板患有心脏病，最多只能活 3 个月的时候，找到张老板的竞争对手，也就是王先生，让其相信是自己帮他"干掉"对手的。

491. 法国青年亲了自己手掌一下，然后狠狠地打了纳粹军官一耳光。因为他是爱国青年，这种行为也算是对入侵者的报复吧。

492. 凶手是王五，因为是他负责氧气筒的充氧和发放的。他给李四的氧气筒里充入了纯氧。而人是不能吸入纯的氧气的，那样会使人心脏停搏而昏迷。

493. 因为账本是用钢笔写的，时间长了字迹会变颜色，所以真的账本字迹从头到尾颜色是不同的。而伪造的账本中，前后字迹是同一种颜色。

494. 是可能的。因为在中国和美国之间的太平洋上，有一条经线是 180°，它以东和以西相差 24 小时，所以在这里，向东行要重复一天，向西行会跳过一天。

495. 本题选择答案 C。

不都没吃药=有的吃了药。

A 和 C 的断定互相矛盾，不能同假，必有一属实；又由条件，只有一人属实，所以 B 和 D 的断定失实，即事实上 D 没吃药，并且由 D 断定失实，可推出 A 的断定失实，C 的断定属实。

496. 因为恐龙生活的年代远远早于人类出现的年代，二者是不可能出现在一起的。

497. 因为狗都是色盲，是分不清红色和绿色的。

498. 因为水城威尼斯是由很多小岛组成的，岛与岛之间由桥相连，纵横其间的运河是它的主要交通，所以在旧城区汽车是无法进来的。

499. 是那位被虫咬伤的客人。因为糨糊里含有淀粉，而碘酒遇到淀粉会发生化学反应，变成蓝黑色。

500. 因为他不喜欢接太麻烦的任务。第三个任务，看上去挺简单，杀死一位女教师也比另两个容易。但是在家中枪杀，还要伪装成失踪的样子，就要处理尸体，隐藏证据和痕迹等，要麻烦得多。